KB274251

위험한 그림들

위험한 그림들

이원율 지음

위험한 그림들

세계사를 바꾼 결정적 순간

교보문고

비로소 전율하기 시작하는 역사
그 '위험한' 순간들로 초대합니다

20개의 이야기로 20번의 전율을 안겨드리는 것.

그 경험을 통해 더 넓은 세계와 더 깊은 감정을 마주하는 것.

이 책이 품은 목표는 이토록 단순하고 명징합니다. 또 그만큼 야심 차기도 합니다.

우리는 오랫동안 역사를 박제된 문자로 배워왔습니다. 정확한 이름을 짚고, 딱 맞는 연도를 따지고, 딱딱한 문장을 정답처럼 머릿속에 밀어 넣는 데 익숙해졌습니다. 이 과정에서 역사는 차츰 숨결을 잃어가고, 그저 달달 암기해야 할 정보로만 받아들여지기 일쑤였습니다.

왕좌에 머문 시간은 고작 아흐레, 결국 사형수가 돼 생을 마감한 소녀, 레이디 제인 그레이를 떠올려 봅니다. 대부분의 역사서는 그녀를 '9일의 여왕'이라는 서늘한 칭호로만 기록합니다. 여기에 낯선 가계도와 복잡한 정치 구도, 그녀가 왜 비극의 주인공이 될 수밖에 없었는지에 대한 요약문을 보태는 정도입니다. 저 또한 긴 시간 그녀를 단편적인 조각으로 기억했습니다. 이 덕에 과거 학생 시절에는 시험 문제도 맞힐 수 있었고, 그녀를 주제로 짧게나마 이야기도 할 수 있었습니다. 하지만 그녀의 고통이 제 삶에 와닿은 적은 없었습니다. 즉, 그녀의 이야기를 알고 난 후에도 제 삶이 달라지지는 않았습니다.

언젠가 영국 내셔널 갤러리에서 폴 들라로슈의 〈레이디 제인 그레이의 처형〉과 마주한 적이 있었습니다.

그림 앞에 선 순간, 흐르는 시간이 멈춰 서는 기분이었습니다. 화폭에는 이제 막 피어나기 시작한 소녀가 안대를 쓴 채, 떨리는 손으로 처형대를 더듬고 있었습니다. 하얀 드레스와 그 뒤에 드리운 짙은 어둠, 차마 이 광경을 똑바로 바라보지 못하는 사형 집행인과 시녀들…. 글로는 수없이 접한 이야기였습니다. 그런데 이 역사가 그림이라는 창窓을 통해 가장 극적으로 압축되는 순간, 저는 표현하기 어려운 긴장감을 느낄 수 있었습니다. 몇 줄 문장에 갇혔던 역사가 한 인간이 감당해야 했던 공포와 슬픔의 드라마로 다가왔습니다. 활자가 미처 붙잡지 못한 공기와 감정의 밀도도 더욱더 실감 나게 체험할 수 있었습니다. 새로운 세계에 눈을 뜨는 기분. 이는 분명 눈시울이 뜨거워질 만큼 '위험한' 경험이었습니다. 그날 이후 과거의 제 모습으로 돌아갈 수 없게 됐기 때문입니다.

그날 이후, 저는 역사를 '읽고 외우는' 방식 아닌 '목격하고 체험하는' 방식으로도 받아들일 수 있다는 점을 깨달았습니다. 그것은 과거를 더 깊이 이해하고, 더 오래 기억하게 하는 방법이 될 수 있다는 점도 절감했습니다.

이 책은 그 당시 제가 느꼈던 긴장감, 그 위험한 전율을 독자와 나누고 싶다는 마음으로 썼습니다.

책은 글과 명화를 동등한 파트너로 두고 있습니다. 그렇게 함으로 독자가 역사의 한 장면을 더욱 입체적으로 감상할 수 있도록 구성했습니다. 특히나 그림처럼 생동감 있는 글과, 잘 다듬어진 글만큼 밀도 높은 명화의 조화를 꿈꿨습니다. 생기 있는 문장은 독자를 글 위에서 계속해 걷게 이끌고, 엄선한 명화는 이 발걸음을 종종 멈춰 세워 사유의 계곡으로 안내할 것입니다.

살아 숨 쉬는 역사의 결정적 순간들

알타미라 동굴 벽화에 새겨진 처절한 생존 본능부터, 헤아릴 수 없을 만큼 수많은 인간이 죽은 제2차 세계 대전의 참혹한 잔상까지. 책에는 세계사의 물줄기를 돌려놓은 20가지 결정적 장면이 담겨 있습니다.

독배를 들기 전 소크라테스가 보여준 초연함, '승리의 소녀' 잔 다르크가 일군 수많은 기적, 조지 워싱턴이 보인 조국의 운명을 건 최후의 승부수. 종이를 넘기다 보면, 이 모든 일 또한 더는 단순히 암기만 하고 있던 과거가 아니게 될 것입니다. 이슬람의 살라딘이 베푼 믿기 힘든 관용, 철부지 공주에서 비극의 상징이 된 마리 앙투아네트, 나폴레옹의 위풍당당한 행진 뒤 숨어 있던 추락의 그림자 또한 눈앞에서 살아 있는 사건으로 재연될 것입니다.

책 속 글과 명화는 임진왜란 당시 가장 기묘했던 부대의 행진 현장, 번개를 길들이려고 한 벤저민 프랭클린의 실험 장소, 증기기관차로 새 시대의 문을 연 조지 스티븐슨의 손짓 앞으로도 초대합니다. 때로는 노예 해방을 위해 싸운 스파르타쿠스와 함께 달리고, 마지막에 이르러서는 세계 대전의 화약 냄새에 인상을 찌푸리는, 이러한 시공간을 초월한 목격자도 돼보시길 바랍니다.

전율을 느끼고 그 전율이 차곡차곡 쌓일 때, 우리는 자연스럽게 질문하고 생각하고 스스로 답도 끌어내게 될 것입니다. 가령 소크라테스는 왜 죽음을 받아들일 수밖에 없었는지, 살라딘은 어떤 마음에서 학살의 사슬을 끊어낼 수 있었는지, 우리가 왜 전쟁만은 되풀이해서는 안 되는지 등을요. 그러다 보면 느낄 수 있을지도 모릅니다. 세상을 보는 눈, 과거와 미래를 마주하는 시선이 과거와 비교해 더없이 달라졌다는 감정 말입니다. 과거의 내가 아니게 됐다는 것. 이는 분명 위험한 변화일 테지요. 하지만 틀림없이 감미로운 경험일 것입니다.

책은 연대기의 강박에서 벗어나 한 인간, 한 시대가 극한의 선택 앞에 섰던 순간을 중심으로 이야기를 풀어갑니다. 탄탄한 사료 위에서, 역사가 침묵하는 빈틈은 근거 있는 상상으로 채우려 최선을 다했습니다.

각 에피소드를 한 편의 잘 짜인 드라마처럼, 또는 집요하게 파고드는 다큐멘터리처럼 즐겨주시면 좋겠습니다. 궁극적으로는 분명 책을 읽고 있지만, 책의 경계를 넘어서는 생생한 설렘과 벅참을 느끼실 수 있으면 더 바랄 게 없겠습니다.

이토록 입체적인 책을 함께 만들어주신 교보문고 출판사에 깊은 감사를 전합니다. 〈헤럴드경제〉 칼럼 '후암동 미술관'과 함께하는 7만 8,000여 명의 구독자분에게도 변함없는 감사 인사를 드립니다. 저의 가장 가까운 곳에서 매일 영감을 안겨주는 아내 박혜민에게 깊은 사랑과 존경을 표합니다.

2026년, 봄을 기다리며
이원율 드림

차례

시작하는 글 4

선사 시대

1. 8세 딸 '매의 눈'에
   학계 난리 난 사연 ____ 10

함께 보는 위험한 그림:
크로마뇽인 〈알타미라 동굴 벽화〉

고대

2. 사형 선고를 받은
   거리의 현자 ________ 22

함께 보는 위험한 그림:
장 프랑수아 피에르 페롱 〈소크라테스의 죽음〉

고대

3. 싸움의 귀신들,
   격분하다 __________ 38

함께 보는 위험한 그림:
드니 푸아이아티에 〈스파르타쿠스〉

고대

4. '영원한 도시'에서 벌어진
   최악의 참사 ________ 52

함께 보는 위험한 그림:
위베르 로베르 〈로마 대화재〉

고대

5. 국가의 명운을 건
   담판 ____________ 66

함께 보는 위험한 그림:
라파엘로 산치오 〈교황 레오 1세와
아틸라의 만남〉

중세

6. 성지를 탈환한
   무슬림의 영웅 ______ 80

함께 보는 위험한 그림:
크리스토파노 델 알티시모 〈살라딘의
초상화〉

중세

7. 역사상 가장
   미스터리했던 소녀 ___ 96

함께 보는 위험한 그림:
쥘 외젠 르네프뵈 〈갑옷을 입은
오를레앙성의 잔 다르크〉

근대 이행기

8. 울음 삼킨
   18세 소녀 사형수 ___ 110

함께 보는 위험한 그림:
폴 들라로슈 〈레이디 제인 그레이의 처형〉

근대 이행기

9. 비극에 절여진
   총명했던 황제 ________ 124

함께 보는 위험한 그림:
일리야 레핀 〈이반 4세와 그의 아들〉

근대 이행기

10. 혼미한
방랑 기사의 반전 —— 138

함께 보는 위험한 그림:
귀스타브 도레 〈돈키호테 삽화〉

근대 이행기

11. 임진왜란을 찾은
'검은 귀신' —— 152

함께 보는 위험한 그림:
김수운 〈천조장사전별도〉

근대 이행기

12. 귀신병에 걸린
소녀들? —— 166

함께 보는 위험한 그림:
톰킨스 해리슨 매티슨 〈마녀 검사〉

근대

13. 인간을 사냥한
최악의 흑역사 —— 180

함께 보는 위험한 그림:
윌리엄 터너 〈노예선〉

근대

14. 총사령관의
목숨을 건 도박 —— 194

함께 보는 위험한 그림:
에마누엘 로이체 〈델라웨어강을 건너는
조지 워싱턴〉

근대

15. '퍼스트 레이디'의
가장 참담한 말로 —— 210

함께 보는 위험한 그림:
토머스 팰컨 마셜 〈루이 16세와 국왕
가족의 체포〉

근대

16. 영웅이었나,
전쟁광이었나 —— 228

함께 보는 위험한 그림:
자크 루이 다비드 〈나폴레옹 1세의 대관식〉

근대

17. 번개를 정복한
최초의 인간 —— 242

함께 보는 위험한 그림:
벤저민 웨스트 〈하늘에서 전기를 끌어오는
벤저민 프랭클린〉

근대

18. 수송 혁명을 일으킨
특이점의 등장 —— 254

함께 보는 위험한 그림:
클로드 모네 〈파리 생라자르 역 – 기차의 도착〉

근대

19. "인류는 미쳤다"…
그곳은 생지옥이었다 - 268

함께 보는 위험한 그림:
존 싱어 사전트 〈가스전(독가스에 중독된 군인들)〉

현대

20. 광기가 낳은
최악의 학살 —— 282

함께 보는 위험한 그림:
펠릭스 누스바움 〈죽음의 승리〉

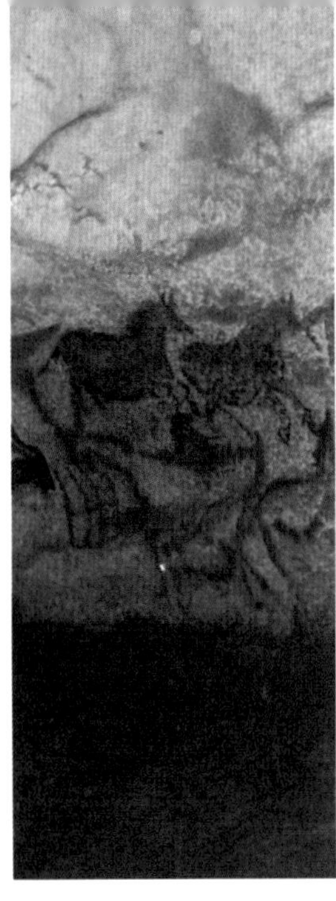

1.
8세 딸 '매의 눈'에
학계 난리 난 사연

알타미라 동굴 벽화,
크로마뇽인

약 1만 4,000년 전에
인류의 조상이
동굴에 그림을 그리다

"아빠, 여기 소가 있어요!"

1879년 어느 날, 스페인의 변호사 겸 고고학자인 마르셀리노 데 사우투올라 Marcelino de Sautuola는 여덟 살 딸의 외침을 듣는 둥 마는 둥 했다. "마리아, 이렇게 좁고 어두운 땅속에선 소가 살 수 없단다." 등불을 든 사우투올라가 딸을 타일렀다. 딸의 목소리가 멀리서 메아리처럼 울렸듯, 그의 대답 또한 공간을 메우며 반복해 귓가에 닿았다.

이날도 그가 본 건 깨진 돌과 동물 뼛조각뿐이었다. 이번 성과가 가치 없는 건 아니지만, 기대한 일 이상의 특별한 발견은 역시나 없었다. 곧 해가 질 것이었다. 몇 날 며칠에 걸친 동굴 탐사도 이제 매듭지을 시간이었다.

이들은 스페인 북부 칸타브리아 지방 칸타브리아주에 있는 알타미라Altamira 동굴 안을 돌고 있었다. 이곳은 그가 찾아온 그 시점에서 10년도 더 전인 1868년에 한 사냥꾼이 찾은 동굴이었다. 당시 사냥꾼은 개와 함께 그날의 사냥감을 찾고 있었다. 언덕을 먼저 넘은 개가 무언가를 본 듯 매섭게 짖기 시작했다. 사냥꾼은 잰걸음으로 달려갔다. 그런데 올라와서 막상 녀석과 나란히 서보니 개는 사냥감을 보고 있지 않았다. 녀석이 찾은 건 흙에 파묻힌 동굴의 들머리였다. 사냥꾼은 이날 발견을 인근 마을 유지에게 귀띔했다. 그 유지가 지금 딸과 함께 동굴을 조사하는 사내, 사우투올라였다. 사실 그때만 해도 사우투올라는 사냥꾼의 말을 귀담아듣지 않았다. 그 주변으로 이미 동굴 입구 비슷한 게 수백, 수천 개가 있었기에 더욱 시큰둥했었다.

사우투올라가 이곳에 첫발을 디딘 것은 1875년경, 사냥꾼의 보고로부터 7년도 더 흐른 시점이었다. 동굴의 총길이는 296미터, 높이는 2~6미터 정도였다. 전체적으로 습하고 아담한 공간이었다. 그때도 석기와 동물 뼈 몇 개를 찾기는 했다. 언뜻 봐선 언제, 어디서, 누가 쓴 건지 알 턱이 없으니 그다지 흥미롭지 않았다. 예상대로 별것 없다고 생각하고, 머릿속에서 그 동굴의 존재를 밀어냈다.

그렇게 일상으로 돌아온 그는 1878년 프랑스 파리에서 열린 만국박람회에서 충격적 장면을 접한다. 한 전시장에서 신줏단지처럼 대접받는 유물 몇 점을 봤는데, 아무리 생각해도 그 별 볼 일 없던 눅눅한 곳에서 찾은 물건들과 닮았기 때문이었다. 그가 뒤늦게 알타미라 동굴에 대한 본격적 탐사를 결심한 이유였다.

'진짜' 소가 있었다

1년 뒤 사우투올라는 유명한 고고학자였던 마드리드 대학교의 후안 빌라노바Juan Vilanova y Piera 교수와 그 동굴을 다시 찾았다.

이들은 돌 부스러기와 뼛조각이 아닌 완전한 물건을 찾고 싶었다. 이를테면 형체와 용도를 알아볼 수 있는 화살촉이나 그릇 같은 게 나오기를 기대했다. 만국박람회에서 눈여겨본, 어느 정도 형태를 갖춘 그런 물건을 바란 것이었다.

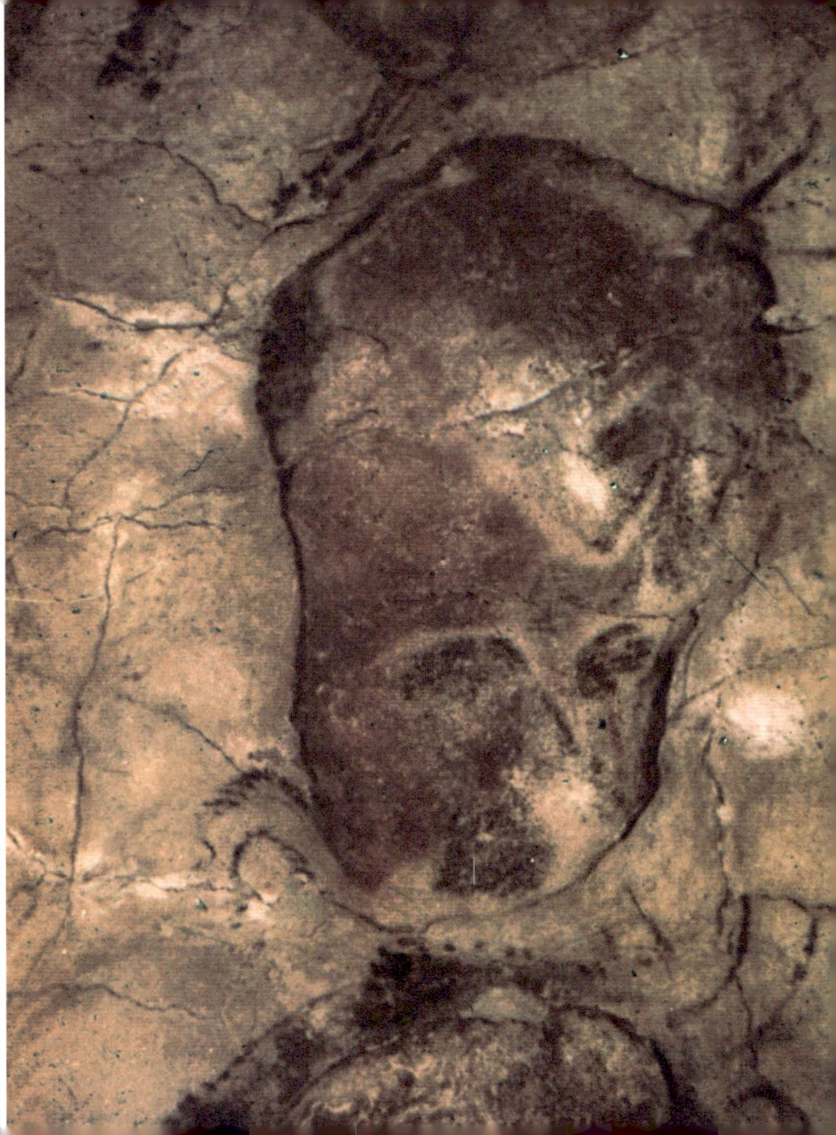

하지만 땅을 아무리 파본들 쾌재를 부를 만한 성과는 보일 기미도 없었다.

그러던 어느 날, 사우투올라는 심심해하는 딸을 산책 삼아 데려왔다. 꼬마는 속 빈 강정 같은 이곳이 마냥 신기한 듯 자유롭게 뛰어다녔다. "아빠, 여기서 소를 볼 수 있어요. 진짜예요. 어서 와보세요!" "아니, 이 좁은 동굴에 어떻게 소가…." 사우투올라는 딸의 얼토당토않은 말에 또 투덜대려다가 참았다. 오늘도 역시나 기대했던 수확이 없으니, 차라리 아이의 상상 놀이에 장단이라도 맞춰주자고 생각했다. 그는 삽과 등불을 다시 쥐었다. 딸이 있는 통로 안쪽을 향해 움직였다. 코너를 도니 아이가 그를 보며 씩 웃고 있었다.

"그래, 소가 어디 있니?"

사우투올라의 말에 딸은 손가락으로 위를 가리켰다. 사우투올라가 등불을 들어 올렸다. 그 순간 등줄기에 소름이 돋은 그는 하마터면 손에 든 모든 걸 떨어뜨릴 뻔했다. "보세요, 소가 있잖아요!" 아이가 웃었다. 그랬다. 거기에는 진짜 소가 있었다. 정확히는, 진짜 소 같은 그림이 잔뜩 그려져 있었다.

누가, 어떻게, 무엇 때문에

우뚝 선 소, 쓰러지고 있는 소, 상처를 입은 듯 몸을 잔뜩 웅크린 소….

동굴에는 들소 그림만 19점이 있었다. 멧돼지 세 마리, 말 두 마리, 이리 한 마리를 묘사한 그림도 각각 볼 수 있었다. 이렇게 따지면 작품은 모두 25점이었다. 이 옛 그림들은 그려진 방법도 놀라웠다. 우선 목탄으로 검은 선을 그어 스케치를 했다. 단순히 윤곽에 그치지 않고 눈동자와 갈기, 발굽까지도 표현했다. 붉은색, 황토색, 검은색 등 천연 안료도 잔뜩 칠해져 있었다.

몇몇 그림에서는 실감 나는 입체감도 느낄 수 있었다. 색의 농담을 달리해 나

름의 명암법을 구현했다는 점 또한 인상적인 지점이었다. 크기까지 상당했다. 일부 그림은 실제 동물 모습을 그대로 옮긴 양 우람했다. 이런 부분을 다 관찰할 수 있게끔 보존 상태 또한 아주 훌륭했다.

사우투올라는 그림이 주는 압도감에 그대로 굳어버렸다. 그가 입을 다물지 못한 채 보는 이 〈알타미라 동굴 벽화〉는 약 1만 8,500~1만 4,000년 전인 구석기 후기 시절에 그려진 예술품이었다.

당시에는 크로마뇽인(호모 사피엔스)이 드넓은 벌판 위 온갖 맹수들에 맞서 생존 경쟁을 벌이고 있었다. 현대인의 시선에서 보면 인간보다는 짐승에 가깝지 않았을까 생각할 수 있는 무리가, 알고 보니 이토록 찬란하게 예술 활동을 펼친 것이었다.

이날 이들의 발굴은 인류사를 통틀어서도 손에 꼽힐 만큼 위대한 발견이었다. 사우투올라가 마주한 동굴 벽화는 원시 인류 또한 생존용 이상의 창작욕을 가졌다는 분명한 증거였다. 그것도 그저 무언가를 주물럭거린 데서 그치지 않고, 구체적 묘사에 명암법 등 비교적 수준 높은 기법까지 구사했다는 걸 짐작하게 하는 결과물이었다. 얼마의 시간이 걸렸든 결과적으로 이런 대작을 만들었다는 건, 이 무리가 생각보다는 풍요로운 생활을 했다는 방증도 될 수 있었다.

그렇다면 다른 곳도 아닌 동굴 안쪽, 다른 것도 아닌 들소 같은 네발짐승을 그린 이유는 무엇이었을까. 답을 고민하다 보면 이들의 그 시절 생활 방식도 추측할 수 있었다.

먼저, 하필 동굴 깊숙한 곳에 그린 이유. 확실한 건 당시 이들이 단순히 드러내기 위한 예술 아닌 '숨기고 보존하기 위한' 예술도 할 수 있었다는 걸 보여준

다. 그 시절의 인류도 무언가에 대해 우리만 알아야 한다는 폐쇄성, 이를 엄한 이들에게 빼앗기면 안 된다는 위기의식 등 감정과 관습의 공유까지 할 수 있었다고 짐작해볼 수 있다.

그다음, 통통한 동물을 잔뜩 그린 이유. 이들이 나름대로 풍요를 누렸다고 한들, 그 시절 매일 매 순간을 위험 없이 산 건 아닐 터였다. 특히나 변화무쌍한 기후, 이에 따라 언제 고갈될지 알 수 없는 먹잇감 등은 마음을 늘 시리게 했을 것이다. 이런 상황에서는 모두가 한 대상에 기대어 불안감을 떨치려는 마음이 들기 십상이다. 이는 주술이 생기기에 좋은 조건이었다. 주술이란 신비한 힘이나 초자연적 존재의 기운을 빌려 인간의 길흉화복을 해결하고자 하는 기술을 의미한다. 그런 점에서 이 그림 또한 들소나 멧돼지 등 사냥감을 더 많이 잡게 해달라고 비는, 일종의 종교물 역할을 했을 가능성을 배제할 수 없다.

'우가우가' 원시인이 아니었다

정리하자면 이렇다.

당시 한 무리가 ▷비교적 여유로운 어느 날 ▷동굴 깊숙한 곳에 은밀히 모여 ▷하나의 목표를 위해 ▷창작물 앞에서 기도를 올릴 수 있었다는 것. 이 벽화는 원시인이 이 정도의 입체적 사고와 고차원적 활동까지 할 수 있었다는 추측을 가능하게 했다. 즉, 사우투올라(정확히는 그의 딸)가 찾은 〈알타미라 동굴 벽화〉는 구석기 시대 인류가 익히 알려진 대로 단순 무식의 '우가우가' 생명체가 아니었다는 걸 증명하고 있었다.

사우투올라의 이번 발견은, 어떤 면에서는 지구는 평평할 것이라는 고정관념을 몸소 깬 페르디난드 마젤란Ferdinand Magellan의 업적도 떠올리게 했다.

사우투올라는 〈알타미라 동굴 벽화〉를 보자마자 이러한 역사적 가치에 대한 견적을 뽑을 수 있었다. 그럴 수밖에. 서 있던 그 자리에서 바로 역사적 의미를 조목조목 짚을 수는 없었지만, 이를 차치하고서도 직감이 말하고 있었다. 지금 눈앞에 펼쳐진 게 여태껏 찾은 뼛조각, 심지어 만국박람회에서 본 유물과도 비교가 안 될 만큼의 가치를 품었다는 걸.

사우투올라는 벅찬 마음을 안고 이날 성과를 글로 썼다. 1년 후인 1880년에 이를 엮어 논문《산탄데르 지역에서 발견된 선사시대 유물에 대한 소론》을 발표했다. 이제 그의 엄청난 업적이 전 세계로 뻗어나갈 터였다. 그 파장은 엄청났다. 그런데, 그가 바란 방향과는 전혀 다른 쪽으로 파도가 몰아쳤다. 사우투올라는 학계로부터 심한 공격을 받아야 했다. 그가 예상하지 못한 문제가 도마 위에 올랐기 때문이었다.

수만 년 전의 인간이 그림을 그려도 너무 잘 그렸다는 게 문제였다. 학자들은 그들이 이렇게나 완성도 높은 벽화를 남겼다는 걸 믿지 못했다. 백번 양보해 그랬다고 해도, 매머드가 뛰놀았을 시절의 예술품이 여태까지 남아 있다는 점도 받아들이기 힘들었다.

❖ *마르셀리노 사우투올라 사진*

"명성에 눈먼 후안무치한 아마추어 고고학자가 무명 화가를 시켜 이 황당한 그림을 그렸다!"

사우투올라는 졸지에 누명까지 썼다. 사기죄로 고소를 당하는 수모도 겪었다. 그는 거짓말은 맹세코 없으며, 산사태로 동굴 입구가 막혔던 덕분에 보존되었을 것이라고 받아쳤다. 그는 억울함을 평생 호소하고 다녔지만, 이 해명을 귀담아듣는 이는 한 명도 없었다.

〈알타미라 동굴 벽화〉를 둘러싼 분위기가 다시 뒤집힌 건 첫 발견 후 10년이 훌쩍 흐른 시점이었다. 지질 연구와 발굴 기술의 발전 등에 힘입어 학계는 유럽 곳곳에서 새로운 동굴을 찾을 수 있었다. 1895년에는 라무트 동굴, 그다음 해에는 페농페 동굴 등에서 한참 전 옛 시대의 예술품을 발견할 수 있었다. 이 모든 걸 조작으로 볼 수는 없었다.

'어쩌면…'

발견 사례가 늘수록 학자들은 울분에 찬 사우투올라의 표정을 곱씹을 수밖에 없었다. 결백한 사람을 바보로 모는 실수를 범했을 가능성 또한 배제할 수 없게 됐다. 한때 사우투올라 비난에 앞장선 고고학자 에밀 카르타이야크EmileCartailhac가 뒤늦게나마 진상규명에 나섰다. 카르타이야크는 1902년에 알타미라 동굴을 찾았다. 그는 편견과 고정관념을 떨친 채 〈알타미라 동굴 벽화〉를 뜯어봤다. 카르타이야크의 동공이 흔들렸다. 지진이 난 듯 다리가 후들거렸다. "제발 제 말

을 믿으세요. 진짜라니까요!” 가슴을
치며 소리치던 사우투올라가 거듭 떠
올랐다. 그는 숨을 크게 들이마신 후
이를 길게 내뱉었다. “아…. 내가 실수
를 했구나!” 나지막한 혼잣말과 함께.

“알타미라 후 예술은 퇴보했다”

사우투올라의 주장이 다 맞았다.
학자들이 탄소 연대측정법 등으로 〈알
타미라 동굴 벽화〉의 제작 시기를 따
져본 결과, 실제로 구석기 후기 시대가
맞다는 결과를 낼 수 있었다. 카르타이
야크는 동굴의 진실을 알아차린 그해
‘알타미라 동굴, 의심하는 자의 고해’
라는 글을 썼다. 그는 서두에 ‘20년 전
저지른 불의를 정의로 되돌리고 싶다’
라는 문장을 남겼다. 오만함에 젖어 한
억울한 사내의 말을 끝까지 무시했다
는 걸 공식적으로 고백했다. 카르타이
야크는 이제라도 학계를 대표해 사우
투올라에게 용서를 구하려고 했다. 그
는 사우투올라의 딸을 만나 고개를 숙
였다. 하지만 정작 사우투올라는 만나
지 못했다. 화병에 걸렸던 걸까. 어떠한

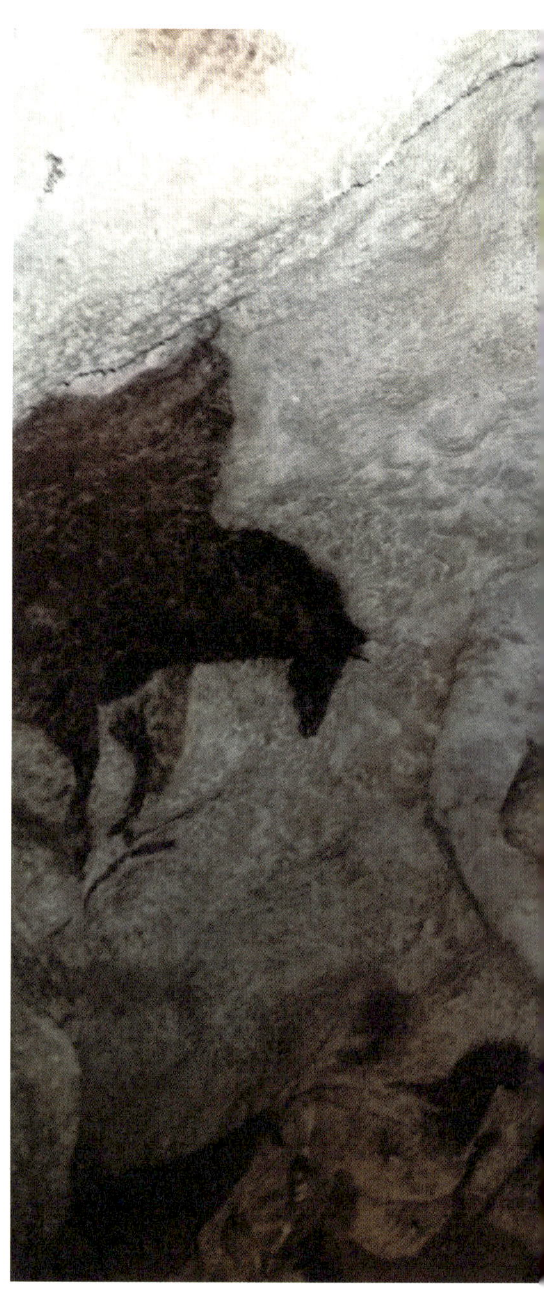

❖ 라스코 동굴 벽화 *By JoJan - Self-photographed, CC BY 4.0*

명예도 누리지 못한 사우투올라는, 한참 전인 1888년에 세상을 떠난 상태였다.

그 후 1940년에는 프랑스 도르도뉴 지방 라스코^{Lascaux} 동굴에서 〈알타미라 동굴 벽화〉와 쌍벽을 이룰 완성도를 갖춘 옛 시대의 〈라스코 동굴 벽화〉가 모습을 보였다.

네 명의 10대 소년이 우연히 찾은 것으로 알려진 이곳에는 빨간색과 노란색, 검은색 등으로 그린 말과 들소 등 수백 점의 동물상이 선명하게 그려져 있었다. 큰 동물은 5.5미터, 작은 것 또한 상당수는 1미터 안팎의 크기였다. 노루, 코뿔소, 곰, 새는 물론 상상의 동물로 예상되는 존재와 집 모양의 그림까지 있었다. 다양성과 완성도, 보존 상태로만 보면 그간 발견한 모든 옛 벽화보다 낫다는 평가를 받았다. 조사 결과, 이 그림도 부인할 수 없는 구석기 후기 시대의 성과물로 판명됐다. 이 또한 그 시절 그들이 위대한 예술 활동을 했다는 결정적 증거로 떠올랐다. 〈알타미라 동굴 벽화〉가 진짜라는 걸 자연스럽게 또다시 증명한 셈이었다.

1985년, 유네스코^{UNESCO}는 〈알타미라 동굴 벽화〉를 세계문화유산으로 올렸다. 인류 최초의 예술인지는 알 수 없지만, 근현대 인류가 찾은 최초의 '가장 오래된 예술품' 중 하나라는 건 더는 부정할 수 없었다. 구석기 시대의 이름 모를 예술가들의 혼과, 이를 알리려는 사우투올라의 의지는 이처럼 늦게나마 월계관을 쓸 수 있었다. "알타미라 이후 모든 예술은 퇴보했다." 20세기 가장 유명한 화가 파블로 피카소^{Pablo Picasso}는 알타미라 동굴을 찾은 후 이런 찬사를 남겼다고 한다.

알타미라 동굴 벽화

알타미라는 문자 그대로 옮기면 '높은 곳에서 바라보는 전망'이라는 뜻을 갖는다. 〈알타미라 동굴 벽화〉는 가치를 인정받은 직후부터 인파가 몰리는 등 유명세를 치렀다. 1977년부터는 관람을 전면 중단했는데, 관광객이 내뿜은 이산화탄소로 작품 일부가 훼손된 데 따른 조치였다. 1982년부터는 제한된 인원만 입장권을 받을 수 있었다. 이마저도 2~3년을 기다려야 할 만큼 대기 기간이 길었다. 이에 당국은 2001년에 알타미라 동굴의 복제 시설을 만들었다. 이 안에선 초정밀 레이저 측정을 동원해 그대로 재현한 〈알타미라 동굴 벽화〉를 볼 수 있다.

라스코 동굴 벽화

〈알타미라 동굴 벽화〉와 비슷하게 기원전 1만 7,000~1만 5,000년경에 그려진 벽화로 추정되고 있다. 라스코 동굴 또한 일반인의 입장이 허용된 후 인기몰이를 했고, 훼손의 위험으로 1963년, 폐쇄되었다. 당국은 다만 관람객을 위해 1983년에 동굴 일부 구조를 그대로 만든 '라스코 2', 2012년에는 순회 전시용으로 동굴의 가장 핵심적인 부분을 재현한 '라스코 3', 2017년에는 동굴 구조를 총체적으로 재현한 '라스코 4'를 제작했다. 라스코 동굴은 1979년 유네스코 세계유산으로 등재됐다. 상당수의 미술 역사서가 〈알타미라 동굴 벽화〉와 〈라스코 동굴 벽화〉로 이야기를 시작하는 점도 흥미로운 부분이다.

참고 자료 ○ 문학과 예술의 사회사, 아르놀트 하우저, 창비
○ 세상의 모든 지식, 김흥식, 서해문집
○ 죽기 전에 꼭 봐야 할 세계 역사 유적 1001, 리처드 카벤디쉬 등, 마로니에북스
○ 미술사 연대기, 이언 자체크 등, 마로니에북스

2.
사형 선고를 받은 거리의 현자

**장 프랑수아 피에르 페롱,
소크라테스의 죽음**

___

**기원전 399년,
법정에서 소크라테스가
유죄 판결을 받다**

___

"지금 이 순간부터 저는 죽음의 길, 당신들은 삶의 길로 가게 됩니다."

기원전 399년, 아테네 법정. 배심원 500명은 소크라테스^{Socrates}의 사형 여부를 놓고 찬반 투표를 했다. 결과는 찬성 360표, 반대 140표였다. 이제 소크라테스는 꼼짝없이 사형수였다. 그럼에도 얼굴색 하나 변하지 않았다. 기꺼이 죽음의 길로 가겠다는 말을 남기고 물러설 뿐이었다. "…하지만 여러분, 삶과 죽음 중 어느 쪽이 더 나은 길인지는 신만이 아실 겁니다." 이처럼 아리송한 말만 덧붙이며 끝끝내 태연했다.

소크라테스가 수감된 곳은 아크로폴리스 필로파포스 언덕에 있는 감옥이었다. 좁은 방 세 칸이 다닥다닥 붙어 있는, 바위굴에 가까운 시설이었다. 사실 이 무렵에도 소크라테스가 진짜 죽으리라고 믿는 이는 없었다. 겉으로는 당당한 소크라테스였지만, 그 또한 막판에는 무슨 수를 써서라도 형벌 수위를 낮출 것으로 다들 예상했다. 그런데 감옥에 갇힌 소크라테스는 별로 바쁠 게 없어 보였다. 높으신 분을 향해 청탁 편지 한 줄 쓰지 않고, 간수에게 뇌물이랍시고 봉투조차 주지 않았다.

보다 못한 소크라테스의 지인들이 팔을 걷었다. 친구 크리톤Kriton과 제자 플라톤Platon 등이 소크라테스의 감옥을 찾았다. "뒷돈으로 쓸 재산이 없어서 그러는가?" 친구들이 소크라테스에게 물었다. "우리가 다 감당하겠네. 간수부터 매수하겠으니 도망칠 준비를 하시게." 이 말을 들은 소크라테스는 튀어나온 두 눈을 끔뻑였다. 이제 곧 감동의 눈물을 쏟고, 고마움의 미소를 지을 줄 알았지만….

"그렇게 할 수는 없소." 소크라테스가 보인 반응은 이게 전부였다. 그는 여전히 얄미울 만큼 평온했다. "대체 왜…?" 크리톤이 따지듯 물었다. "나는 지금껏 아테네의 법률 속에서(법률을 지키면서) 잘 살았네. 단지 내게 불리하다는 이유로 그것을 어기면 되겠는가?" 그간 법 덕에 잘 살아놓곤 갑자기 법 때문에 살지 못하겠다고 하는 건 정의롭지 못한 일이라는 뜻이었다. "내가 억울하다고 해서 이를 어기면 또 같은 일이 생길 수 있고, 그러면 아테네도 바로 설 수 없소. 이보게, 친구. 생명이나 자식, 다른 어떤 일보다 먼저 정의를 생각하시게!" 소크라테스의 말에 크리톤이 한숨을 내쉬려던 때, 복도에서 발을 끄는 소리가 울렸다. 불길함이 엄습했다.

병사가 독배를 든 채 천천히 걸어왔다. 그리고 찰랑이는 잔을 소크라테스에게 건넸다. 이를 본 늙은 사형수의 친구와 제자들은 눈물을 쏟았다. 이 고집불통 노인네가 그것을 꿀떡 삼킬 것을 알기에 더욱 크게 훌쩍였다.

"나의 친구, 제자들이여. 우리는 육체 때문에 빚어지는 고통에서 벗어날 수 없소."

독이 든 잔을 쥔 소크라테스가 말했다. "어떠한 방해 없이 오직 지혜만 추구하고 싶소? 그렇다면, 신이 정해준 때 기꺼이 육체에서 벗어나야 할 것이오." 장

장 프랑수아 피에르 페롱, 소크라테스의 죽음, 1786~1787, 캔버스에 유채, 114.4x149.7cm, 덴마크 국립 미술관

프랑수아 피에르 페롱Jean Francois Pierre Peyron이 그린 〈소크라테스의 죽음〉 속 소크라테스는 최후의 순간, 손바닥을 하늘로 든 채 이러한 마지막 가르침을 전하는 듯 보인다. 소크라테스는 거침없이 잔에 손을 대고 있다. 그런 그가 안타까운 동년배 친구들은 고통스러워한다. 침대까지 다가와 막아서는가 하면, 벌써 몸을 가누기 힘든 듯 스르르 쓰러진다. 비교적 젊은 외관의 제자들 또한 각각 다른 방식으로 슬픔을 표한다. 머리카락을 쥐어뜯고, 얼굴을 가린 채 흐느끼고, 다른 이에게 기대 통곡하는 식이다.

이런 와중에도 소크라테스는 단호하다. 덥수룩한 얼굴에는 진지함, 정의를 지켜야 한다는 사명감만 가득하다. 특히나 눈길을 끄는 건 때가 탄 듯 까매진 발바닥이다. 이토록 많은 이의 존경을 받는 현자의 발은 왜 이렇게 거칠고 더러운가. 복장 또한 왜 이렇게까지 남루하고 초라한가. 덕분에 그림에는 뜻밖의 숭고한 분위기까지 더해진다.

소크라테스는 지금도 예수, 석가모니, 공자孔子와 함께 세계 4대 성인으로 칭해진다. 그는 어떤 삶을 살았고, 또 무슨 일로 독약을 받을 수밖에 없었을까?

손꼽히던 추남의 반전

동시대 여러 자료를 보면 소크라테스는 기원전 469년경 아테네에서 태어났다고 쓰여 있다. 소크라테스는 손에 꼽힐 만큼 추남이었다. 그 시절 "소크라테스처럼 생겼다"는 게 모욕으로 칭해졌을 만큼 못생긴 사람이었다고 한다. 개구리 같은 눈과 돼지를 닮은 코, 옆으로 퍼진 항아리를 닮은 몸의 그는 멀리서도 단연 눈에 띄었다는 게 지금도 전해지는 이야기다.

다만 겉모습만 그럴 뿐 그는 철학부터 과학, 천문학, 기하학 등을 스펀지처럼 빨아들이는 비범한 면을 보였다. 체력과 정신력에서도 남다른 강인함을 갖추고 있었다. 소크라테스는 40살이 넘어서까지 전쟁에도 세 번이나 나섰다. 중장갑 보병으로 근무한 그는 한여름에도, 한겨울에도 힘든 기색 한 번 보이질 않았다. 평시에는 아침부터 다음 날 새벽까지 연병장 한가운데 선 채 꿋꿋이 사색했다. 큰 전쟁터에 있을 때도 다친 전우가 보이면 곧장 달려가 구하고, 퇴각 명령이 떨어지면 주변부터 챙겼다고 한다.

타고난 힘과 의지, 꾸준한 사색과 명상, 삶과 죽음의 경계선에서만 겪을 수 있는 극한 경험…. 소크라테스는 그렇게 내공을 갈고닦았다. 그리고 전쟁 같은 특별한 일이 없을 때는 늘 그만의 무대에 올라섰다. 여기서 무대란 온갖 사람들이 나다니는 광장과 시장 한복판을 의미했다.

질릴 때까지 묻고, 또 물었다

"선생님, 민중을 정의할 수 있습니까?"

"소크라테스여, 그렇게 쉬운 걸 왜 묻습니까? 민중이란 당연히 가난한 사람이지요."

"가난한 사람이라면 어떤 이를 뜻합니까?"

"돈이 없는 이들이지요."

"부자도 늘 돈이 없다고 하지 않습니까. 부자도 가난한 사람입니까?"

"그 점에서는 그렇겠지요."

"민주주의는 민중 중심의 정치라고도 합니다. 그렇다면 민주주의는 가난한 이를 위한 제도입니까, 부자를 위한 제도입니까?"

"아, 음…. 그건 모르겠습니다."

거리의 소크라테스는 늘 이렇게 시민과 대화를 나눴다. 외모는 그림처럼 거지와 다름없는 꼴을 하고 길 위를 쏘다녔다. 그의 관심사는 오직 진리뿐이었다. 꾸밈과 치장에는 전혀 관심을 보이질 않았다. 그런 그는 틈만 나면 아무나 붙잡

❖ 라파엘로 산치오, 아테네 학당(녹색 옷을 입은 소크라테스 부분 확대), 1511, 프레스코화, 550x770cm, 바티칸 미술관

고 다짜고짜 물었다. 응수하면 거기에 또 물음표를 던졌다. 그 행동은 상대가 자기 말에 모순을 느낄 때까지 이어졌다. 정의란 무엇입니까? 사랑과 우정은 어떻게 구분합니까? 무엇을 위해 살아야 합니까…? 소크라테스는 질문과 무한한 되물음을 통해 답변자의 각성을 이끌었다. 평생 잘 알고 있다고 여긴 개념조차 오류 덩어리로 설명하는 자신의 무지를 깨닫게 했다. 라파엘로 산치오Raffaello Sanzio 의 대표작 〈아테네 학당〉에서 소크라테스의 당시 모습을 상상할 수 있다. 벗어진

머리, 다소 투박한 눈코입을 가진 소크라테스가 상대방을 보며 따지듯 묻고 있다. 꿰뚫어 보는 듯한 눈빛과 사나운 인상, 주변 인물들과 비교하면 초라하기 짝이 없는 행색 등 무엇 하나 평범하지 않다.

소크라테스는 본인의 이 화법을 '산파産婆술'로 칭했다. 결국 아이를 낳아야 하는 이는 산모다. 자신(산파)은 직접 상대를 가르치지 않고, 상대방(산모) 스스로 부족함을 깨닫고 지혜를 터득할 수 있도록(출산) 거들 뿐이라는 이야기였다.

소크라테스가 이렇게 된 데는 이유가 있었다. 그 시절 지식인을 표방했던 소피스트의 영향이 가장 컸다. 철학자와 변호사, 논술 강사 등을 합친 개념의 이들은 시민에게 비싼 돈을 받고 말솜씨를 가르쳤다. 당시 아테네는 페리클레스Perikles라는 걸출한 지도자 아래 번영기를 누리고 있었다. 먹고사는 문제가 더는 문제가 되지 않을 때 문화도 꽃피는 법이다. 철학이든, 예술이든, 보이지 않는 개념을 논하기 위해선 웅변과 토론이 필요했다. 조리 있게 말하는 법, 명징하게 표현하는 방식 등 기교는 필수 덕목으로 자리 잡을 수밖에 없었다. 그 결과, 소피스트의 명성은 날로 높아졌다.

그런데 소크라테스는 궁금했다. 그는 그간 목숨 걸고 명상했다. 생사를 넘나들며 사색했다. 그럼에도 아주 간결한 개념 하나 제대로 정의하지 못했다. 사랑이란 무엇인가? 서로를 아끼는 마음이다. 아낀다는 건 무슨 뜻인가? 잃어버리기 싫은 마음이다. 잃어버린다는 건 정확히 어떤 상황인가? 물리적으로, 혹은 심리적으로? 그건….

이런 식이었다. 계속 의문을 던질 수 있었다. 무슨 말을 떠올리든 끝없이 물어볼 수 있었다. 소피스트라면 다를까? 추가 질문이 생기지 않을 만큼 명징한 대답을 내놓을까? 소크라테스는 한 질문에 딱 하나의 답변만 내놓을 수 있다면 세상은 더 나아질 것으로 여겼다. 정답이 버젓이 있다면 굳이 오답을 택하지 않으리라는 게 그의 믿음이었다. 소크라테스는 소피스트 무리를 찾아 묻고, 또 물었다. 그러나 결과는 실망스러웠다. 이들 모두 그의 꼬리에 꼬리를 무는 물음에 결국 절절매기만 했다.

❖ 피에트로 델라 베치아,
소크라테스와 두 제자,
17세기 중후반경,
캔버스에 유채,
103x120cm,
프라도 미술관

"내가 가장 현명한 사람? 설마…"

실망감만 깊어지고 있을 때, 소크라테스는 한 사건을 통해 깨달음을 경험했다. 나이가 40줄에 닿은 무렵이었다.

"아테네에서 소크라테스보다 현명한 사람이 있기는 한가요?"

소크라테스의 친구 카이레폰Chaerephon이 지식을 갈구하는 이 미련한 철학자를 눈여겨보고 있었다. 그래서 직접 델포이 신전을 찾아 이렇게 물어봤다. 예언의 신 아폴론이 거느리는 무녀가 전한 말은 간결했다. "없다!" 이게 다였다. 소크라테스는 카이레폰이 전한 이 이야기를 믿을 수 없었다. 그런데 곰곰이 따져보니 드는 생각이 있었다. 소크라테스도 딱 하나 자신 있게 안다고 말할 수 있는 게 있었다. 내가 아는 게 하나도 없다는 사실 자체였다. 이런 상태야말로 무엇이든 아는 척을 하는 다른 지식인보다 '지혜로운' 부분이었다.

소크라테스는 자기가 아테네에서 가장 지혜로운 사람이라는 사실을 인정할 수밖에 없었다. 모든 진리의 출발점 또한 여기에 있다고 확신할 수 있었다.

무지의 지知를 설파하는 소크라테스는 주로 거울을 든 모습으로 그려진다. 피에트로 델라 베치아Pietro della Vecchia 의 그림처럼, 남에게 일단 본인 모습부터 보여주는 식이다. 델포이 신전 기둥에 쓰인 말, 너 자신을 알라. 즉, 너는 네가 무엇도 모른다는 점부터 성찰하라는 가르침을 주는 장면으로 볼 수 있다.

'악처' 크산티페의 속사정

그런 소크라테스를 막 대하는 이가 한 명 있었으니, 아내 크산티페Xanthippe 였다. 크산티페는 질문 중독자인 소크라테스가 예쁘게 보일 리 없었다. 남편이란 자가 아침이면 광장과 시장, 길거리를 쏘다니며 온갖 사람과 논쟁을 한다. 점심이면 친구니, 제자니 하는 이들과 또 한바탕 갑론을박을 펼친다. 저녁이 되면 웬 부자나 정치인 집에 초대받아 그놈의 토론을 밤새도록 벌인다. 제대로 입지도, 먹지도 않은 채 종일 수다만 떨다가 잊을 만하면 집에 기어들어 온다.

그러는 동안 소크라테스보다 무려 40살쯤 연하였던 크산티페가 모든 집안일을 도맡아야 했다. 돈도 벌어야 했고, 육아에 모든 잡일까지 알아서 해야 했다. 소크라테스의 산파술로 인해 깨달음을 얻는 이가 늘수록, 크산티페의 속은 까맣게 타들어가고 있었다. 언젠가부터 악처惡妻의 대명사처럼 된 그녀지만, 사실은 이런 뒷사정이 있었다.

"술상 좀 차려주시게!"

❖ 루카 조르다노, 소크라테스의 목덜미에 물을 붓는 크산티페, 1660년경, 캔버스에 유채, 개인 소장

　한번은 소크라테스가 크산티페를 향해 대뜸 소리쳤다. 제자들을 우르르 몰고 와서 꺼낸 말이었다. "아이고, 이 태평한 인간아!" 설움에 북받친 크산티페는 씩씩대며 부엌으로 갔다. 그녀가 갖고 온 건 구정물을 가득 채운 바가지였다. 루카 조르다노 Luca Giordano 의 〈소크라테스의 목덜미에 물을 붓는 크산티페〉처럼 살금살금 다가가서는 이를 확 끼얹었다. 제자와 논쟁할 주제를 뒤적이고 있던 소크라테스의 휑한 머리가 흠뻑 젖었다. "스승님. 괜찮으십니까?" 한 제자의 물음에 소크라테스는 허허 웃었다. "원래 천둥이 친 후에는 비가 오는 법이야." 이러니 크산티페만 또 가슴을 칠 수밖에.

공공의 적이 된 현자

　이와 별개로 소크라테스의 신봉자는 착실히 늘고 있었다. 그러자 권력층이 소크라테스를 경계하기 시작했다. 때마침 스파르타가 펠로폰네소스 전쟁에서 아테네를 무찔렀다. 점령군이 된 스파르타는 아테네의 민주주의 체제를 흔들었다. 과두정算頭政을 표방한 친스파르타 세력, 반민주주의를 주장한 아테네 내 일부 집단으로 30인 집권 체제를 꾸렸다. 이들에게 소크라테스는 눈엣가시였다. '진리의 민주화'를 꾀하는 위험인물이던 것이다. 다만 소크라테스는 직접적인 위협은 받지 않았다. 권력을 쥔 30명 안에서도 그의 추종자가 섞여 있던 덕이었다.

이런 상황에서 아테네는 곧 다시 민주주의 체제를 회복한다. 그런데 이번에는 민주 세력이 소크라테스를 도마 위로 또 올렸다. 모든 권력자에게는 공통점이 있다. 자기보다 따르는 이가 많은 사람을 가만두지 못한다는 게 그것이다. 이쯤 되면 소크라테스는 진영과 상관없이 권력층 공공의 적이 될 수밖에 없었다.

죄목 1. 젊은이를 타락시켰다.
죄목 2. 국가가 지정한 신이 아닌 이상한 신을 믿었다.

소크라테스는 이런 이유로 고소를 당했다. 소크라테스의 산파술을 접한 청년들은 충격과 함께 사색에 잠길 수밖에 없었다. 권력층은 새로운 세계에 눈뜬 청년들의 이런 모습을 제멋대로 해석해 혐의로 만들었다. 아울러 소크라테스는 시민을 향해 양심의 목소리에 귀 기울이기를 강조했다. 고소인들은 이를 놓고도 "우리 신이 아닌 다른 신을 따른다"며 자기들 마음대로 판단해 일을 벌인 것이었다. 기원전 399년, 소크라테스의 처벌을 청원하는 재판이 열린 이유였다.

확실한 건, 법정에 선 소크라테스가 사과나 애원 따위는 하지 않았다는 것이다. 플라톤이 쓴 《소크라테스의 변명》 속 소크라테스는 스스로를 능숙하게 변호한다. 그런가 하면, 크세노폰Xenophon의 기록 속 소크라테스는 "새점 치는 인간은 놔둔 채 나만 갖고 그러느냐"며 능청스럽게 항의하기도 한다. 배심원 500명의 1차 투표 결과는 유죄 280, 무죄 220. "내가 죽으면 여러분이 내게 가했던 일보다 훨씬 더 가혹한 형벌이 여러분을 덮칠 겁니다!" 소크라테스는 이처럼 자기 처벌 수위를 결정하는 2차 투표를 앞두고도 떳떳했다. 이어진 투표에서 사형 찬성으로 360표가 몰린 건 이 때문이었다.

❖ 자크 루이 다비드, 소크라테스의 죽음, 1787, 캔버스에 유제, 130x196cm, 메트로폴리탄 미술관

"나는 신이 보낸 등에였다"

그렇게 소크라테스는 바위굴 같은 감옥에 갇히게 되었다. 청탁을 하든, 뇌물을 써서든 그곳에서 빠져나갈 생각 따위 하지 않고, 친구와 제자의 설득에도 고집을 꺾지 않은 그가 받아든 건 독초로 만든 극약이었다. 이와 관련해 가장 유명한 그림은 자크 루이 다비드Jacques-Louis David의 〈소크라테스의 죽음〉일 것이다. 친구 크리톤은 아직 미련을 떨치지 못한 듯 소크라테스의 무릎을 잡는다. 플라톤은 침상 끝에 앉아 일찌감치 애도를 표하는 양 고개를 숙인 채 두 손을 모은다. 플라톤은 당시 20대 청년이었지만, 그의 철학계 입지를 고려해 일부러 늙은 모습으로 묘사되었다는 점도 눈길 끄는 지점이다. 소크라테스의 아내 크산티페는 감옥 뒤편 계단을 통해 퇴장하고 있다. 곧 펼쳐질 비극에 쓰러질 수 있으니 자리에서 벗어나게 하는 것이다.

여러 기록에 따르면 소크라테스는 독약을 단숨에 삼켰다.

여전히 건강한 육체, 그리고 건전한 정신을 지켜왔기 때문일까. 70세를 넘긴 이 노인에게 독은 좀처럼 퍼지지 않았다. 이 때문에 독이 빨리 돌도록 감옥 안을 한참 걸어 다녀야 했다는 일화도 전해진다. 소크라테스는 어느 순간 다리가 무겁다며 반듯이 누웠다. 병사가 종종 그의 발을 꾹꾹 누르며 감각이 있느냐고 물었다. 그는 이 물음에 답하지 않은 채 잠들듯 죽었다고 한다.

"나는 아테네를 위해 신이 보낸 등에였다."

소크라테스가 생전에 남긴 말이다. 큰 황소도 등에가 급소를 쏘면 펄쩍 뛴다. 존재를 안 순간 늘 긴장해야 한다. 녀석을 피하려면 늘어져 있을 수도, 잠깐의 한눈도 팔 수 없다. 소크라테스의 사상은 철학을 이성적, 반성적, 비판적 방향으로 이끄는 데 기여했다. 세상이 늘어지지 않도록, 끊임없이 생기를 품을 수 있도록 이끌었다. 그때도 시민의 스승이었던 그는 지금도 만인의 스승으로 울림을 주고 있다.

장 프랑수아 피에르 페롱(1744~1814)

프랑스의 화가 겸 판화가, 미술품 수집가. 아기자기한 로코코 화풍이 좋은 평가를 받는 시절에 명징한 신고전주의 화풍을 받아들인 선구자 격 인물로 최근 다시 주목받고 있다. 동시대 유명 화가 자크 루이 다비드의 라이벌이었다. 다만, 당시 평론가들에게 다비드 이상의 좋은 평가는 받지 못했다고 한다. 다비드는 훗날 페롱의 장례식에 참여해 "그가 내 눈을 뜨게 해줬다"며 각별한 감정을 내보였다. 대표작은 그에게 로마상 Prix de Rome 을 안긴 〈세네카의 죽음(현재 소실)〉〈그라쿠스 형제의 어머니 코르넬리아〉〈알케스티스의 죽음〉 등이 있다.

루카 조르다노(1634~1705)

나폴리에서 출생한 이탈리아 화가. 가벼운 선, 다양한 색채를 중시한 그는 바로크 화풍이 로코코 화풍으로 넘어가던 시절의 가교가 되었다고도 평해진다. 작업을 빠르게 마친다는 점에서 '번개 Fulmine', 다룰 수 있는 장르와 기법이 다양하다는 점에서 '프로테우스 Proteus · 그리스 로마 신화 속 변신에 능한 바다의 신' 등으로 불렸다. 고향 나폴리를 비롯해 로마와 피렌체, 베네치아 등에서 주로 활동했다. 스페인 왕 카를로스 2세 Carlos II 의 초청장을 받은 그는 엘 에스코리알 수도원의 천장화 작업에도 참여했다. 대표작은 〈비너스(아프로디테)와 마르스(아레스)〉〈동방박사의 경배〉 등이 있다.

참고 자료 ○ 소크라테스의 변명 · 크리톤 · 파이돈 · 향연, 플라톤, 소크라테스, 현대지성

○ 소크라테스의 변명, 플라톤, 아카넷

○ 소크라테스 회상록, 크세노폰

○ 틸리 서양철학사, 프랭크 틸리, 현대지성

○ 철학의 역사, 나이절 위버턴, 소소의책

3.
싸움의 귀신들, 격분하다

드니 푸아이아티에,
스파르타쿠스

기원전 73년 여름,
검투사 스파르타쿠스가
제3차 노예 전쟁을 일으키다

"나의 형제들이여!"

스파르타쿠스Spartacus. 탄탄한 근육질의 이 사내가 칼을 뽑아 들고 외쳤다. "우리가 곧 있을 전투에서 이긴다면, 이 말보다 좋은 녀석을 잔뜩 얻을 수 있을 것이오." 그는 함께 데려온 말을 가리키며 이렇게 소리쳤다. "하지만 우리가 저 로마 놈들에게 맞서 진다면…. 나도, 그대들도 다른 의미에서 더는 말 따위 필요하지 않을 상황을 맞을 것이오!" 스파르타쿠스는 잠깐 뜸을 들인 후 칼자루를 똑바로 쥐었다. 그러고는 고락을 함께한 군마를 죽여버렸다.

기원전 71년. 스파르타쿠스의 반란군은 로마 수석 법무관 격인 크라수스Crassus의 정규군에 조금씩 밀리고 있었다. 거듭 물러서다 못해 이탈리아반도의 장화 구석진 곳까지 온 상태였다. 스파르타쿠스는 이런 상황에서 자신의 애마를 베며 배수의 진背水之陣을 친 격이었다.

"확실한 건, 우리가 다시 그들의 노리갯감이 될 일은 없을 것이오!"

"과거로 돌아갈 바에는 차라리 죽겠소!" 스파르타쿠스의 말에 한 병사가 이렇게 외쳤다. 빼곡하게 몰린 반란군은 그 말에 정신이 든 듯 함성을 내질렀다. 이들은 창과 방패 따위의 끝을 땅에 마구 찧었다. 둥, 둥, 둥…. 돌과 모래만 가득한 전장이 거듭 울렸다. '우리가 죽어봤자 잃는 건 낙인뿐이지만, 우리가 살면… 세상 전부를 얻을 수 있다.' 이들은 로마, 그 철옹성 같은 공화국에 반기를 든 순간부터 수만 번씩 생각한 말을 또 되새겼다.

말 그대로 그림 같은 전투였다. 더는 물러설 곳 없는 스파르타쿠스와 베테랑 병사들은 묘기 부리듯 무기를 휘둘렀다. 글라디우스와 스쿠툼 방패를 든 정예군은 폴짝 날아 로마군의 급소만 정확히 그었다. 삼지창과 그물을 쥔 기습군은 주춤하는 로마군을 토끼몰이하듯 몰아붙였다. 암살대가 그 틈을 타 넘고, 휘젓고, 흔들며 피를 흩뿌리게 했다. 어느덧 로마군의 머리 위로는 곤봉과 단검, 채찍의 끄트머리 따위가 춤추듯 날뛰었다. 각양각색 무기와 전투 방식, 혼을 쏙 빼놓는 퍼포먼스까지, 전쟁의 귀신이 모인 것 같았다.

하지만 크라수스의 로마군 또한 만만치 않았다. 저 멀리 언덕에서 이곳 전장까지 돌진하는 크라수스의 주력군은, 무엇보다도 숫자가 너무 많았다. 물량공세. 사실 크라수스가 앞서 스파르타쿠스에 맞서 몇 번의 전투에서 승기를 잡았던 이유 중 가장 큰 게 이것이었다. 반란군은 늘 그랬듯 기적처럼 잘 싸웠지만, 결국에는 또 밀릴 게 뻔해 보였다. 스파르타쿠스는 더는 미룰 수 없는 최후 결전에 나서기로 했다. 그것은, 저 빼곡한 로마군을 뚫고 나아가 크라수스의 목에 칼을 찔러 넣는 일이었다.

드니 푸아이아티에Denis Foyatier가 스파르타쿠스의 결연한 모습을 조각으로 빚었다. 언뜻 봐도 영웅의 자태다. 스파르타쿠스는 그리스 신화 속 전쟁의 신 아레스만큼 훤칠하고, 반신반인의 장사 헤라클레스만큼 위풍당당하다. 이것만으로도 그가 당시 얼마나 전설적인 사람이었는지를 짐작해볼 수 있다. 이글대는 두

눈과 치켜올린 입술에선 결단력, 꽉 쥔 칼자루와 정면을 응시하는 태도에선 이를 뒷받침할 체력과 의지도 엿볼 수 있다.

"우리는 크라수스를 향해 돌진할 것이오. 한 명만이라도 살아서 그를 베면 우리의 승리일 테요!"

스파르타쿠스는 자신을 따를 최후의 돌격대를 짰다. 이들은 엉겨 붙는 로마군을 털어내며 달렸다. 앞으로, 오직 앞으로. 내가 죽으면 뒤에 있는 누군가가 한 발짝 더 갈 수 있다는 게 외려 감미롭고 감격스럽다는 듯 나아갔다. 누가 이번 전쟁에서 이겼을까? 아니, 애초 그 무렵 최강으로 꼽힌 로마군과 대등하게 맞선 스파르타쿠스와 반란군의 정체는 무엇일까?

검투사의 반란

스파르타쿠스는 로마 공화국의 검투사gladiator, 글래디에이터였다.

검투사란 무기와 갑옷으로 무장한 채 상대 검투사와 대결하는 자를 의미한다. 기록상 기원전 264년에도 존재했던 이들은 주로 많은 관람객이 지켜보는 경기장에서 승부를 겨뤘다. 지는 순간 목숨을 잃는 일도 적지 않았기에, 모든 경기가 보는 사람의 혼을 쏙 빼놓았다. 노예와 전쟁 포로, 자유민 중 하층민 등으로 이뤄진 검투사는 싸우는 게 직업이었다. 대부분은 소유주, 즉 주인의 부와 권력의 과시를 위해 거듭 서로에게 칼을 겨눠야 하는 처지였다.

플루타르코스Ploutarchos는 《영웅전》에서 스파르타쿠스를 그리스 북부 트라키아 출신 검투사로 소개한다. 스파르타쿠스와 함께 반란에 나선 이들 또한 상당수는 검투사였다. 그러니까 대결, 특히나 일대일 데스매치deathmatch 누군가 한 명이 죽어야 끝이 나는 경기에도 능한 싸움꾼 무리가 로마군과 맞선 격이었다. 그 시절 로마군

❖ 장 레옹 제롬, 엄지를 아래로, 1872, 캔버스에 유채, 96.5cm(높이), 피닉스 미술관

과 비교적 대등한 전투를 벌일 수 있는 이유였다.

그렇다면 이러한 역전의 용사들은 왜 반란을 벌였을까?

그것은 로마 공화국이 검투사를 어떻게 대우했는지를 보면 짐작할 수 있다. 로마 공화국의 검투사는 겉보기에는 화려한 삶을 살았다. 이들은 국가 최고위 집단과 수천, 수만 명 시민이 몰린 경기장에 힘찬 박수를 받으며 입장했다. 피와 모래만이 있는 그곳에서 생을 다 바쳐 이기면, 장 레옹 제롬Jean-Léon Gérôme의 그림 〈엄지를 아래로〉 속 승자처럼 환성에 둘러싸였다. 패자를 깔아뭉개자 모든 이가 "죽여라!"를 외치며 엄지손가락을 아래로 내린다(다만, 비교적 최근에 들어선 엄지손가락을 위로 올리는 게 '처형'의 의미였다는 분석도 나온다). 그 순간 승리자가 만끽하는 도파민은 마약처럼 중독성이 강했을 것이다. 잘생기면, 실력이 좋으면, 유행하는 무기를 들고 기막힌 퍼포먼스를 보이면, 나라 밖으로도 이름을 알릴 수 있었다. 그렇기에 잘나가는 검투사는 거대한 팬클럽도 거느렸다.

그럼에도 진심으로 웃을 수 있는 검투사는 없었다. 로마 공화국 시민은 검투

❖ 프란체스코 네티, 식사 중 검투사 결투(폼페이에서), 1880, 캔버스에 유채, 크기 및 위치 불명

사를 짐승, 즉 싸움닭이나 경주마 응원하듯 할 뿐이었다. 검투사가 인기를 얻어봤
자 인기 있는 조랑말과 별다를 바 없는 존재였다. 당장 내일 개죽음을 당할지도
모르는….

실제로 검투사는 '사육'도 당하고 있었다. 당시에는 검투사 전문 관리인(판매
상)이 있었다. 검투사 대부분은 이들 소유의 양성소에서 갇혀 살았다. 연습용 목
검을 든 검투사들은 구르고, 또 나뒹구는 게 일상이었다. 훈련을 견디지 못해 스
스로 생을 마감하는 사례가 끊임없이 이어질 만큼 가혹했다. 그렇게 막 다뤄진
검투사들이 막 쓰이는 일도 부지기수였다. 프란체스코 네티Francesco Netti의 〈식사
중 검투사 결투〉를 보면 알 수 있다. 우뚝 선 검투사, 그리고 그와 대결 중 일격을
맞고 끌려가는 또 다른 검투사가 있는 곳은 만찬장 앞이다. 고위층이 먹고 마시
는 환락의 공간이다. 이들은 검투사를 초청 가수나 서커스단쯤으로 보고 자기들
입맛을 돋우기 위해 서로 싸우게 한 것이다.

이긴 검투사는 여자들의 추파를 받고 있지만, 자세는 여전히 뻣뻣하다. 술 취해 쓰러진 귀족, 피를 쏟은 채 쓰러진 동료 검투사…. 두 장면을 번갈아 보는 그는, 마음속에서 위험한 불씨를 키우고 있는 건 아닐까.

스파르타쿠스가 그 불씨를 키우다 못해 터뜨리고 만 케이스였다. 스파르타쿠스는 검투사를 못살게 굴기로 유명했던 렌툴루스 바티아투스Lentulus Batiatus 밑에 있었다. 이탈리아 카푸아에 터를 잡은 바티아투스의 양성소는 매일 밤 검투사 시체가 쌓인다는 소문이 돌 만큼 악명이 자자했다. 한 기록에 따르면 당시 스파르타쿠스와 동료 검투사인 크릭서스Crixus는 종교 행사에서 인간 제물로 바쳐질 처지에 놓였다. 이기든, 지든 죽을 것을 안 스파르타쿠스는 크릭서스와 함께 난을 일으켰다. 기원전 73년 여름, 한밤중에 쇠꼬챙이를 든 스파르타쿠스를 비롯한 74명의 검투사는 양성소의 무장 경비원부터 찔러 죽였다. 일대를 피바다로 만든 후 뛰쳐나간 이들은 곧장 마을의 무기고(혹은 무기를 실은 마차)를 습격해 무장했다. 반란의 시작이었다.

'일당백' 반란군의 돌풍

로마 공화국은 약탈 뒤 베수비오산에 숨어든 검투사 반란군을 산적처럼 대했다. 그래서 카푸아 민병대를 보냈지만, 파견하는 족족 격파당하고 말았다. 이들이 일당백의 싸움 능력과 경험을 갖고 있다는 점을 간과한 결과였다. 스파르타쿠스가 유명해지자 다른 지방의 검투사도 양성소에서 탈출하는 사례가 잦아졌다. 검투사 말고도 이들과 다를 바 없는 대우를 받은 노예와 양치기 등도 속속 몰리고 있었다. 반란은 어느덧 단순한 검투사의 난이 아닌, 지배층을 향한 피지배층의 혁명으로 바뀌고 있었다.

뒤늦게 다급해진 로마 공화국은 법무관 클라우디우스 글라베르Claudius Glaber에게 군사 3,000명을 주고 제압을 명령했다. 하지만 숲속에서 기습 공격을 당한 글라베르군 또한 무기력하게 패배했다. 그러자 다음으로 법무관 푸블리우스

바리니우스Publius Varinius가 더 큰 규모의 군을 데리고 나섰지만, 그 또한 허둥지둥 물러서야 했다. 스파르타쿠스에게 얼마나 크게 허를 찔렸는지, 바리니우스의 부관이 목욕 중 습격을 받고 벌거벗은 채 겨우 도망쳤다는 설도 있다.

카푸아에서 돌풍을 일으킨 스파르타쿠스군은 이 과정에서 반도의 남부 도시를 하나씩 손에 넣었다. 때마침 로마 공화국의 주력군은 다른 지방으로 원정을 떠나 있었기에 더더욱 무서울 게 없었다. 연전연승을 기록한 스파르타쿠스는 모든 힘 없는 자들의 영웅이 되고 있었다. 반란을 일으킨 그해 겨울 스파르타쿠스 휘하에는 최소 7만 명이 모였다는 말도 있다. 병사 훈련으로 전열을 가다듬은 스파르타쿠스는 기원전 72년 봄부터 북쪽으로 진격했다. 산적 떼로 취급하던 무리에게 도시를 줄줄이 내준 로마 공화국은 그해 안에 스파르타쿠스를 무조건 잡아 죽이기로 뜻을 모으고, 집정관 코르넬리우스 렌툴루스Cornelius Lentulus와 루키우스 겔리우스Lucius Gellius에게 각각 두 개 군단씩 네 개 군단 지휘권을 주었다. 반란 진압을 위해 이렇게까지 힘을 쏟는 건 이례적인 일이었다.

이때쯤 스파르타쿠스 또한 군을 두 갈래로 나누고 있었다. 그의 직속군 4만 명가량, 부대장 격이었던 크릭서스의 군 3만 명가량이었다.

결과적으로 보면, 렌툴루스군과 맞붙은 스파르타쿠스군은 고지대를 선점해 압승을 일궜다. 하지만 겔리우스군과 대치한 크릭서스군은 치열한 접전 끝에 지고 말았다. 크릭서스 또한 현장에서 전사했다. 다만 겔리우스군 역시 이 과정에서 큰 내상을 입었다. 두 집정관은 전투 직후 지휘관 직을 내려놓았다고 한다. 검투사 무리가 기어코 공화국 최고위직에 있던 두 사람을 날린 격이었다.

"로마 놈에게 당한 만큼 돌려주자"

"그 자리에 직접 서보니 어때?"
"울지만 말고 칼을 휘둘러봐!"

스파르타쿠스의 반란군은 붙잡은 로마 정규군 300여 명을 데려다 검투사 경기를 벌였다. 이들의 또 다른 지도자였던 크릭서스가 죽은 데 따른 일종의 추모 행사였다. 원래는 제롬의 그림 〈황제 만세!〉처럼 검투사가 수뇌부와 시민에게 인사를 올리는 것이 관례였다. 두 발로 걸어 나가든, 사경을 헤매며 끌려 나가든 이 경기를 마련해준 모든 이들에게 형식적으로나마 경의를 표해야 했다. 그런데 이번에 관계가 역전되었다. 그러니까 검투사가 수뇌부 역할을 한 격이었다. 서로를 죽여야 하는 포로들은 인사는커녕 겁에 질린 채 덜덜 떨고만 있었다고 한다. 반란군은 그런 모습을 대놓고 조롱했다. "너희가 우리한테 시켰던 것처럼, 이렇게 해보란 말이야!" 몇몇 병사는 포로의 칼을 빼앗아서 보란 듯 시범을 보이기도 했다. 피와 눈물은 그렇게 모래 위로 또 흩뿌려졌다.

검투사 반란군은 이처럼 로마 공화국, 그리고 보통 신분 이상의 로마 시민을 깊이 미워했다. 막상 싸워보니 별것 아닌 녀석들이 자신들에게 그런 짓거리를 강요한 일에 증오와 울분은 더욱 커지기만 했다. 이탈리아 북부 알프스산맥을 넘고 트라키아로 빠져나가 자유를 얻는 것. 스파르타쿠스군이 이 목표를 접고 돌연 반대로 남하를 택한 데는 이러한 이유가 있었을 것으로 보인다. "저 로마 놈들에게 우리가 당한 만큼 돌려주자"는 목소리가 너무 커져 전략을 바꿨을 것이라는 추측이다.

그 무렵, 로마 공화국의 수뇌부는 감히 반란군이 자기들을 흉내 내 검투사 경기를 주최했다는 것에 부글부글 끓었다. 이에 그 당시 그들이 생각할 수 있는 최

✤ 장 레옹 제롬, 황제 만세!(죽어가는 우리가 당신에게 경의를 표합니다), 1859, 캔버스에 유채, 93.1x145.4cm, 예일대 미술관

상의 카드를 꺼냈다. 수석 법무관 격이자 공화국 최고 부자였던 크라수스에게 지 휘권을 주고 반란군 박멸을 주문했다. 명성에 목마른 크라수스는 두툼한 주머니 를 풀어 여섯 개 군단에 달하는 수만 명의 병사를 모았다. 크라수스 개인의 군사 재능은 특출나지 않았지만, 이 약점을 막대한 돈으로 채우고 있었다. 이 와중에

스파르타쿠스군은 나름대로 분투를 이어갔다. 하지만 숫자에서 압도적 우세에 있던 크라수스의 로마군은 반란군을 착실히 구석으로 몰고 있었다. 반란군에 아무리 역전의 용사가 가득한들, 이들도 인간이기에 지쳐가고 있었다.

최후의 결전을 앞둔 무렵, 크라수스 또한 나름의 승부수를 띄웠다. 크라수스는 반란군에 맞서 싸우다 도망친 병사를 한데 모았다. 그리고 로마 역사상 최악의 군 징계로 거론되는 데키마티오^{decimatio}를 단행했다. 이른바 10분의 1형이었다. 먼저 병사를 10명씩 나누고 이들에게 각각 제비를 뽑게 한다. 딱 하나의 제비만 다르다. 나머지 아홉 명은, 문제의 제비를 뽑은 이를 돌과 채찍 따위로 죽인다. 즉, 90퍼센트의 전우가 10퍼센트의 전우를 죽여야 했다. 매우 흉악한 형벌인 만큼 모두가 존재를 알고도 쉬쉬해왔지만, 크라수스가 이를 건져 올려 강행한 것이다. 그는 이렇게까지 해서라도 결전을 치르기 전에 규율을 바로잡으려고 했다.

이는 당시 로마 공화국이 반란군을 얼마나 심각하게 봤는지를 방증한다. 그렇게 스파르타쿠스와 크라수스는 각자 배수의 진을 친 채 실라루스강 인근에서 마지막 전투를 벌였다.

"그는 임페라토르처럼 싸웠다"

스파르타쿠스와 그의 돌격대는 로마군을 볏짚 베듯 썰었다. 이들은 끊김 없이 칼부림을 이어갔다. 적의 시신을 밟고 팔을 뻗는 모습은 마치 칼춤의 한 장면 같았다. 역사가 플루타르코스에 따르면 스파르타쿠스는 동료의 희생 덕에 크라수스 바로 앞까지 나아갈 수 있었다. 스파르타쿠스는 크라수스를 호위하는 위관급의 백인대장 둘도 처단했다.

하지만 그 순간 승리의 여신이 스파르타쿠스에게 등을 돌리고 말았다. 적이 날린 단검(혹은 화살)이 스파르타쿠스의 허벅지에 깊이 찔렸다. 쓰러진 그는 크라수스에게 기어가서라도 일격을 가하려고 했지만, 이미 적에게 빼곡히 둘러싸인

✤ 헤르만 포겔, 스파르타쿠스의 죽음, 1882, 삽화

상태였다. 그는 방패에 기대어 상체를 세운 뒤 거듭 창을 휘둘렀다. 자기 팔이 찔리고, 발이 찔리고, 어깨와 등이 찔릴 때까지 계속….

헤르만 포겔Hermann Vogel이 이 장면을 상상해 삽화로 그렸다. 겨우 몸을 일으킨 후 상대 복부에 창을 찔러넣는 사내. 스파르타쿠스일 것이다. 따지고 보면 반란군의 수장이지만, 그림 속 스파르타쿠스는 마지막 순간에도 결기를 잃지 않는 영웅처럼 보인다. 그를 부축하려는 흑인 병사 또한 검투사 혹은 하층민일 터였다. 완전무장한 채 몰려오는 크라수스의 로마군은 외려 생동감 없는 악당처럼 묘사됐다. '스파르타쿠스는 최전선에서 임페라토르imperator, 로마 최고 사령관처럼 용맹하게 싸우다 쓰러졌다.' 역사가 루키우스 안나이우스 플로루스Lucius Annaeus Florus는 스파르타쿠스의 최후를 이렇게 썼다. 일개 검투사가 사실상 왕처럼 싸우다 죽었다는 평을 받은 것이다. 다른 역사가들도 "검투사의 지휘를 받은 병사들도 용감히 싸우고, 전사답게 죽어갔다"는 식의 찬사를 남겼다.

결국 승리는 크라수스에게 돌아갔다.

스파르타쿠스는 그날 전사한 것으로 여겨진다. 다만 현장 자체가 아수라장이었던 만큼 시신은 발견되지 않았다고 한다. 크라수스는 최후의 결전에서 포로만 6,000명 이상을 잡았다. 그리고 한풀이하듯 이들에게 또 다른 최악의 형벌을 내렸다. 십자가형이었다. 포로들은 로마에서 카푸아로 이르는 가도 양편에 세워진 십자가에 산 채로 줄줄이 못 박혔다. 사형수가 된 반란군은 병사와 시민, 날짐승이 보는 앞에서 서서히 죽어갔다. 그럼에도 이렇게 숨을 거두는 게 더 낫다는 양, 이들은 로마를 향해 침을 뱉고 조롱을 이어갔다고 한다.

로마 공화국은 스파르타쿠스의 악몽을 오랫동안 기억했다. 정치가 율리우스 카이사르Julius Caesar와 마르쿠스 키케로Marcus Cicero도 스파르타쿠스를 언급한 적이 있다. 스파르타쿠스라는 말 자체가 정적의 대명사 격으로 쓰이기도 했다. 훗날 프랑스 사상가 볼테르Voltaire는 스파르타쿠스의 반란을 놓고 '인류 역사상 유일하게 정의로운 전쟁'이라는 평을 했다.

드니 푸아이아티에(1793~1863)

프랑스의 신고전주의 조각가. 에콜 데 보자르 ^{파리 국립고등미술학교} 출신이다. 젊은 시절 이탈리아 유학길에 올랐는데, 그때 작업한 스파르타쿠스의 석고상으로 일약 유명 예술가로 자리매김했다. 당시 프랑스 왕이 직접 이 작품을 대리석으로 다시 만들라고 했을 정도. 파리 18구에는 그의 이름을 딴 거리가 있다. 대표작은 〈잔 다르크〉 등이 있다.

장 레옹 제롬(1824~1904)

프랑스 출신의 화가 겸 조각가인 제롬은 당대 가장 유명한 예술가 중 한 명이었다. 신고전주의 화풍을 고집한 그는 정확한 배경 설정, 조각 같은 인체 묘사 등을 장기로 이름을 알렸다. 이 실력으로 영국 왕립아카데미 회원, 프랑스학회 회원에 들고 조국 최고 영예인 레지옹 도뇌르 훈장까지 받았다. 그를 따르는 제자만 해도 2,000명이 넘었다. 그런 그는 인상파에 밀려 역사에서 한발 물러났다는 평을 받는다. 대표작은 〈닭싸움을 붙이는 젊은 그리스인들〉 〈법정의 프리네〉 〈피그말리온과 갈라테이아〉 등이 있다.

헤르만 포겔(1854~1921)

독일 출신의 만화가이자 일러스트레이터로, 주로 프랑스에서 활동했다. 촘촘한 구성과 유머러스한 표현 등으로 동시대 큰 인기를 끌었다. 프랑스 잡지 〈르 히흐 ^{Le rire}〉에 삽화를 기고해 이름을 알린 그는 어린이 그림책과 청소년을 위한 신문 등에도 여러 그림을 실었다. 후에는 프랑스의 권위 있는 전시회 살롱 데 자르티스트 프랑스의 회원이자 심사위원으로 뽑히기도 했다.

참고 자료　○ 스파르타쿠스, 하워드 패스트, 미래인
　　　　　　　○ 로마 검투사의 일생, 배은숙, 글항아리
　　　　　　　○ SPARTACUS, Starz
　　　　　　　○ 플루타르코스 영웅전, 플루타르코스, 을유문화사

4.
'영원한 도시'에서 벌어진
최악의 참사

위베르 로베르,
로마 대화재

누군가가 화마火魔의 등짝에 채찍질을 하고 있을까?

불은 그만큼 맹렬히 타올랐다. 화염의 아가리는 주택과 거리, 성소까지 삼켰다. 64년 7월, 고대의 찬란했던 땅 로마는 그렇게 잿더미에 깔렸다. 지독한 불길은 아흐레간 이어졌다. 그동안 근 130만 명이 살던 대도시는 불에 그을리고, 연기를 뿜고, 재 가루를 내뿜었다. 사망자는 수만 명, 집을 잃은 이는 수십만 명이었다. 이 참사는 훗날 역사서에 '로마 대화재Great Fire of Rome'로 쓰인다.

당시 로마 제국의 황제는 네로Nero였다. 재앙 소식을 접한 그는 휴가지에서 곧장 돌아와 수습에 힘을 쏟았다. 당장 자기 소유의 별장 문을 열었다. 이곳에 이재민 캠프를 차렸다. 이어 외곽과 속주屬州를 향해 구호 물품을 보내도록 명령하고, 불이 잘 붙는 소재로는 건물을 짓지 못하게끔 법도 만들었다. 여기까지는 좋았다. 문제는 그다음이었다. 네로는 적당한 선을 모르는 사람이었다. 황제는 어느샌가 들뜬 모습을 보였다. 검정 도화지가 된 도시를 앞에 두고 오랫동안 간직

한 로망을 펼칠 마음이었다. 그는 기왕 폐허가 된 만큼 도시 곳곳에 그리스식 건물을 새로 짓겠다고 했다. 목 좋은 곳에는 도무스 아우레아, 이른바 '황금 궁전'을 올릴 것이라고 공표했다. 소문은 이때부터 피어올랐다. "네로가 로마를 제 취향으로 갈아엎으려고 일부러 불을 지른 게 아닐까" 하는….

그러고 보니, 로마 시민들의 머릿속에 떠오르는 사건이 있었다. 재난이 일어나기 전부터 "로마는 그리스만큼 아름답지 않다"며 마음 같아서는 다 때려 부수고 싶다는 황제의 말이었다. 화재가 한창일 때 '황제의 명령'이라며 불 끄기를 막아선 두건 군단의 존재도 있었다. 실제로는 극장이나 정원에서 우연히 불이 붙었을 가능성이 컸다. 그것이 하필 주택으로 옮겨붙었고, 건물이 빽빽한 도시 구조상 삽시간에 번졌다고 보는 게 타당했다. 네로의 이름을 판 이들 역시 황제와는 아무 관련 없는 좀도둑 무리였다고 여기는 게 합리적이었다. 네로는 그 시각에 50킬로미터 넘게 떨어진 휴양 도시에 있었고, 소식을 들은 후에 복귀했다. 화마에 애장품을 상당량 잃은 그도 엄밀히 보면 피해자였다. 그동안 로마를 재건하고 싶다느니 허풍을 떤 게 죄라면 죄였다.

그럼에도 민중은 의심했다. 이들은 공포와 분노, 불안과 허무의 감정을 쏟아낼 상대를 찾고 있었다. 표적을 정한 후부터는 물릴 생각이 없었다. 심지어 그사이 "네로가 불타는 로마를 보고 시를 읊었다(실제로 그랬지만, 이는 비통함의 표현 방식이었다고 한다)" "그리스 문학에 심취한 네로가 트로이 멸망 장면을 재현하기 위해 사고를 쳤다"는 식의 구체적인 억측도 만들어졌다. 소문이란 한 톨의 사실에 상상 밖 괴담이 버무려질 때 가장 강해지는 법이다. 네로는 어느 순간부터 희대의 방화범이 돼 있었다.

위베르 로베르Hubert Robert의 〈로마 대화재〉는 당시 재난이 얼마나 끔찍했는지를 체험하도록 우리를 이끈다. 생생하게 재현한 이 그림에서 먼저 눈에 들어오는 건 다리 위의 동상이다. 불길을 등진 이 인물상은 어서 도망치라는 듯 한쪽 팔을 들고 있다. 다리 위와 아래에선 뒤틀린 시민이 각자 다른 모습으로 혼란을 역동적으로 보여준다. 어른이 아이 손을 잡고 뛰는 광경, 도망치기 전 배에 짐을 잔

❖ 위베르 로베르, 로마 대화재, 1785, 캔버스에 유채, 76x93cm, 앙드레 말로 현대 미술관

뜩 싣는 장면에서 다급함이 여실히 와닿는다. 노랗게 치솟은 화염이 장악한 안쪽은 무엇이든 뼈대 말고는 건질 게 없어질 것이다.

로마는 과거에도 종종 화재 사고를 겪었다. 26년에는 주택 밀집지에서 불이 번져 일부 건물이 무너졌다. 36년에는 전차 경주 경기장에서 불길이 치솟은 적이 있었다. 하지만 이번처럼 일이 커진 건 처음이었다. 네로는 굶주린 들개처럼 달려드는 범죄 기획설에 겁을 먹었다. 당황한 그는 위기에서 벗어나기 위해, 해서는 안 될 짓을 저지르고 만다. 그것은 훗날 누구도 변호하지 못할 최악 행보로 기록된다.

인기에 취한 소년 왕

지금은 폭군의 대명사로 꼽히는 네로지만, 처음부터 그런 면을 보였던 것은 아니다. 쾌활한 성격의 네로는 황제에 오른 직후 시민에게 큰 사랑을 받았다. 로마 대화재에서 초반에 대응하는 모습처럼, 나름의 통치력도 갖췄다. 그런 그는 혈육 살해, 이해할 수 없는 학살, 행정 대신 시와 노래를 끼고 산 기묘한 사생활 등 자해自害를 거듭했다. 네로를 이처럼 무너뜨린 건 그의 소심함과 인기에 대한 집착이었다.

네로는 로마 대화재가 발발하기 10년 전인 54년, 로마 제국의 제5대 황제에 올랐다. 나이는 17살이었다. 이는 그의 어머니인 소小 아그리피나Agrippina Minor가 만들어준 자리였다. 앞서 아그리피나는 제4대 황제인 클라우디우스Clavdivs의 네 번째 아내로 황궁에 입성했다. 그녀는 전임 황제인 칼리굴라Caligula의 여동생이었다. 아그리피나는 이러한 배경과 마성의 매력으로 황실을 휘어잡았다. 이때 그녀 손을 꽉 잡고 함께 온 아이가 있었다. 그녀가 첫 번째 남편(클라우디우스 또한 그녀의 세 번째 남편이었다)과의 사이에서 낳은 자식, 네로였다. 아그리피나의 목표는 하나였다. 아들 네로를 황제로 만드는 것. 그리고, 그 뒤에서 막강한 권력을 쥐는 것. 아그리피나는 유한 성격의 클라우디우스를 구워삶아서 네로를 황태자로 만드는 데 성공했다. 얼마 후 황제가 갑작스럽게 죽었다. 아그리피나가 그를 독살했다는 설이 유력하다.

엉겁결에 소년 왕이 된 네로는, 초기 5년간은 그럭저럭 괜찮은 행보를 보였다. 특히나 친親서민 정책을 힘 있게 추진해 대중의 사랑을 받았다. 네로 체제에서 시민은 공공시설 확대, 귀족 중심이었던 공연 같은 볼거리의 전면 개방 등 일상 속 변화를 느낄 수 있었다. 이는 스스로도 어느 정도 총명함을 갖췄고, 박식한 철학자 루키우스 안나이우스 세네카Lucius Annaeus Seneca를 스승으로 둔 덕이기도 했다. 네로는 인기의 맛을 봤다. 그건 꿀처럼 달콤한 것이었다. 모든 결정의 기준은 차츰 신념도, 철학도 아닌 광장 속 환호가 되기 시작했다.

그사이 황궁 안에서는 끔찍한 사건이 몇 가지 발생했다. 가장 충격적인 건 네로의 어머니, 아그리피나의 죽음이었다. 병적인 소심함을 콤플렉스로 둔 일부 사람들은 특정 상황에서 외려 더 파격적인 행보를 보이곤 한다. 의외의 모습을 보여 시선을 바꾸고 싶은 충동, 뿌리 깊은 자격지심을 떨쳐내고자 하는 욕망 탓이다. 네로가 그런 사람이었다. 그래서 선을 넘고, 또 넘었다. 통치 5년 차. 인기에 취한 네로는 하고 싶은 게 많았다. 배급과 축제 등 대중 영합주의 정책을 더 크게 벌이고 싶었다. 아그리피나가 맺어준 황후 옥타비아Octavia와의 연을 끊는 한편, 더 예쁘고 경박한 여자와 결혼하고 싶은 욕심도 들끓었다. 하지만 아그리피나가 사사건건 간섭했다. "말 안 듣는 아들놈을 다른 녀석으로 갈아치울 것"이라고 말했다는 식의 소문도 퍼졌다. 네로는 모든 걸 잃을까 봐 두려웠다. 측근들 또한 "이럴 때 강한 모습을 보여야 대중이 좋아한다"며 결단을 촉구했다. 그래서 네로는 어머니를 죽였다. 처음에는 사고로 위장해 익사시키려고 했지만, 그녀가 헤엄쳐 살아남자 다시 자객을 보내 숨통을 끊었다고 한다.

안토니오 리치Antonio Rizzi가 〈네로와 아그리피나〉에서 둘의 관계와 최후를 직관적으로 표현했다. 네로일 것으로 보이는 남성이 쓰러진 여인의 몸을 살펴보고 있다. 이번에는 정말 죽은 게 맞는지 확인하는 양. 얼굴 쪽에서 피를 토한 그

녀는 아그리피나일 것이다. 붉은 천, 손목에 걸린 액세서리는 한때의 권력을 의미하는 듯하다. 네로는 이후 아내 옥타비아를 도마 위로 올렸다. 옥타비아는 수수한 외모이긴 했지만, 품격과 현명함을 두루 갖춘 여인이었다. 그런 그녀가 간통죄에 반역 누명까지 쓴 채 참혹하게 생을 마감해야 했다.

네로 입장에서는 앓던 이가 모조리 빠졌다. 방해꾼은 사라졌고, 귀염성 있는 아내도 새로 얻었다. 이제 대중의 환호를 위해 힘껏…. 그런데 매번 그의 행복이 돼준 시민이 싸늘했다. 그간 로마 황실에서 친족 암살은 일일이 읊기도 힘들 만큼 잦았다. 하지만 황제가 친어머니를 죽인 건 처음이었다. 비참한 끝을 맞은 황후 역시 로마의 남녀노소 모두가 존경한 여인이었다. 황제가 그런 아내를 대놓고 죽인 일 또한 첫 사례였다. 선을 넘어도 한참 넘었다. 이를 뒤늦게 알아챘지만, 무엇 하나 돌이킬 수 있는 게 없었다. 초조해진 그는 이 상황을 타개하기 위해 무슨 짓이든 할 생각이었다. 그런 그가 고심 끝에 택한 길이 있었다. 그것은….

연예인이 된 황제

네로의 노래가 끝난 순간, 기다렸다는 듯 박수 소리가 공간을 가득 메웠다. 그가 악기를 든 팔을 번쩍 들자 이번에는 곳곳에서 휘파람이 넘실거렸다. 64년, 나폴리의 한 공연장에서 네로는 가수로 공식 데뷔했다.

갑자기 왜 그랬을까?

네로가 한참 전부터 그리스 문화에 심취해 있었음을 앞서 언급했다. 특히나 그리스 노래와 문학을 좋아했다. 그는 측근들 앞에서는 이미 수시로 노래를 불렀다. "이렇게 좋은 걸 우리만 듣기가 아쉽습니다." 누군가는 이렇게 아부했을지도 모른다. 바람이 들어간 네로는 본인을 위대한 예술가로 착각하기 시작했다. 그래서 이러한 파격 행보를 보인 것이었다. 네로는 감동한 민중이 다시 아낌없는 지지를 보내리라고 믿었다.

데뷔는 성공적이었다. 순회공연 또한 흥행했다. 하지만 여기에는 반전이 있었다. 네로의 시에 감격하고, 네로의 음악에 감동하는 이들은 대부분 박수부대였다. 5,000명 규모의 박수부대는 행동 양식에 맞춰 세 개 군단으로 나눌 만큼 체계적(!)이기도 했다. 네로에게 열정은 있었지만 능력은 한 톨도 없었다고 한다. 눈과 귀가 가려진 네로는 치세 초기의 인기를 완전히 되찾았다고 생각했다. 실제로는 정반대였다. 시민은 황제란 작자가 통치에 집중하지 않는 모습에 좋은 말을 할 수 없었다. 외국물을 먹은 광대처럼 나서는 게 못마땅할 뿐이었다.

"촌스러운 로마를 어떻게 해야 그리스처럼 바꿀 수 있을까?"

그리스 문화에 더욱더 빠져든 네로는 이 무렵 로마를 자주 깎아내렸다. 그럴 줄은 몰랐다. 생각 없이 뱉은 이 말이 즉각 부메랑이 되어 자신의 급소를 칠 줄은.

❖ 헨리크 시에미라즈키, 네로의 횃불, 1882, 캔버스에 유채, 94x174.5cm, 크라쿠프 국립 미술관

누명을 씌워 학살하다

로마 대화재는 네로가 연예인이 된 그해에 터진 일이었다. 나약한 네로는 난데없이 방화범으로 몰린 이 상황을 견디지 못했다. 그가 들불처럼 번지는 의혹을 잠재우기 위해 쓴 수는 새로운 희생양 지목이었다. 네로가 이번 비극의 원흉으로 꼽은 이는… 당시 신흥 종교 세력이던 기독교도였다.

"우리는 이교의 신을 믿지 않는다"며 국가 행사에 불참하는 기독교인을 로마 제국은 곱게 보지 않았다. 하지만 당시 시민은 이들을 비주류로 볼 뿐, 테러범으

60

로 취급할 생각은 눈곱만큼도 없었다. 이런 가운데, 네로는 분풀이하듯 기독교인을 학살했다. 역사가 타키투스Tacitus의 기록 등을 보면, 네로는 기독교인에게 다짜고짜 털가죽을 씌워서 맹수 우리에 던져버렸다. 일부는 십자가에 못 박은 채 매달았고, 일부는 그 상태로 불에 태워지게끔 했다.

헨리크 시에미라즈키Henryk Siemiradzki가 이런 광경을 상상화 〈네로의 횃불〉로 그렸다. 로마의 귀족, 그 틈에 섞인 시종과 노예들이 황금 궁전의 발코니에서 어우러져 있다. 대부분은 축제를 즐기는 양 악기나 술잔 따위를 든 상태다. 이들 중 상당수는 오른쪽 한 귀퉁이를 보고 있다. 그곳은 참극의 현장이다. 옷이 벗겨진 기독교인이 줄줄이 이어진 나무 막대기 끝에 매달렸다. 사다리를 탄 병사 혹은 노예는 이미 불을 들었거나, 곧 쥐게 될 것으로 보인다. 그러고는 이를 기독교인을 묶는 데 쓴 짚단에 가져다 대려는 모습이다. 포박당한 이들은 곧 화르르 타오르는 인간 횃불이 되리라. 귀족들의 호화로운 연회, 누명을 쓴 희생양의 비극적 최후는 강렬하게 대비된다.

'잔혹함은 (…) 시민의 가슴을 동정심으로 채웠다. 그들은 알고 있었다. (…) 기독교도라고 불리는 이들에게 잔혹한 운명을 내린 건, 공공의 이익 아닌 한 사람의 욕구 충족을 위해서라는 걸.'

타키투스의 기록처럼 네로의 얄팍한 수는 역효과만 일으켰다. 시민에게 각인된 건 황제의 기행뿐이었다. 로마 대화재 후 황실의 태양은 급격히 기울었다.

"훌륭한 예술가인 내가 죽는구나!"

태양은 다시 떠오르지 못한 채 몰락했다.

결정타는 로마 대화재 발발 1년 뒤 불거진 대규모 숙청 사건이었다. 고대 역사가들의 기록을 보면, 당시 네로의 폭주를 보다 못한 몇몇 원로원이 거사를 치르기로 결의한다. 그것은 네로 암살이었다. 구상은 이랬다. 네로가 보이면 선발대가 곧장 달려가 그의 발 앞에 엎드린다. 간곡히 할 말이 있다며 방심하게 한 후, 그대로 넘어뜨린다. 숨어 있던 후발대가 쓰러진 그에게 달려든다. 옷소매에서 단검을 꺼내 사정없이 찌른다. 모든 원로원과 시민에게 존경받는 인물, 가이우스 칼푸르니우스 피소^{Gaius Calpurnius Piso}가 때마침 등장한다. 사람들은 자연스럽게 피소를 새로운 황제로 추대한다.

늘 그렇듯 계획은 완벽해 보이는 법이다. 변수가 생기기 전까지는.

일이 벌어지기 전날, 사건에 가담한 인사 중 한 명인 플라비우스 스카이비누스^{Flavius Scaevinus}는 해방 노예 밀리쿠스^{Milichus}에게 단검을 벼려놓으라고 지시했다. 이상함을 느낀 밀리쿠스는 곧장 네로의 해방 노예에게 이를 알려버렸다. 네로도 처음에는 온전히 믿지 않았다. 하지만 그 증거라는 단검을 받는 순간 소름이 돋았다. 네로는 바로 스카이비누스를 포박해 무릎 꿇렸다. 결국 음모의 실체를 알아낸 네로가 공모자를 모조리 잡아들였다. 피소 등 핵심 관계자는 줄줄이 극단적 선택을 하거나 의문사를 당했다. 그렇게 피바람이 불었다.

소심한 네로는 잘못된 결단을 거듭한다. 비교적 확실한 용의자뿐만 아니라, 평소 그에게 간언하던 몇 안 되는 인사까지 이참에 다 체포한 것이다. 여기에는 네로의 초기 선정에 큰 영향을 준 스승 세네카도 있었다. 많은 사람들이 이 행동에 충격을 받았다. 네로가 기어코 마지막 통제력까지 잃었다는 의미였기 때문이다. 이를 증명이라도 하듯 네로는 앞뒤 상황을 면밀히 따지지 않고 세네카에게 스스로 세상을 하직할 것을 명령했다.

연로한 세네카는 자해한 후 욕탕에서 죽어가길 택했다고 한다. 마누엘 도밍

❖ 마누엘 도밍게스 산체스, 세네카의 죽음, 1871년경, 캔버스에 유채, 270x450cm, 프라도 미술관

게스 산체스Manuel Dominguez Sanchez의 그림 속 마른 장작 같은 세네카의 모습은 비극을 극대화한다. 세네카의 동료들은 작품 안 모습처럼 슬퍼하며 네로를 향한 증오를 맹세했다고 한다. '피소 음모'로 불린 이 일로 인해 로마 제국은 세네카를 포함해 최소 41명의 각계 유력자를 잃었다.

68년 초, 전임 황제 클라우디우스의 오랜 친구였던 갈바Galba가 스스로를 황제로 칭하기 시작했다. 네로의 숙청에 학을 뗀 원로원과 군대가 힘을 보태줬다. 네로는 어느덧 혼자였다. 강골 어머니와 지혜로운 아내, 영악하지만 노련했던 스승과 그나마 쓴소리를 할 줄 알던 이들이 모두 죽었다. 존 윌리엄 워터하우스John William Waterhouse가 외로운 네로의 모습을 상상해 그렸다. 침대에 엎드린 네로는 두 손으로 얼굴을 가눈 채 넋을 놓고 있다. 눈가에는 눈물이 맺혀 있다. 지난날을 되새기고 후회하는 양미간에는 주름이 깊이 파였다. 넓은 황궁은 쓸쓸해 보인다.

❖ 존 윌리엄 워터하우스. 어머니를 살해한 네로의 후회, 캔버스에 유채, 1878, 167.6x94cm, 개인소장

언뜻 볼 수 있는 고급스러운 장식물 또한 허전함을 채우지 못한다.

그해 6월 8일, 평소처럼 잠을 뒤척이던 네로가 또 호위병을 불렀다. 그러나 이날 밤에는 아무도 오지 않았다. 곧 자신에 대한 암살이 있을 것을 직감한 네로는 황궁에서 탈출한다. 그가 피신한 곳은 한 노예의 집이었다. 겨우 숨을 돌리려는 그때, 네로는 원로원이 자신을 '국가의 적'으로 선포했다는 걸 전해 들었다. 그는 이제 살아날 구멍이 없었다. 멀리서 기병들의 말발굽 소리가 들리는 듯했다. 네로는 노예에게 칼을 건넸다. 자기 목을 찌르도록 명령했다.

쓰러진 네로는 "참으로 훌륭한 예술가인 내가 죽는구나"라는 말을 내뱉었다. 다급히 달려온 병사들이 그의 죽음을 막으려고 했지만, 이미 돌이킬 수 없었다. "늦었어. (이런 최후가)내 절정의 상징이야." 네로는 이 말을 끝으로 죽었다고 한다. '네로가 가진 특징은 대중의 인기에 대한 억누를 수 없는 욕망이었다.' 네로보다 한 세대 늦게 출생한 역사가 수에토니우스Suetonius는 이런 글을 썼다. 실체 없는 인기에만 매달린 나약한 자의 말로였다.

위베르 로베르(1733~1808)

프랑스 화가. 파리와 이탈리아 등에서 활동하며 고대풍 건물, 그중에서도 폐허를 배경으로 한 그림을 자주 그려서 '폐허의 로베르'라고도 불렸다. 프랑스 혁명 중에는 체포돼 투옥되기도 했다. 감옥에서 벗어난 후에는 루브르 박물관의 큐레이터로도 활동했다. 화풍은 낭만주의에 가깝다. 대표작으로는 〈고대의 폐허〉〈콜로세움이 있는 로마의 폐허〉 등이 있다.

헨리크 시에미라즈키(1843~1902)

폴란드 출신의 화가로 고대 그리스와 로마 역사에 관한 작품을 즐겨 그렸다. 러시아 상트페테르부르크에서 정규 교육을 받은 그는 그곳에서 유명 역사화가 칼 브률로프 밑에서 공부한 적도 있다. 그의 장기는 절절한 대비, 빛과 어둠에 대한 극적 효과 연출이었다. 역사화와 함께 초상화, 풍경화 영역에서도 두각을 보인 그는 여러 미술 아카데미에 회원으로 이름을 올릴 수 있었다. 대표작은 〈그리스도와 죄인〉〈검의 춤〉 등이다.

참고 자료　○ 타키투스와 연대기, 타키투스, 범우
　　　　　　　○ 하이켈하임 로마사, 프리츠 M. 하이켈하임, 현대지성
　　　　　　　○ 네로황제 연구, 안희돈, 다락방

5.
국가의 명운을 건 담판

라파엘로 산치오,
교황 레오 1세와 아틸라의 만남

452년
교황 레오 1세가
훈족의 진군을 물리다

중앙아시아를 누비던 유목 민족 훈족의 왕 아틸라Attila가 몰고 오는 전사들은 존재 자체가 악몽이었다.

이들은 늘 전쟁에 굶주린 존재였다. 날고기를 씹어 먹고, 덧댄 들쥐 가죽을 덮고 자면서도 살육과 정복만을 생각하는 야수였다. 본인이 죽든 말든 괴성과 함께 돌진하는 이들은, 잘 조여진 살인 기계와 다를 게 없었다.

그런 훈족이 당장 노리는 건 서로마 제국의 로마였다. 이대로면 세계의 머리로 불린 이 도시는 물론, 고대부터 명맥을 이어온 나라 전체가 흔들릴 게 뻔했다. 서로마 제국 황제 발렌티니아누스 3세Valentinianus III는 이미 지쳐 있었다. 더는 이 족속과 싸울 자신도, 여유도 없었다. 그런 그가 택한 건 평화 협상이었다. 문제는 거래 조건이었다. 훈족은 이미 자기네가 압도적 우위에 있다는 걸 알고 있었다. 그렇기에 결코 쉽게 물러나지 않을 터였다. 그래도 이것 말고는 방법이 없으니, 발렌티니아누스 3세는 훈족과 마주할 교섭단을 꾸렸다. 여기에 대표로 나선

이 중 한 명이 이제 나이 50줄에 닿은 교황 레오 1세^{Leo PP. I}였다.

452년, 만토바 인근. 담판의 날에 레오 1세와 아틸라가 만났다. 레오 1세는 평소처럼 성직자복을 입었다. 표정은 온화했고, 움직임은 부드러웠다. 주변에는 무장하지 않은 시종 몇 명뿐이었다. 움푹 들어간 눈두덩이, 떡 벌어진 어깨와 흉터 투성이 몸…. 언뜻 봐도 위협적인 아틸라였지만 그가 오히려 레오 1세를 보고 움찔한 듯했다. 호흡을 크게 가다듬는 게 티가 날 정도였다. 둘은 곧 장막 안으로 사라졌다. 이제 두 사람만의 시간이었다. 제국의 역사를 건 순간이기도 했다. 아틸라는 말도 안 되는 조건을 걸고 전쟁 명분이나 강화할 생각이었다.

얼마 후, 이들은 다시 천을 걷고 햇빛을 맞았다. 협상을 마치고 나온 레오 1세와 아틸라는 서로에게 예를 갖췄다. 돌아선 아틸라가 주변 참모들에게 즉각 명령했다. "병력을 돌려라." "예?" "모든 군은 철수시켜라." "왕이시여, 갑자기 왜 그러십니까? 계속 진군하면 로마를 우리 손에…." 아틸라가 참모의 말에 눈을 번뜩였다. "내가 두 번 말하게 하지 말라!"

'신의 채찍'의 뜻밖 퇴각

그사이 무슨 일이 있었을까. 아틸라가 워낙 큰 변화를 보인 만큼, 그 이유를 놓곤 지금도 의견이 분분하다. 이 가운데 가장 많이 알려진 것이 레오 1세와 관련한 전설이다. 아틸라가 레오 1세를 보자마자 흠칫한 데는 이유가 있었다. 아틸라는 이 나이 든 교황을 보고 놀란 것이 아니다. 레오 1세 양옆에 성 베드로와 성 바오로가 칼을 빼든 채 서 있는 걸 보고 몸을 움츠린 것이었다. 눈을 비빈 뒤 봐도, 고개를 돌렸다가 봐도 이들은 그대로 있었다. 그래서 괜히 심호흡이나 크게 한 것이었다. 아틸라는 레오 1세와의 협상 중에도 진땀을 뺐다. 레오 1세에게 붙은 두 환영은 이때도 사라지지 않았다. 외려 아틸라를 향해 칼끝을 들이밀며 '당장 퇴각하지 않으면 화를 입으리라'는 식의 협박만 이어갔다. 레오 1세는 이를 아는

❖ 라파엘로 산치오, 교황 레오 1세와 아틸라의 만남, 1513~1514, 프레스코화, 500x750cm, 사도 궁전.

지 모르는지 시종일관 평온했다. 아틸라는 결국 두 성인의 위협에 굴복해버렸다. 그 결과 기껏 몰고 온 대군을 퇴각시켰다는 이야기다.

라파엘로 산치오가 이 기록에 감명받고 그린 그림이 있다. 〈교황 레오 1세와 아틸라의 만남〉이다. 전쟁 도구 하나 없는 교황과 그의 일행이 왼쪽에 있다. 투구와 갑옷, 성난 말 등 잔뜩 힘을 주고 온 이들은 아틸라와 그의 군단이다. 서로마제국 대표단 뒤로는 로마의 여러 건물을 볼 수 있다. 훈족 대표단 뒤에는 이들이 만들어낸 화염과 연기만 가득하다. 그럼에도 교황 쪽은 차분해 보인다. 외려 훈족 무리가 당황한 기색을 드러내고 있다. 군대의 눈과 팔이 향하는 곳, 하늘 한 귀퉁이에는 두 인물이 있다. 천국의 열쇠를 든 성 베드로, 성령의 장검을 쥔 성 바오로다. 둘은 더 이상 파괴는 용납할 수 없다는 듯, 특히 로마를 건드리는 순간 심판을 면할 수 없다는 듯 호통을 치는 모습이다. 아틸라와 그의 세력이 이를 실제로 봤다면 간담이 서늘해질 수밖에 없었을 것이다. 물론 이는 전해오는 이야기일 뿐이다. 다만 레오 1세가 피 한 방울 흘리지 않은 채 조국을 지킨 건 분명하다.

유럽을 휩쓴 전쟁의 명수들

유럽과 아시아 대륙은 이 일이 있기 100년가량 전인 4세기 중후반부터 격동의 시기를 맞고 있었다. 갑자기 등장한 훈족 때문이었다. 유라시아 대초원 서부에서 세력을 꾸린 훈족은 즉시 주변부를 향해 팔을 뻗었다. 염소뿔 장식을 쓴 채 각궁을 쏘는 이들의 파괴력은 그간 본 적 없는 수준이었다. 그렇기에 금세 '신의 채찍'이라는 별명도 붙었다. 사방을 내려치며 힘을 과시하던 채찍이 비로소 한 방향을 잡았다. 서쪽이었다. 훈족은 몇 세대에 걸쳐 조금씩 서진西進했다.

가장 먼저 날벼락을 맞은 건 게르만족이었다. 이들은 물밀듯 밀려오는 전쟁광들 앞에서 맥을 추지 못했다. 훈족은 게르만계에서 가장 세력이 큰 동고트족을 순식간에 제압했다. 그러고도 여전히 배가 고팠다. 이제는 서고트족, 그리고 일대

흩뿌려진 게르만계 왕국을 차례로 집어삼킬 태세였다. 하지만 이를 알고도 게르만족은 감히 맞붙을 수 없었다. 이들 또한 더 서쪽으로, 서쪽으로 맥없이 물러설 뿐이었다.

한편 동로마 제국과 서로마 제국은 이를 국경 멀리에서 벌어지는 야만족 사이 갈등 정도로 봤다. 그런데 어느새 두 제국도 '훈풍' 영향권에 들기 시작했다. 동로마 제국은 소아시아와 유럽 동부 등에 영향력을 행사하고 있었다. 이제 훈족이 자기네 땅을 향해 군침을 흘린다는 걸 알았다. 동로마 제국의 드넓은 영토 곳곳에서는 크고 작은 전투가 계속되고 있었다. 이런 와중에 또 다른 적, 그것도 죽을 때까지 싸우기로 악명 높은 무리가 새롭게 생긴 건 그 자체로 큰 부담이었다.

이탈리아반도 등 유럽 서부를 다스린 서로마 제국은 어떤 면에서는 더 골치가 아팠다. 훈족을 피해 도망친 게르만족이 서로마 제국을 피난처로 삼았다. 군사력이 비교적 센 동로마 제국 대신 만만한 땅을 고른 것이었다. 게르만족은 압도적 숫자로 서로마 제국을 뚫고 들어갔다. 그런 뒤 점거하듯 영토 곳곳에 터를 잡았다. 군인과 용병으로 자연스럽게 녹아드는 이도 있었지만, 상당수는 국가 통제를 거부하는 그들만의 연맹을 꾸리기에 열을 올렸다. 훗날 역사가들은 훈족발(發) 대륙의 격변을 '게르만족 대이동'이라고 칭하게 된다.

이렇듯 동로마 제국과 서로마 제국 모두 당장 처한 상황은 달랐지만, 한 가지 생각만은 똑같았다. 곧 훈족과 국가 명운을 건 전쟁을 벌여야 한다는 것.

위기의 로마 제국

440년대 말. 올 것이 왔다. 작지만 잔근육이 잔뜩 뻗은 수백, 수천 마리 말의 발굽 소리가 울렸다. 그 위에 올라탄 이들의 우짖음과 뿔피리 소리도 평원 위 마른 공기를 갈랐다. 훈족이었다.

늘 그랬듯 맨 앞에서 날래게 달려오는 이는 훈족의 왕 아틸라였다. 잔혹함,

❖ 외젠 들라크루아, 이탈리아 예술품을
휩쓰는 아틸라와 그의 무리(아틸라 부분 확대),
1843~1847, 석고에 유채 등, 부르봉 궁전

그리고 뜻밖의 지략과 통솔력까지 갖춘 아틸라는 당시 모든 유럽인에게 최악의 적이었다. 외젠 들라크루아Eugène Delacroix의 그림 속 짐승 가죽을 쓴 아틸라는 얼핏 보면 힘의 신 헤라클레스로 착각할 수 있다. 한 손에는 철퇴, 또 다른 손에는 길쭉한 창 내지는 화살촉을 쥔 그는 전쟁터를 안방처럼 누비는 모습이다. 존재 자체가 두려움이었던 아틸라와 훈족이 먼저 친 곳은 서로마 제국이 아닌, 테오도시우스 2세Theodosius II의 동로마 제국이었다. 이유는 간단했다. 더 가깝고, 약탈할 게 더 많아 보여서였다. 때마침 동로마 제국군 상당수가 파견 중이었기에, 절호의 기회인 점 또한 있었다.

　테오도시우스 2세도 나름의 저항은 했다. 그러나 이 유목민의 물오른 채찍질을 견디기는 역부족이었다. 훈족은 동로마 제국령의 발칸 반도를 신나게 짓밟았다. 이는 조르주 앙투안 로슈그로스Georges Antoine Rochegrosse의 〈아틸라와 훈족〉 같은 모습이었을 것이다. 까무잡잡한 피부의 훈족이 웅장한 저택을 마음껏 휘젓는다. 훈족은 인간을 전리품처럼 취급한다. 노예로 삼아 잡일을 시키거나, 노리개로 취하거나, 심심풀이로 죽이는 것 말고는 관심이 없을 터였다. 무릎을 꿇고 이미 죽은 자를 바라보는 이들에게 느껴지는 감정은 절망밖에 없다. 훈족에게 들어 올려진 여인 또한 최후의 발악을 하는 듯하지만, 표정에는 이미 좌절감이 깔려 있다. 조각과 건축 등 찬란한 문명 또한 이 유목민에게 그저 비웃음거리일 뿐이다. 테오도시우스 2세는 결국 뇌물 주듯 금은보화를 잔뜩 안겨 훈족을 달래야 했다.

　449년, 굴욕감을 떨치지 못한 동로마 제국은 아틸라를 없앨 계획을 짰다. 이

❖ 조르주 앙투안 로슈그로스, 아틸라와 훈족, 1910, 캔버스에 유채, 62.5x93.3cm, 개인 소장

일은 테오도시우스 2세의 최측근 크리사피우스Chrysaphius가 주도했다. 아틸라와 가까운 이를 꾀어낸 뒤 그를 시켜 뒤에서 칼을 박겠다는 구상이었다. 지도자만 없어지면 야만족 따위는 곧장 와해되리라는 생각이었다. 하지만 암살 사례비로 미리 금을 받은 이는 외려 이중 첩자가 돼 아틸라에게 모든 일을 밀고했다. 아틸라는 테오도시우스 2세의 금을 그대로 동로마 제국에 돌려보냈다. "어찌 명예로운 가문의 후계자가 이런 비열한 짓을 하는가." 당시 아틸라 측은 암살 계획을 승인 또는 최소한 묵인했을 가능성이 큰 테오도시우스 2세에게 이런 말까지 함께 전했다고 한다.

훈족 입장에서도 황당한 일은 있었다. 동로마 제국을 한창 약탈하던 450년께, 봄. 옆 동네 서로마 제국 황제 발렌티니아누스 3세의 친누이라는 자가 뜬금없이 아틸라에게 청혼한 것이었다. 그녀의 이름은 유스타 그라타 호노리아Justa Grata Honoria. 원로원 귀족과의 정략결혼이 싫어 이런 철없는 짓을 벌였다. 동로마 제국에 이어 서로마 제국을 호시탐탐 노리던 훈족은 이를 굴러들어온 호재로 봤다. 아틸라는 결혼 지참금으로 서로마 제국 땅 절반을 요구했다. 서로마 제국은 "개인의 돌출 행동이었다"며 수습하고자 했지만, 물은 엎질러진 후였다.

> "내 예비 신부를 혼미한 사람으로 몰았으니, 어쩔 도리 없이 내가 구하러 가겠다!"

아틸라는 진지한 표정으로 전쟁을 선언했다. 공주를 위해 맹세하는 기사처럼 선전포고했지만 실제로는 커다란 땅덩어리에만 관심을 둘 뿐, 얼굴도 제대로 본 적 없는 호노리아 따위는 안중에도 없었을 것이다. 그렇게 동로마 제국에서 단물을 다 빨아들였을 무렵, 예비해둔 것처럼 서로마 제국으로 진군할 길이 열렸다.

버티고 또 버텼지만…

서로마 제국의 저항은 생각보다 격렬했다. 동로마 제국보다 한 수 아래인 줄 알았는데, 이곳 또한 만만치는 않았다. 서로마 제국 전선을 지킨 명장, 훗날 그 영웅적 행보 덕에 '최후의 로마인'으로 칭해지는 아에티우스^{Aëtius} 때문이었다. 아틸라의 훈족과 아에티우스의 서로마 제국군은 451년, 지금의 프랑스 동북부에서 결전을 벌였다. 결과는 훈족의 패배였다. 기동력이 좋은 아틸라의 훈족 주력군은 적 중앙부터 뚫으려고 했다. 그다음 솟아오른 분수 줄기 갈라지듯 군을 양쪽으로 찢어 좌우까지 무너뜨릴 구상이었다. 훈족은 게르만계 동고트족을 지원군으로 데리고 나왔다. 이들이 주축이 된 좌우군은 훈족 주력군이 돌진하는 사이 상대편 군대와 엉겨 붙어 있기만 해도 된다는 생각이었다.

맞은편에서 대치하는 아에티우스의 서로마 제국군은 게르만계 서고트족을 설득해 함께 전장에 왔다. 크게 볼 때 아에티우스도 군을 중앙군과 좌우군으로 갈랐다. 서로마 제국 중앙군은 훈족 주력군이 밀려오자 조금씩 뒷걸음질 쳤다. 훈족 주력군이 한참을 진격한 후에야 그들의 후진이 멈췄다. 그러더니 이때만 기다렸다는 듯 공격 태세를 갖췄다. 아틸라는 주위를 둘러봤다. 앞에는 서로마 제국 중앙군, 그리고 양옆에는…. 서로마 제국의 좌우군이 무장한 채 거리를 좁히고 있었다. 그러니까, 삼면 포위의 상태였다. 이대로면 곧 동그랗게 둘러싸인 채 최후를 맞을 수도 있었다. 훈족이 자기네 진영 양 날개에 뒀던 동고트족은? 작전처럼 서로마 제국 좌우군과 엉겨 붙어 있기는커녕, 그들의 도발과 위협에 시달리며 거듭 주춤하고 있을 뿐이었다. 구상과 달리 전력에 크게 도움이 되지 않는 상황이었다.

내몰린 아틸라는 장작을 쌓았다. 여차하면 불을 들고 뛰어들어 스스로 생을 마감하고자 했다. 그만큼 상황이 급박했다. 아틸라는 아에티우스가 모른 척 퇴로를 열어줘 겨우 살아남았다. 훈족 또한 이 덕에 전멸 위기에서 탈출할 수 있었다. 주전장이 카탈라우눔 평야였기에, 이번 격돌은 후일 '카탈라우눔 전투'로 불리게 된다.

그런데 아에티우스는 다 잡은 아틸라를 왜 놓아줬을까? 당시 대륙에서는 여러 유목민족이 고개를 들고 있었다. 훈족 눈치를 봐 기를 펴고 있지 않을 뿐이었다. 이 와중에 훈족이 갑자기 스러지면 더 큰 혼란이 생길 가능성이 컸다. 이 명장도 그 점을 염려해 '죽지 않을 만큼'만 때린 뒤 풀어줬다는 분석이 설득력을 얻는다.

하지만 아에티우스도 궤멸 직전의 훈족이 이렇게 빨리 힘을 되찾을 줄은 몰랐으리라. 훈족은 불과 1년 만에 다시 서로마 제국을 쳤다. 이번에는 작정하고 알프스산맥을 넘었다. 아에티우스가 다른 지역에 있는 사이 서로마 제국 황제 발렌티니아누스 3세가 있는 라벤나 등 이탈리아 북부를 물 만난 고기처럼 누볐다. 울피아노 체카Ulpiano Checa의 〈로마에 접근하는 훈족〉처럼, 말을 탄 이들은 기세등등하게 신전과 광장, 기둥과 동상을 파괴했다.

발렌티니아누스 3세는 도망을 거듭했다. 그러다 겨우 숨을 돌린 곳이 로마였

❖ 울피아노 체카, 로마에 접근하는 훈족, 1887, 캔버스에 유채, 크기 및 위치 불명

다. 그런데 훈족이 로마를 노리고 있다니…. 서로마 제국의 운명은 체카의 그림 속 드리워진 먹구름처럼 어두웠다. 발렌티니아누스 3세가 교황 레오 1세 등이 참여하는 교섭단을 급하게 꾸린 배경이었다.

로마의 수호자

다시 452년, 만토바 인근. 역사의 공은 이처럼 흐르고, 요동치고, 돌고 돈 끝에 레오 1세 앞에 멈춘 것이었다. 그러니까, 그 시절 최강인 훈족을 레오 1세가 사실상 홀로 상대해야 했던 것이었다. 이런 상황에서 이뤄진 담판의 결과가 훈족의 깔끔한 퇴장이었다.

"그곳이 어디든, 내가 가장 먼저 적에게 창을 던지리라!"

❖ 프란체스코 솔리메나, 교황 레오 1세와 아틸라의 만남, 18세기경, 캔버스에 유채, 43x75cm, 브레라 미술관

훈족 최고 지도자인 아틸라는 병사들에게 늘 이렇게 말했다. 그런 그에게는 이제 '신의 채찍'을 넘어 '신의 징벌'이라는 호칭도 따라붙었다. 이처럼 용맹한 그가 레오 1세 양옆에 정말 환영이 있었다고 한들, 이것만을 보고 로마 공략을 포기했을까? 아마도 아닐 것이다. 아틸라는 레오 1세에게 감화했을 것이다. 잔인무도한 유목민의 왕을 향해 "로마를 보전해주소서"라며 호소하는 성직자를 보고 탄복했을지도 모른다. 프란체스코 솔리메나Francesco Solimena의 〈교황 레오 1세와 아틸라〉를 보자. 침착한 표정의 교황은 두 팔을 벌리며 아틸라를 마주한다. 그의 뒤 모든 이가 두려움에 떨고 있을 때도 흔들림이 전혀 없다. 아틸라는 주저한다. 앞으로 나가려다 말고 어정쩡한 자세로 멈춰 있다. 얼굴에선 망설임, 그리고 교황을 향한 경외심도 묻어난다.

둘 사이 협상 내용은 정확히 알려진 바 없다. 레오 1세가 아틸라의 결단을 부추기고자 금과 보석 등 재물을 상당량 건넸다는 추측 정도만 나올 뿐이다. 물론 훈족이 1년 전 아에티우스에게 당한 내상을 완전히 극복하지 못해 못 이기는 척 물러섰다는 말도 있다. 보급이 끊기고 전염병이 도는 등 당시 상황이 좋지 않았다는 이야기도 있다. 다만 훈족의 이러한 내부 문제설이 다 사실이었다고 해도 레오 1세의 활약을 평가절하할 수는 없을 것이다. 보급이야 주변을 약탈하면 어떻게든 버틸 수 있었다. 전염병은 걸림돌이 될 수 있지만, 거친 생활이 일상인 이들에게 생소한 일로 볼 수 없었다. 무엇보다도 카탈라우눔 전투로 생애 첫 굴욕을 맛본 아틸라, 그리고 훈족은 서로마 제국에 서슬 퍼런 복수심까지 품은 상태였다. 레오 1세는 이러한 모든 악조건을 뚫고 평화를 이끌었다. 그가 대교황Leo the Great의 칭호를 받은 첫 번째 교황이 된 이유이리라.

이로써 방향을 튼 훈풍이 완전히 잦아들게 된 건 의외의 사건 때문이었다. 다름 아닌 아틸라의 죽음이었다. 453년 봄, 레오 1세의 청을 받아들여 군을 돌린 다음 해. 아틸라는 일디코Ildiko라는 젊은 여인과 결혼식을 올렸다. 그리고 그날 밤 갑작스럽게 죽음을 맞고 말았다. 암살설과 심장마비설 등의 말이 나오지만, 정확한 사인은 지금도 베일에 가려져 있다. 허무하게 왕을 잃은 훈족은 곧 분열하고, 붕괴하고, 결국에는 급속도로 몰락했다. 한 지도자의 강력한 카리스마로만 지탱되던 무리의 운명이었다.

그렇다면 레오 1세 덕에 위기에서 벗어난 서로마 제국은 그대로 융성할 수 있었을까? 그러지 못했다. 제국 수뇌부는 454년, 앞서 훈족의 무적 신화를 깬 아에티우스를 죽였다. 카탈라우눔 전투 당시 훈족을 섬멸하지 않았던 걸 명분으로 삼았다. 내통과 반란 혐의를 적당히 섞어 목숨을 빼앗은 것이었다. 레오 1세는 461년에 선종했다. 서로마 제국은 그렇게 수호자 둘을 잃었다.

여기서 다시 짧게 게르만족 대이동 이야기를 끌어와 역사를 살펴보자. 훈족은 힘을 잃었지만, 이들이 촉발한 게르만족의 대이동은 계속해서 이어졌다. 훈족에게 밀려서 서로마 제국 곳곳에 스며든 게르만족은 끝내 연맹을 넘어 각자의 왕국을 세우기 시작한다. 서서히 힘을 빼앗긴 서로마 제국은 476년에 무기력하게 시대를 마감했다. 영화보다 더 영화처럼 세상을 풍미한 제국과 영웅, 민족과 전사 모두 그 끝은 붕괴와 죽음이었다. 그 어느 때보다 격동이 일었던 한 시대는 그렇게 막을 내렸다.

라파엘로 산치오(1483~1520)

레오나르도 다빈치, 미켈란젤로 부오나로티와 함께 르네상스 3대 거장으로 칭해지는 화가. 이탈리아 출신의 그는 다빈치와 미켈란젤로의 장점만을 흡수해 자기 것으로 재창조할 만큼 천재적 재능을 갖고 있었다. 특히 부드러운 선과 색채 구사, 조화로운 인물과 사물 배치 등에 독보적 실력이 있었다. 우아한 기품의 성모 마리아를 탁월하게 그려 '성모의 화가'라는 별칭도 붙었다. 대표작은 〈아테네 학당〉〈그리스도의 변용〉 등이다. 그는 아쉽게도 37세의 나이로 요절했다. 장례는 국가장으로 치러졌다.

프란체스코 솔리메나(1657~1747)

이탈리아 태생의 화가로, 주로 바로크 양식에 맞춘 그림을 그렸다. 빛과 어둠의 극적 대비에 탁월했으며, 아울러 피사체의 움직임을 생생하게 구현하는 데도 남다른 감각을 보였다. 종교와 신화를 소재로 한 그림을 주로 그렸으며, 후진 양성에도 힘을 쏟은 것으로 알려져 있다. 직접 대형 작업실을 갖춘 후 그곳에서 수많은 제자를 거느리기도 했다. 프란체스코 데 무라, 지우세페 보니토 등이 그의 가르침을 받았다. 대표작은 〈성 요셉의 환영〉〈레베카의 출발〉 등이 있다.

참고 자료　○ 교황의 역사, 호르스트 푸어만, 길
　　　　　　　○ 이주하는 인류, 샘 밀러, 미래의창

6.
성지를 탈환한 무슬림의 영웅

크리스토파노 델 알티시모,
살라딘의 초상화

술탄 살라딘Saladin은 드디어 자신에게 별의 순간Sternstunde이 왔다는 걸 알 수 있었다. 지금이야말로 과거 십자군(유럽 기독교) 세력에게 빼앗긴 성지 예루살렘을 탈환할 적기라고 확신했다. 살라딘에 맞서 예루살렘 왕국을 수호하던 보두앵 4세Baudouin IV가 세상을 떠났기 때문이다. 보두앵 4세는 그 자리에 걸맞은 성군이었다. 나이는 어렸지만, 그 속에는 벌써 사자와 능구렁이가 함께 있었다. 과감해야 할 때는 용감하고, 교묘해야 할 때는 음흉해질 수 있는 자였다. 그렇기에 맞서 싸우기에 늘 까다로운 상대였다. 이처럼 비범한 적수의 생명을 앗아간 건 한센병이었다. 향년 24세, 허무한 죽음이었다. 뒤이어 예루살렘 왕좌에 오른 건 기 드 뤼지냥Guy de Lusignan이었다. 보두앵 4세에게는 후사가 없었기에 돌고 돌아 그의 매형이 자리를 꿰찬 것이었다. 살라딘은 알고 있었다. 뤼지냥, 이 인간은 자기 외모에나 신경 쓰는 멍텅구리라는 것을. 직전의 보두앵 4세와는 감히 비교도 할 수 없을 만큼의 암군이라는 것을. 이런 가운데, 살라딘은 때마침 뤼지냥의 기사 무리(실제로는 뤼지냥도 통제하지 못한)에게 거듭 모욕과 조롱을 받고 있었다. 전쟁의 환경이 마련된 데 이어 명분까지 굴러 들어온 셈이었다. "이슬람군이여, 드디어 때가 왔다!" 보두앵 4세가 죽고 나서 2년이 흐른 1187년, 살라딘은 병사들 앞에서 지하드성전·聖戰를 선언했다. 결과부터 보면, 살라딘의 이슬람군이 뤼지냥의 십자군을 허무하리만큼 쉽게 제압했다.

살라딘과 뤼지냥은 예루살렘의 길목 격인 티베리아스(지금의 이스라엘 갈릴리 지방) 일대에서 결전을 벌였다. 이곳에서 승부를 보기 위해 살라딘은 뤼지냥을 수차례 자극했었다. 예루살렘의 탄탄한 울타리 안에서 이들을 끄집어내는 게 우선이라는 생각에서였다. 이슬람군은 티베리아스에서 거듭 도발 작전을 펼쳤다. 군세를 과시하며 뤼지냥의 조바심을 부추겼다. "이교도가 우리를 약 올리는 꼴을 더는 두고만 볼 수 없다!" 도발에 넘어간 뤼지냥의 십자군은 너무 쉽게 미끼를 물었다. 이들은 함성과 함께 예루살렘 성문을 활짝 열었고, 그대로 이슬람군을 향해 진격했다. 처음에는 기세가 좋았다. 그런데….

성 위에서 볼 때는 몰랐는데, 예루살렘과 티베리아스 사이 거리가 원래 이렇게 멀었나? 지상의 모든 것을 태울듯한 햇빛, 갑옷과 방패 등 무거운 장비 때문에 평소처럼 속도가 나지 않았다. 대충 채워 온 수통은 바짝 쪼그라든 지 오래였다. 이들은 하느님이 함께 발맞춰 걷는다고 믿었지만, 당장 느껴지는 건 신의 손길 아닌 열과 갈증뿐이었다. 경험 부족에서 온 오판이었다. 십자군은 반나절에 겨우 1킬로미터를 걸었다. 그런데도 아직 14킬로미터나 더 남아 있었다. 파김치가 된 이들은 어둑한 밤, 우뚝 솟은 언덕 한 쌍 근처에 임시 진지를 세웠다. 그곳은 티베리아스 인근에 있는 '하틴의 뿔'이라고 불리는 장소였다. 계획대로다. 살라딘은 눈을 번뜩였다. 이슬람군은 십자군의 일거수일투족을 모두 보고 있었다.

다음 날 오전, 탈수에 잠을 설친 십자군이 힘겹게 몸을 일으켰다. 이들은 잠깐 멍하니 섰다. 저 멀리 호수가 보였다. 전날 밤에는 어둠 탓에 보지 못했을 뿐, 신기루가 아닌 게 확실했다. 모든 이가 앞뒤 가리지 않고 내달렸다. 시원한 물 한 모금만, 아니 한 방울만 마실 수 있어도 세상이 달리 보일 터였다. 이때…. "불을 지펴라!" 살라딘이 언덕 너머에서 소리쳤다. 지난밤, 진작에 십자군의 진지를 포위했던 이슬람군은 이 명령에 맞춰 땔감에 불쏘시개를 쑤셔 넣었다. 뜨거운 열기와 매캐한 연기가 모두 십자군에 달라붙었다. 그 순간, 갑자기 하늘에 어둠이 깔렸다. 먹구름이었다. 신께서 드디어 소나기를 허락하시는가. 십자군은 희망에 차 고개를 들었다. 하지만 쏟아진 건, 그냥 비가 아닌 화살 비였다. 당시 살라딘의 이슬람 군사는 2만~3만 명, 예루살렘에 있는 뤼지냥의 십자군 병력은 2만~2만 5,000명이었다고 한다. 병사 수는 비등했지만, 전략은 하늘과 땅 차이였다. 이슬람군은 십자군을 순식간에 궤멸시켰다. 뤼지냥은 항복했고, 이슬람군은 그와 귀족들을 포로로 붙잡았다. 이는 훗날 '하틴 전투'로 기록된다.

별의 순간을 거머쥐었다

"술탄 살라딘이시여. 물… 제발 물을 좀 주시오!"

살라딘은 애원하듯 두 손 모은 뤼지냥에게 말없이 잔을 건넸다. 뤼지냥이 이를 벌컥벌컥 마시는 걸 말없이 바라봤다. 살라딘은 그와 함께 붙잡혀 온 귀족들에게도 물통을 넉넉히 안겼다. "이제 정신이 드시오?" 살라딘이 뤼지냥에게 물었다. 직전까지 서로를 향해 칼을 겨눴다는 걸 믿기 힘들 만큼 온화한 모습이었다. 뤼지냥은 눈을 끔벅였다. 곧 자신이 처형되리라고 직감하며 고개만 끄덕였다. "그대는 예루살렘의 왕이지 않소?" 잠깐의 정적 뒤 살라딘이 다시 입을 열고 이렇게 물었다. "그렇소. 하지만 그게 여기서 무슨 의미가 있겠소?" "나, 살라딘도 당신들 기준으로 보면 왕이오. 그리고 왕이 왕을 죽이는 건 훌륭한 일이 아닐 테요." 살라딘은 흠칫 놀란 뤼지냥을 보며 말을 이어갔다. "그대를 풀어주겠소. 귀족들 또한 몸값만 주면 풀어주리다." "우리가 당신과 당신 민족에게 여태껏 해온 악행이 있는데…!" "이미 많은 희생을 치렀소." 뤼지냥의 말을 살라딘이 재차 끊었다. 그것

크리스토파노 델 알티시모, 살라딘의 초상화, 1552~1568, 우피치 미술관

으로 끝이었다. 이때 살라딘은 크리스토파노 델 알티시모 Cristofano dell'Altissimo 가 그린 초상화와 같은 모습과 표정이었을까. 하늘로 치솟은 큰 터번은 권위를 상징하는 것으로 보인다. 침착한 눈빛과 사색 깃든 표정은 전쟁터 안에서는 위엄과 철저함을, 밖에서는 자비와 배려심을 돋보이게 했을 것이다. 정돈된 긴 수염은 지혜, 깔끔한 복장은 그의 정신적 성숙함을 뜻한다고 볼 수 있다.

살라딘과 이슬람군은 이제 힘 빠진 예루살렘을 향해 여유롭게 나아갔다. 일사불란하게 움직이는 병사들은 모두가 한 몸 같았다. 물론 뤼지냥과 귀족들에게 한 약속도 철저히 지켰다. 살라딘의 삶을 관통하는 큰 요소는 냉철함, 그리고 그 속에서 피어나는 뜻밖의 관용이었다. 그런 그는 앞으로는 어떤 행보를 보일까.

놓치지 않은 우연한 행운들

살라딘은 1137년경, 지금의 이라크 티크리트에서 출생했다. 당시에는 술탄 체제의 셀주크 제국(셀주크 튀르크)이 이라크 지역 내 영향력을 갖고 있었다. 그러나 셀주크 제국 자체가 힘을 잃고 있었기에, 군웅할거라는 말이 어울릴 만큼 곳곳이 시끄러웠다. 그중에서도 유력자는 오늘날 모술 지역에서 힘을 키운 이마드 앗 딘 장기 Imad al-Din Zengi 와 그의 아들 누르 앗 딘 Nur ad-Din 이었다. 특히 장기의 세력을 물려받은 누르 앗 딘은 이라크 북부와 시리아의 지배자로 불리게 될 만큼 존재감을 쌓았다. 살라딘 집안은 이들을 섬기고 있었다. 살라딘의 아버지는 책사, 숙부는 최측근 장수로 활약했다. 유력자들 사이에서 어린 살라딘 또한 덩달아 주목받은 이유였다. 살라딘은 숙부의 부관이 돼 이집트 원정에 나서면서 본격적으로 이름을 알렸다. 1169년, 숙부가 이집트 정복 직후 허무하게 숨지자(사인은 폭식이었다는 설이 있다.) 얼떨결에 그 땅의 총독에 오르면서였다. 이때가 32살이었다.

살라딘은 영리한 야심가였다. 그는 우연히 쥔 행운을 더 꽉 붙들었다. 살라딘은 눈치껏 자신만의 군대를 양성했다. 인구도 자원도 풍부한 곳을 거점으로 둔

❖ 샤를 필리프 라리비에르, 몽기사르 전투, 1842~1844, 캔버스에 유채, 315x563cm, 베르사유 궁전

만큼, 세력을 키우는 일은 어렵지 않았다. 그러던 중 누르 앗 딘 또한 갑작스럽게 죽었다는 소식을 들었다. 그는 잘 훈련된 병사를 이끌고 순식간에 그의 영역을 삼켜버렸다. 나아가 직접 술탄이 돼 새 왕조를 선언하고, 어수선한 분위기를 틈타 갈라져 있던 지역 일대도 통일할 수 있었다. 그의 시대가 열린 것이다.

이처럼 기민한 살라딘이 필생의 과업으로 여긴 일 중 하나가 십자군의 손에 떨어진 예루살렘을 되찾는 것이었다. 하지만 이 꿈은 좀처럼 손에 잡히질 않았다. 보두앵 4세라는 훌륭한 적수 탓이었다. 특히나 1177년 보두앵 4세와 벌인 몽기사르 전투는 악몽과도 같았다. 살라딘은 그때 고작 16세에 불과했던 보두앵 4세의 기지에 밀려 수많은 병사를 사지로 내몰아야 했다. 샤를 필리프 라리비에르Charles Philippe Lariviere 의 〈몽기사르 전투〉가 당시 상황을 묘사한다. 가마에 오른 앳된 왕 보두앵 4세의 지휘하에 온 병사가 한 몸이 돼 나선다. 수적으로는 분명 살라딘의 이슬람군이 압도적이었지만, 똘똘 뭉친 보두앵 4세의 군대는 일당백의 위력을 발휘했다. 그 결과, 이슬람군은 뜻밖의 궤멸을 당했다. 하지만 그런 보두앵 4세 뒤를 이어받은 얼간이 뤼지냥 따위야 손쉽게 갖고 놀 수 있었다. 그리고 살라딘은 자기 생각이 틀리지 않았다는 것을 하틴 전투에서 압승으로 증명했다.

예루살렘의 의미

그런데 이슬람군과 십자군에게 예루살렘이 대체 무슨 의미이기에, 서로 이곳을 차지하려 싸울까?

이슬람교도에게 예루살렘은 창시자 무함마드가 신의 계시를 받기 위해 승천한 곳이었다. 그것만으로도 성지가 되기에 충분했다. 하지만 기독교와 유대교 또한 예루살렘을 중요한 곳으로 보고 있었다. 특히 기독교도에게는 예수가 십자가에 못 박혀 죽은 후 부활한 장소라는 엄청난 의미를 가진 도시였다. 즉, 언제든 양측 사이 충돌이 생겨도 이상하지 않은 지역이었다. 살라딘이 태어나기도 전인 11세기 후반, 예루살렘을 손에 넣은 셀주크 제국은 유럽 기독교 세력의 성지순례를 제한했다. 애가 탄 기독교 세력은 전쟁을 선포했다. 목표는 셀주크 제국의 예루살렘을 빼앗는 것. 그렇게 1096년에 꾸려진 부대가 십자군이었다.

제1차 십자군은 우여곡절을 거쳐 1099년, 예루살렘을 점령했다. 문제는 그 직후였다. 악에 받친 십자군은 예루살렘을 '구원'하겠다는 목표를 잊었다. 어느덧 광기에 찬 이들에게 예루살렘은 약탈하기 좋은 땅으로만 보였다. 이들은 기독교도와 이슬람교 구분 없이 모조리 베고, 찌르고, 빼앗았다. 도시에서 넘실대는 건

❖ 에밀 시뇰, 십자군의 예루살렘 함락, 1847, 캔버스에 유채, 324x557cm, 베르사유 궁전

불과 비명, 코를 찌르는 피비린내뿐이었다.

에밀 시뇰Emile Signol의 〈십자군의 예루살렘 함락〉에 그때 풍경이 상당히 순화된 모습으로 담겼다고 볼 수 있을 것이다. 십자군은 칼을 들고, 팔을 뻗고, 일부는 울먹이며 승리를 자축한다. 이들 앞에는 사람들이 쓰러져 있는데 자세히 보면 무장도 하지 않은, 즉 무고한 시민일 가능성이 큰 이들도 포함되어 있다. 십자군의 말발굽 사이에 깔린 사람, 흰 천에 덮인 채 옮겨지는 시신도 있다. 이들 뒤로 검은색 연기도 피어나고 있다. 예루살렘을 쑥대밭으로 만든 십자군은 이후 유럽 기독교도를 이주시키는 방식으로 이곳을 다시 대도시로 만들었다. 그리고 88년의 세월이 흐른 1187년, 하틴 전투에서 대승을 거둔 살라딘의 이슬람군이 드디어 예루살렘 앞에 다시 섰다. 이제 설욕의 시간이었다.

학살의 되풀이를 끊은 결단

이 무렵 예루살렘의 십자군은 고개를 떨구고 있었다. 뤼지냥이 끌고 갔던 주력군은 이미 다 잃었다. 지원군을 기대할 형편도 되지 못했다. 이제 와서 공성전을 펼친다고 한들 분명 질 것이었다. 그것도 처참하게 짓밟힐 것이었다. 십자군은 과거 예루살렘을 차지할 때 자신들이 무슨 짓을 했는지 똑똑히 기억하고 있었다. 물론, 살라딘 또한 당시 학살을 알고 있을 터였다. "우리 기독교도를 온전히 풀어주시오. 막대한 배상금과 함께 깔끔하게 항복하리다. 이 제안을 수락하지 않는다면… 우리는 예루살렘 내 알 아크사 모스크(무함마드가 승천한 것으로 알려진 곳에 세워진 이슬람교 사원)를 파괴하겠소!" 절체절명 위기에 놓인 예루살렘 측은 살라딘에게 이런 식의 막무가내 협상안을 보냈다.

당시 예루살렘은 귀스타브 도레Gustave Dore의 판화 〈살라딘 군대에 포위된 십자군〉과 같은 상황이었다. 빽빽하게 에워싼 창을 든 기병 앞에서 탈출할 틈도, 무슨 수를 쓸 여유도 없었다. 즉, 이는 협상안의 탈을 쓴 대책 없는 발버둥에 불과했다. 이 협상안을 받아든 살라딘은 눈을 감고 생각했다. 마음 같아서는 저들이 알 아크사 모스크에 닿기도 전에 쓸어버리고 싶었다. 지금 병력이면 충분히 그럴 수 있었다. 하지만 피바람이 한바탕 다시 분다 한들 무엇이 달라지겠는가. 복수의 악순환만 되풀이하지 않겠는가. 살라딘은 고심 끝에 입을 열었다. 그는 의외의 말을 했다. "항복을 받아주겠다. 그리고… 아무도 죽이지 않겠다!" 그가 택한 길은

팔레스타인 도레, 살라딘 군대에 포위된 십자군, 19세기경 삽화

❖ 메리 조제프 블롱델, 리처드 1세, 1841, 캔버스에 유채, 170x114cm, 베르사유 궁전

관용과 용서였다.

> "성인 남성은 10디나르, 여성은 5디나르, 아이는 1디나르만 지불하고 떠나라. 부족하면 빌려주겠다. 다만 가난한 자와 노인에 한해선 이 또한 면제하겠다."

예루살렘에 무혈입성한 살라딘은 혼란이 빚어지지 않도록 구체적인 지침까지 만들었다. 그가 제시한 몸값은 그 시절 기준으로 봐도 그렇게 높은 금액이 아니었다고 한다. 살라딘은 그가 이끈 이슬람군을 향해서는 살상과 약탈 모두 금할 것을 분명히 못 박았다. 과거 십자군이 부린 행패와는 정반대되는 모습이었다.

한편 유럽 기독교 세력은 살라딘의 이슬람군에게 예루살렘을 다시 빼앗겼다는 데 충격을 받았다. 이들은 재차 십자군을 꾸렸다. 오합지졸이었던 2차 십자군과 달리, 이름난 맹장이 여럿 참여하는 3차 십자군을 결성했다. 신성로마 제국 황제 프리드리히 1세Friedrich I, 양옆에는 프랑스의 국왕 필리프 2세Philippe II와 잉글랜드의 국왕 리처드 1세Richard I…. 1189년, 동시대 가장 유명한 지도자들이 3차 십자군의 머리가 돼 다시 모래바람을 일으켰다. 소식을 전해 들은 살라딘은 역사가 또 한 번 요동칠 것을 직감했다.

사자심왕과 벌인 세기의 대결

살라딘은 3차 십자군의 별들 중 과거 보두앵 4세와 버금가는 인물과 만날 수 있었다. 그가 바로 196센티미터에 달하는 거구, 사자처럼 용맹하다고 해서 훗날 사자심왕獅子心王으로 불리게 된 리처드 1세였다. 메리 조제프 블롱델Merry Joseph Blondel이 상상해 그린 모습처럼, 가만히 있기만 해도 카리스마가 철철 흐르는 인물이었다. 날카로운 눈매의 지도자이자, 어디서든 칼과 방패를 잊지 않고 챙기는 숙련된 전사였다. 다만 살라딘 대 리처드 1세의 구도는 우연과 권모술수가 버무려진 끝에 짜인 것이기는 했다. 먼저, 가장 많은 병력을 이끌고 나선 프리드리히 1세는 행군 중 강을 건너다 운 없이 숨지고 말았다. 사인으로는 익사 또는 심장마비가 거론된다. 그다음, 필리프 2세는 원정 중간에 건강 악화 등을 이유로 군사를 돌려버렸다. 약삭빠른 그는 예루살렘을 다시 탈환한들 자신에게 큰 이익이 없을 것으로 계산을 마쳤다. 이에 적당한 핑계를 대고는 다른 길을 찾기로 마음먹은 것이었다.

이제 우직하게 행군을 이어가던 리처드 1세가 살라딘에게 맞설 3차 십자군의 지휘권을 쥘 수밖에 없었다. 이는 십자군 입장에서는 다행이고 이슬람군 입장에서는 불행이었다. 리처드 1세는 종종 저돌적이었으나, 많은 순간 살라딘 못지않은 실행력과 판단 능력을 보일 줄 알았다. 리처드 1세의 십자군은 일단 예루살렘 주변 해안 도시부터 하나씩 점령해 가면서 이슬람군의 숨통을 차츰 조였다. 그러다 드디어 예루살렘을 정조준한 정복길에 올랐다. 살라딘과 리처드 1세는 예루살렘으로 향하는 길에서 맞붙으면서 명장면을 여럿 만들었다. 리처드 1세가 칼을 뽑고 맨 앞에서 내달려 '낫으로 곡식 베듯' 이슬람군을 살육하는 모습, 십자군의 가장 약한 지점을 간파한 살라딘이 투석기로 그곳을 박살 내는 모습, 리처드 1세가 신들린 개인기로 이슬람군의 결정적 공격에 반격하는 모습, 그리고 무엇보다도 리처드 1세가 낙마해 위기에 처하자 "아무리 전쟁에서는 피도 눈물도 없다지만, 이토록 용감한 전사가 땅바닥에서 싸우는 건 옳지 않다"며 살라딘이 말을 보내주는 모습….

살라딘과 리처드 1세는 이 와중에 끊임없이 협상하는 모습도 보였다. 앞에서는 몸싸움, 뒤에서는 머리싸움을 한 셈이었다. 둘은 차츰 상대에게 인간적인 매력을 느꼈다. 서로의 능력을 인정한 것이었다. 특히나 살라딘이 리처드 1세에게 인정을 베풀기를 아끼지 않았다. 그는 위기에 처한 리처드 1세에게 말을 보낸 일 말고도 병에 걸렸다는 소식을 듣고는 의사까지 파견했다. 위로의 편지, 약으로 쓰라며 과일과 얼음까지 정성껏 포장해 함께 선물했다. 다혈질의 리처드 1세 또한 이에 감동해 살라딘과 그의 일족에게는 깍듯이 예의를 갖췄다고 한다. 다만 개인사는 개인사고 대의는 대의였다. 전투는 이어져야 했다. 리처드 1세는 어느덧 이슬람군에게 '악마의 후손'이라고 불릴 만큼 공포의 대상이 되었다. 하지만 살라딘에게는 믿는 구석이 있었다. 시간이었다. 살라딘은 리처드 1세가 하루빨리 자기 땅으로 돌아가고 싶어 한다는 걸 알고 있었다. 전쟁이 예상보다 길어지면서 십자군은 병력과 물자의 고갈을 맞고 있었다. 설상가상으로 진작에 군대를 돌린 필리프 2세가 리처드 1세의 부재를 틈타 잉글랜드 왕국의 땅을 노리고 있었다.

"십자군은 이슬람 세력의 예루살렘 통치를 인정한다"

1192년 9월 2일, 결국 리처드 1세는 살라딘과 못 이기는 척 이러한 내용의 합의를 해야 했다. 합의 내용에 이슬람군은 십자군이 점령한 해안 도시를 침공하지 않기로 하며, 기독교도의 예루살렘 성지순례를 다시 허용하고, 순례 중 이들의 안전을 약속하는 내용도 포함되었다. 살라딘은 당장 리처드 1세와 함께 온 십자군의 성지순례부터 허용하는 통 큰 행보도 보였다고 한다. 처음에는 십자군도 살라딘의 아량을 믿지 못했다. 성지순례를 준비하는 와중에도 거듭 주춤한 이유였다. 하지만 살라딘은 역사 속 수많은 영악한 인물들과 달리 뒤통수를 치는 계략 따위 꾸미지 않았다. 마음이 누그러진 십자군은 이에 마지막 미사까지 마칠 수 있었다는 설이 따라온다.

"살라딘이여, 멋진 승부였소. 나는 곧 돌아올 것이오. 그때 결판을 내도록 하지요."
"리처드 1세여, 물론 그럴 일은 없겠지만… 내가 혹시라도 예루살렘을 누군가에게 빼앗긴다면, 당신 같은 훌륭한 사람에게 빼앗기는 게 좋겠소."

1192년 10월께, 두 사람은 이런 말로 작별 인사를 했다는 이야기가 지금껏 이어져 내려온다. 리처드 1세에게서 패기와 결단력을, 살라딘에게서 겸손과 너그러움을 느낄 수 있는 대목이다.

투박한 나무관에 놓인 술탄

살라딘은 예루살렘 정복 당시에 이어 이번 3차 십자군에게도 포용의 면모를 보였다. 그의 이러한 소문은 유럽 대륙에서도 서서히 퍼졌다. 종교는 다르지만, 인격과 능력 모두 존경받아 마땅한 인물이라는 공감대가 층층이 쌓였다. 이처럼 살라딘의 명성은 계속 올라간 것과 달리 그의 삶은 급격히 기울고 있었다. 계속된 전투에 몸을 혹사한 탓일까, 살라딘은 3차 십자군이 물러선 직후부터 시름시름 앓기 시작했다. 처음에는 푹 쉬면 나을 줄 알았다. 그런데 열이 점점 더 끓다가 이내 병상에서 일어날 수 없을 지경에 놓였다. 1193년 3월, 살라딘은 갑작스럽게 숨지고 말았다. 향년 56세였다. 이로써 리처드 1세와 살라딘 사이 2라운드는 펼쳐지지 못하게 되었다.

평생 소박하게 산 살라딘은 자기 장례식을 치를 돈조차 넉넉지 않았다. 술탄이었음에도 나무로 짠 투박한 관에 뉘어야 했던 이유다. 훗날 독일 황제 빌헬름 2세^{Wilhelm II}가 이를 보고 대리석 소재의 고급 관을 전했지만, 그의 겸손한 정신을 기려 시신을 옮기지 않았다. "한번 흘린 피는 결코 멈추지 않는다. 그러니 관용과 애정으로 신망을 얻어라!" 살라딘은 언젠가 아들에게 이렇게 충고했다고 한다. 이 말은 무엇보다도, 지금의 세계 지도자들이 새겨야 하는 게 아닐까.

크리스토파노 델 알티시모(1525?~1605)

피렌체에서 활동한 이탈리아 화가. 젊을 적부터 미술에 두각을 보인 것으로 전해진다. 그 당시 유력가였던 메디치 가문의 코시모 1세를 위해 일한 것으로도 알려져 있다. 초상화에 강점을 보였는데, 직접 그리는 것뿐 아니라, 초상화를 모사模寫하는 데도 뛰어났다. 실제로 그는 동시대의 지식인 파울로 조비오가 모은 수백 점 초상화 컬렉션 중 280점 이상을 모사했다고 한다.

에밀 시뇰(1804~1892)

프랑스 태생의 시뇰은 당시 가장 권위 있는 상 중 하나인 로마상을 수상할 만큼 실력을 인정받은 화가였다. 그는 신고전주의와 낭만주의의 대가인 앙투안 장 그로 밑에서 그림을 배웠다. 로마상을 받은 직후 특전으로 로마에서 공부했는데, 거기서는 조토 디 본도네와 프라 안젤리코 등의 작품을 토대로 초기 르네상스 회화를 익힐 수 있었다. 이후에는 순수 고전주의 예술에 천착했다. 후기에 접어들수록 종교성이 강한 작품을 내놓은 점도 특징이다.

참고 자료 ○ 십자군 이야기, 시오노 나나미, 문학동네

○ 이슬람 제국, 류광철, 말글빛냄

○ 아랍인의 눈으로 본 십자군 전쟁, 아민 말루프, 아침이슬

7.
역사상 가장 미스터리했던 소녀

**쥘 외젠 르네프뵈,
갑옷을 입은 오를레앙성의 잔 다르크**

1429년,
잔 다르크가 오를레앙성에서
백년전쟁의 흐름을 바꾸다

잔 다르크Jeanne d'Arc가 잉글랜드군이 쏜 화살을 맞고 쓰러졌다. 그녀 주위 모두가 얼어붙었다.

잔은 혜성처럼 등장한 17살 소녀였다. "잉글랜드군이 에워싼 프랑스군과 오를레앙성城을 구하라"는 계시를 받았다고 한 그녀는, 정말 신의 가호를 받는 듯 잘 싸웠다. 이상하게 잔이 가는 곳마다 승리가 있었다. 몇 번이고 이러니 처음에 잔을 무시하던 이들조차 그녀의 말을 따를 수밖에 없었다. 그 결과, 그간 유리할 게 없던 프랑스군은 곧 잉글랜드군의 포위망을 뚫을 진용을 갖출 수 있었다. 반 년 넘게 이어지던 공방전을 기어코 승리로 끝맺기 직전이었다.

잔이 그런 결정적 순간에 적군의 일격을 맞고 만 것이었다. 화살은 그녀의 목과 어깨 사이를 정확하게 파고들었다. 참모들은 모처럼 피어난 조국의 꽃이 너무 빨리 지는 데 절망해 굳었다. 그런데, 보고도 믿지 못할 일이 일어났다.

급소를 맞고 주저앉은 잔이 외려 눈을 더 크게 떴다. "올리브유를 가져다주세요!” 그녀는 분명한 목소리로 말했다. 건네받은 기름을 상처 부위에 쓱쓱 발랐다. 그게 끝이었다. 잔은 얼마간 힘을 빼고 있는가 싶더니, 이내 기운을 차렸다. 기적 같은 일이었다. 그런 잔을 본 프랑스군은 감격에 젖었다. 많은 이가 잔이 앞서 보여줬던 여러 가지 믿기 힘들었던 일들을 곱씹었다. 가령 그녀가 ‘목소리’를 듣고 판 땅에서 보검寶劍이 나온 일, 강을 건널 때 기도 한 번으로 바람을 바꾼 일 등을 떠올렸다. “신이 프랑스와 함께하신다!” 모두가 검과 창을 더 높이 쳐들었다.

프랑스군은 잔과 함께 한 첫 전투에서 잉글랜드군 100여 명을 죽였다. 정말 오랜만에 거둔 승리였다. 석궁 화살을 맞은 그녀가 철인의 면모를 보인 무렵의 전투에서는 500여 명을 사살했다. 5,000명가량의 잉글랜드군 가운데 10분의 1 이상을 몰살한 것이다. 잔은 아군과 적군 모두에게 기적의 소녀로 인식되고 있었다.

1429년 4월, 잔은 그렇게 오를레앙성에 온 지 아흐레 만에 분위기를 뒤집었다. 이제 기세등등한 건 잔과 함께하는 프랑스군이었다. 누구도 예상하지 못한 흐름이었다. 그전까지 이곳의 프랑스군은 잉글랜드군 손아귀에 맥없이 조여져 있을 뿐이었다.

쥘 외젠 르네프뵈Jules Eugène Lenepveu 가 〈갑옷을 입은 오를레앙성의 잔 다르크〉에서 오를레앙성 공방전 당시 그녀의 모습을 상상해 그렸다. 흰 피부, 앳된 얼굴의 잔 다르크가 검과 깃대를 든 채 군대를 지휘하고 있다. 윤기 나는 갑옷, 위풍당당한 자세가 위엄을 더한다. 휘날리는 깃발에 그려진 예수 그리스도와 두 천사는 신성한 기운까지 안겨준다. 이러한 잔의 명령을 받은 프랑스군이 반격에 나선다. 파죽지세로 나선 프랑스군은 전우와 적의 시신을 뛰어넘고 열심히 창끝을 내지른다.

프랑스군은 오를레앙성 공방전에서 끝내 승리했다. 이를 발판 삼아 전쟁 주도권도 쥐었다. 길고 지난했던 프랑스와 잉글랜드 사이의 백년전쟁이 드디어 끝을 보이는 듯했다. 잔은 이 모든 일의 시발점에 있었다. 그녀의 정체는 무엇이었을까. 그녀는 그 시절 프랑스, 어쩌면 세계 역사상 가장 미스터리한 여인이었다.

쥘 외젠 르네프뵈, 갑옷을 입은 오를레앙성의 잔 다르크, 1886~1890, 캔버스에 유채, 팡테옹

"계시를 받았습니다"

"어서 조국을 구하거라!"

1428년의 어느 날, 그러니까 아직은 잉글랜드군이 오를레앙성을 겹겹이 에워
싸고 있을 무렵의 일이다. 잔은 고심 끝에 이러한 신의 계시를 따르기로 했다. 이
때 그녀의 나이 16살이었다.

잔의 증언에 따르면, 그녀는 이보다도 3년 앞서 신의 말을 듣기 시작했다.
"소녀여. 프랑스를 구하라!" 그것은 신성한 음성이었다. 들판을 걷던 그녀는 순간
하늘에서 울림을 느꼈다. "네 조국을 짓밟은 잉글랜드군을 몰아내거라!" 그녀는
한 번 더 들려오는 말에 고개를 들었다. 구름 틈으로 모습을 보인 건 대천사 미카
엘과 성녀 마르가리타, 성녀 카타리나였다. 그럼에도 잔이 신의 음성에 곧장 응하
지 않고 3년 남짓 고민한 데는 이유가 있었다.

1412년께 프랑스 동레미에서 출생한 잔은 말단 관리의 딸이었다. 할 줄 아는
건 농사와 가축을 치는 일 정도로, 글조차 제대로 익히지 못했다. 신이 '쓰임'을
위해 점찍기에는 너무 평범했다. 르네프뵈가 그린 다른 그림 〈양치기 소녀 시절
잔 다르크〉 속 그녀를 보라. 허름한 옷에 수수한 가방을 두른 잔이 맨발로 양을
치고 있다. 반쯤 투명한 성 미카엘이 그런 그녀에게 검을 건네려고 한다. 나무 위
두 성녀 또한 그녀를 부추기고 재촉한다. 이들은 매년, 계속 등장했다. 이러니 잔
도 결국 응할 수밖에 없었던 것이었다.

"(…) 처음에는 겁을 먹었지만 (…) 그들은 내게 말을 걸고 훈계하며, 내가
해야 할 행동을 알려줬다. (…) 그들의 목소리는 친절하고 다정했다."

훗날 잔은 당시 상황을 이렇게 증언한다.

❖ 쥘 외젠 르네프뵈, 양치기 소녀 시절 잔 다르크, 1886~1890, 캔버스에 유채, 460X200cm, 팡테옹

한 수레급의 기적

그렇다면 잔이 다른 일도 아닌 '조국 수호'의 명령을 받은 이유는 무엇일까?

이를 알아내기 위해서는 그 당시 프랑스의 상황을 먼저 살펴봐야 한다. 잔이 살던 시대에 프랑스는 잉글랜드와 백년전쟁을 벌이고 있었다. 그 시절 잉글랜드는 프랑스에 꽤 넓은 영토를 갖고 있었다. 그런 두 나라는 1337년부터 프랑스 왕위 계승 건을 둘러싸고 서로에게 검을 겨눴다. 싸움은 다음 세대, 그다음 세대까지 이어졌다. 그렇게 1453년까지, 116년간 싸웠다고 해서 백년전쟁이다.

잔은 이 대전이 후반부에 접어든 1428년에 계시를 받았다. 당시 프랑스 왕은 발루아 왕조의 샤를 6세^{Charles VI}였다. 즉, 아직은 프랑스파가 프랑스 왕위를 잇고 있었다. 하지만 그 흐름도 곧 끝날 것처럼 보였다. 지지부진하던 전쟁이 잉글랜드 쪽으로 기울고 있었기 때문이다. 당시 잉글랜드파에는 잉글랜드 국왕 일가(랭커스터 왕조의 헨리 5세^{Henry V}와 그의 아들 헨리 6세^{Henry VI})와 부르고뉴파(프랑스의 유력 가문)가 있었다. 프랑스파에는 프랑스 국왕 일가(발루아 왕조의 샤를 6세와 샤를 왕세자)와 아르마냐크파가 속해 있었다.

잉글랜드파는 이 무렵 프랑스 북부 지역을 중심으로 깃발을 차곡차곡 꽂고 있었다. 흐름을 탄 잉글랜드파는 이번에야말로 잉글랜드 랭커스터 왕조의 헨리 6세를 잉글랜드·프랑스 공동 왕으로 올릴 생각이었다. 그런데 프랑스파는 이런 급박한 상황에서도 결집은커녕 유례없는 혼란을 겪고 있었다. 일단 국왕 샤를 6세의 정신이 온전하지 않았다. 그는 사리 분별도 못 하다가 어느 날 갑작스럽게 죽어버렸다. 프랑스파가 이제 발루아 왕조를 지키려면, 헨리 6세에게 '왕관 날치기'를 당하지 않으려면 샤를 왕세자를 왕위에 올리는 수밖에 없었다.

하지만 정작 프랑스파의 핵심 인물로 떠오른 샤를 왕세자는 불안정한 분위기 속에서 삶의 의욕을 잃어가고 있었다. 그사이 승기를 쥔 잉글랜드군은 프랑스파의 마지막 요충지인 오를레앙성을 에워쌌다. 이곳을 무너뜨린 뒤 샤를 왕세자가 사실상 도피 상태로 있는 시농성을 함락할 구상이었다. 왕세자는 왕관은커녕 목숨조차 위태로운 상태였던 것이다. 문제는 또 있었다. 샤를 왕세자가 결심한다고 한들 대관식을 치를 곳도 없었다. 프랑스 전통상 대관식은 북부 도시 랭스에서 진행했다. 하지만 그곳 또한 이미 잉글랜드군에 넘어간 상태였다.

이런 상황에서 프랑스파에 서게 된 잔이 해야 할 일은 간결했다. 첫째, 잉글랜드군이 포위한 오를레앙성을 구할 것. 둘째, 샤를 왕세자를 랭스로 데려가 대관식을 치르게 할 것. 이를 이루려면 한 수레급의 행운과 축복이 필요해 보였다. 그런데, 실제로 그 일이 일어났다.

'신의 뜻'대로 영광

시골 양치기 소녀가 샤를 왕세자를 알현한 자체가 기적이었다. 하지만 그것은 시작에 불과했다. "조국을 구하기 위해 신께서 저를 보냈습니다!" 시농성 회의실까지 온 잔 다르크는 곧장 샤를 왕세자 앞에서 무릎 꿇었다. 모두가 이 장면에 경악했다. 이유가 있었다. 사실 샤를 왕세자는 신의 음성을 들었다는 웬 소녀가 그에게 오고 있다는 걸 진작부터 알고 있었다. 사기꾼이지 않을까. 그는 의심을 품었다. 그래서 시종에게 왕세자 옷을 입히고, 본인은 시종 옷을 입은 채 사람 틈에 섞여 있었다. 신이 정말로 함께한다면 이 정도 속임수야 간파하리라는 생각이었다. 잔은 변장한 샤를 왕세자를 콕 집어 찾았다. 그의 얼굴도 모르는 상태에서 그랬다. 이러니 프랑스파 모두 소녀의 기이한 힘을 믿을 수밖에 없었다.

잔은 샤를 왕세자에게서 약간의 병사를 얻을 수 있었다. 곧바로 오를레앙성 수비군(프랑스군)에 합류한 잔은 그곳 간부들에게 전략부터 바꿀 것을 요청했다. 방어 말고 공격 태세로 바꿔야 한다는 게 핵심이었다. 잔은 행동으로 보여줬다. 깃발을 든 잔과 그녀의 병사가 성문을 활짝 열고 외려 잉글랜드군을 향해 진격한 것이다. 잔은 끊임없이 승전보를 전했다. 잔과 그녀의 군대는 약속된 승리를 쟁취하는 신의 기사단 같았다.

"그곳에서 신이 부르신다!"

그렇게 오를레앙성을 구한 잔은 이번에는 이 말과 함께 랭스로 진격했다.

1429년 7월, 오를레앙성 공방전이 끝난 후 고작 2개월여가 흐른 시점에 거짓말 같은 일이 또 일어났다. 잔의 프랑스군이 잉글랜드파 소유였던 랭스를 깔끔하게 점령한 것이다. 잔이 등장하기 전까지는 누구도 시도조차 못 한 일이었다. 샤를 왕세자는 잔의 활약 덕에 랭스에서 대관식을 치를 수 있었다. 프랑스 발루아 왕조의 샤를 7세Charles Ⅶ에 올라 프랑스파 왕조의 맥을 이을 수 있었던 것이다.

잔은 대관식 내내 샤를 7세 옆에서 깃발을 들고 있었다. 장 오귀스트 도미니크 앵그르Jean-Auguste-Dominique Ingres가 〈샤를 7세 대관식의 잔 다르크〉에서 잔 다르크의 영웅 같은 면을 세련되게 표현했다. 주인공은 샤를 7세가 아닌 잔이다.

위엄있는 표정과 건장한 몸, 제단에 손을 올린 모습의 잔은 이미 금빛 후광을 달고 있다. 화려한 은색 갑옷 차림의 그녀는 고개 들어 하늘을 향해, 신에게 감사를 표하고 있다. 이때가 잔의 절정기였을 것이다.

소녀의 패배

"이 도시를 프랑스에 넘기십시오!"

대관식이 치러진 해 9월, 잔은 잉글랜드의 통치를 받는 대륙 내 가장 유서 깊은 땅에 닿았다. 파리였다. 잔의 프랑스군은 성벽을 하나씩 뚫었다. 역시 성녀라는 생각이 들 찰나…. 일이 터졌다. 파리 수비군 궁수가 잔에게 화살을 또 꽂은 것이었다. 이번에는 허벅지를 관통했다. 잔은 비틀대다 넘어졌고, 이내 피를 콸콸 쏟았다. 출혈이 금방 멎을 것을 기대했지만, 바라던 '기적'은 없었다. "동레미의 소녀가 드디어 쓰러졌다!" 잔의 이러한 모습은 파리 수비군의 사기만 올려줬다. 잔의 군대는 철수해야 했다. 이날을 기점으로 프랑스군의 치솟던 기세도 꺾였다. 결국 파리 공방전은 잉글랜드파의 승리로 끝맺었다. 잔의 패배였다.

"잔은 더는 신의 사자로서 역할을 할 수 없다!"

그렇게 떠받들더니 한 번 크게 졌다고 이런 소문이 금세 퍼졌다. 사실상 잔 덕에 왕이 된 사내, 샤를 7세가 이 같은 분위기를 만드는 데 일조했다. 그는 잔이 파리를 공략할 때도 지원군을 내보내는 데 능장을 부렸다. 지원군이 조금만 빨리 왔어도 파리 공방전이 이렇게까지 허무하게 끝나지는 않았을 터였다.
샤를 7세는 왜 태도를 바꿨을까?
왕관을 쓴 그가 그때부터 잔의 입지를 의식하기 시작했다는 설이 설득력을

❖ 아돌프 알렉산데르 딜런스, 체포된 잔 다르크, 1847~1852, 패널에 유채, 53x72cm, 에르미타주 미술관

얻는다. 백전불태의 잔이 갑자기 "신은 내가 왕이 되길 바라신다"며 반란을 일으키면? 샤를 7세 입장에선 아예 상상 못 할 일이 아니었다. 왕이 된 그는 이제 잔을 견제해야 했다. 그에게는 잔의 패배가 필요했다. 이런 가운데 때마침 파리 공방전이 벌어져 이를 희생양으로 삼았다는 분석이다.

하지만 잔은 신이 직접 '그만해도 된다'는 신호를 줄 때 물러날 마음이었다. 신은 여전히 그런 말을 하지 않았다. 잔은 그래서 1430년 5월에 다시 출정했다. 목적지는 파리 인근 콩피에뉴였다. 잉글랜드파가 프랑스파 지역 콩피에뉴를 치려고 한다는 소식을 들은 직후였다. 그러나 당시 잔의 병사는 고작 200~400명뿐이었다. 샤를 7세가 역시나 정치적 이유로 관심을 보이지 않은 탓이었다. 잔은 콩피에뉴 공방전에서 재차 무너졌다. 잉글랜드파는 이번 전투에서 큰 성과를 얻었다. 잔. 이 소녀를 포로로 붙잡은 것이다. 아돌프 알렉산데르 딜런스Adolf Alexander

Dillens가 붙잡힌 잔의 모습을 그렸다. 화려한 복장의 잔은 여전히 꼿꼿하고, 변함없이 냉철해 보인다. 장궁을 든 적군이 주먹을 쥐며 협박해도 오직 하늘만 올려다볼 뿐이다.

'이단' 희생양이 되다

"어떤 상황이든 피고는 신의 은총을 받고 있다고 생각하는가?"

이단異端 심문관이 잔 앞에서 이렇게 물었다. 함정 질문이었다. 잔이 고개를 끄덕이든, 가로젓든 "한낱 인간 따위가 신의 뜻을 단언하는가"라는 말로 오만의 죄를 씌울 마음이었다. 쇠사슬을 찬 처지가 된 잔은 잉글랜드파의 파리에서 이단재판을 받고 있었다. 잉글랜드파는 어떻게든 잔이 이단임을 증명해야 했다. 그래야 잔 주도로 이뤄진 프랑스파 샤를 7세의 대관식도 무효로 할 수 있었다.

그러나 겨우 자기 이름이나 쓸 줄 알던 잔이 재판 중에 경이로운 수준의 수사학修辭學을 구사했다. 가령 '신의 은총'에 대한 함정 질문에는 "은총을 받지 못했다면 내려주시기를. 은총을 받고 있다면 계속해주시기를…"이라는 말로 포위망을 빠져나갔다. 오만 아닌 겸손을 보인 것이다. 이 밖에 "당신이 본 천사는 옷을 입고 있었는가(판사님은 신께서 천사에게 옷 입힐 능력도 없다고 믿는지요?)" "성 미카엘의 몸에 털이 있었는가(그렇다면 밀어야 한다고 생각하는가요?)" "당신이 심판을 받을 것을 천사가 미리 경고하지는 않았는가(제가 무슨 위험에 처해 있는지요?)" 등 날 선 질문을 영리하게 받아쳤다. 잔은 그렇게 70명으로 이뤄진 이단 심문관 무리를 홀로 격파했다.

하지만 잉글랜드파는 잔을 놓아줄 생각은 없었다. 이들은 잔을 가두고 묶은 채 더 매섭게 다그쳤다. 잔도 지쳤다. 그녀의 몸은 아직 18살 아이였다. 결국 잔은 잉글랜드파 교회의 처분에 무조건 따른다는 문서에 이름을 써야 했다. 그런데, 잉

✤ 쥘 외젠 르네프뵈,
화형당하는 잔 다르크,
1886~1890, 캔버스에 유채,
팡테옹

글랜드파는 잔의 서명 이후에도 그녀를 계속 군사 감옥에 방치했다. 수녀원에 보내주겠다는 약속을 짓밟은 채.

잔은 이쯤부터 생명의 위협을 느꼈다. 잔이 특히나 견디기 힘든 건 음흉한 남자 간수와 병사들이었다. 저들은 곧 일을 저지를 것처럼 보였다. 저놈들에게 순결을 빼앗기는 일 자체도 끔찍하지만, 그렇게 되면 곧장 가짜 성녀로 몰릴 게 뻔했다. 결국 잔은 스스로를 보호하는 차원에서 과거 전쟁터에서 그랬듯, 다시 남자옷을 입을 수밖에 없었다고 한다. 잉글랜드파는 잔의 이 행동을 또 문제로 삼았다. 드디어 꼬투리를 잡은 것이었다. 이들은 잔이 남장을 고집하는 일 자체가 성경을 거역하는 일이라고 질타했다. 잉글랜드파는 이를 빌미로 다시 이단 재판을 열었다. 결과는 이단 확정. 잔은 화형 선고를 받았다.

1431년 5월 30일. '이단·재범·이교도·우상숭배자'라고 쓰인 종이관을 쓴 잔이 루앙의 시장터에 모습을 보였다. 그녀는 발밑에서 치솟는 불길을 보고도 태연히 있었다. 르네프뵈는 이러한 잔의 최후도 그렸다. 백색 옷을 입은 잔이 무기력하게 나무 기둥에 묶여 있다. 사형 집행인은 쇠사슬을 더 강하게 조인다. 병사들은 땔감을 채우는 데 여념 없다. 긴 십자가를 쥔 잔은 신과 마지막으로 소통하려는 듯하다. 이제 소명이 끝난 게 맞는지를 묻는 것처럼 보이기도 한다.

"나를 화형대로 몰아넣은 이들을 용서합니다!"

잔은 연기에 휩싸여 숨지기 전 이런 말을 남겼다고 한다. 19살, 무척이나 꽃다운 나이였다. 잔이 그렇게 죽은 후에도 프랑스파와 잉글랜드파는 백년전쟁을 22년간 더 이어갔다. 잔의 등장 뒤 승리의 추는 프랑스파로 급격하게 기울고 있었다. 끈질기게 피어났던 화약 연기는 1453년 프랑스파의 승리로 걷힐 수 있었다. 끝끝내 잔을 외면했던 샤를 7세는 백년전쟁을 끝내고 나서야 그녀의 명예를 회복시켜줬다. 가톨릭교회는 1920년, 잔을 성녀로 정식 시성했다.

잔은 처음부터 끝까지 미스터리했다. 잔의 삶 일부에는 과장도 섞여 있겠지만, 전체를 허구라고 볼 수는 없다. 시선도, 입장도 달랐던 프랑스파와 잉글랜드파 모두 그녀의 기적과 활약상에 대해서는 비슷한 기록을 남겼다는 게 근거다. 잔은 어떤 인물인가. 그 시대의 살아 움직이는 기적이었던 건 확실하다.

쥘 외젠 르네프뵈(1819~1898)

역사화와 종교화 등에서 감각을 뽐낸 프랑스 화가. 그는 프랑스 정부가 우수자에 한해 로마 유학 기회를 제공하는 로마상에서 최우수상을 수상했다. 이를 계기로 5년간 이탈리아 등을 여행하며 미켈란젤로 부오나로티, 라파엘로 산치오 등 옛 거장의 작품을 직접 보고 배울 수 있었다. 프랑스로 돌아와서는 다시 만국박람회에서 2위 메달을 따는 등 실력을 거듭 입증했다. 로마 내 프랑스 아카데미에서 총장을 지내는 등 당대 예술계에서 정점에 오르기도 한 인물. 대표작은 〈비텔리우스의 죽음〉〈카타콤베의 순교자들〉 등이다.

아돌프 알렉산데르 딜런스(1821~1877)

벨기에 출신의 딜런스는 초기에는 주로 역사화를 즐겨 그렸다. 아홉 살 많은 친형 헨드릭도 화가였는데 경쾌한 화풍으로 이름을 날렸다. 아돌프는 그에게서 그림 지도를 받은 뒤부터 농촌화를 그리는 데 전념했다고 한다. 대표작은 〈유혹〉〈청혼〉 등이다.

참고 자료　○ 백년전쟁 1137-1453, 데즈먼드 수어드, 미지북스
　　　　　　　○ 벌거벗은 세계사 : 전쟁편, tvn 〈벌거벗은 세계사〉 제작팀, 교보문고
　　　　　　　○ Joan of Arc, Mark Twain, Ignatius Press
　　　　　　　○ Joan of Arc, Helen Castor, Faber & Faber

8.
울음 삼킨 18세 소녀 사형수

**폴 들라로슈,
레이디 제인 그레이의 처형**

**1554년 2월 12일,
'9일의 여왕'
처형당하다**

"어디 있어요?"

"뭘 말씀하십니까?"

"제 얼굴을 댈 곳이요. 지금 눈이 가려져 있어 찾을 수 없어요. 목 받침대가
어디 있는지 알려줄 수 있어요?"

1554년 2월 12일. 형장에 있는 모두가 제인 그레이Jane Grey의 이 말에 또 쓸쓸
한 한숨을 내쉬었다. 곧 죽을 제인은 그 순간에도 공손하고 겸허했다. 그녀는 하
얀 두 손을 더듬대며 자기 목을 올릴 곳을 찾고 있었다. 이를 본 몇몇은 울컥하는
마음을 재차 억눌러야 했다. "이쪽입니다. 여기 딱딱한 걸 만질 수 있지요? 이 위
로 턱을 놓고, 그다음 엎드리시면…." "고맙습니다." 제인은 안내한 이를 향해 고
개를 살짝 숙였다. 목소리가 가늘게 떨리는 것이 울음을 참는 게 분명했다.

제인은 불과 얼마 전까지만 해도 영국에서 가장 높은 사람이었다. 영국의 통치자, 여왕의 옷을 입고 있었다. 그러나 통치 기간은 고작 아홉 날뿐이었다. 이에 '9일의 여왕'이란 다소 치욕적인 별명을 얻었다. 그리고 지금은 반역죄를 뒤집어쓴 채 형장의 이슬이 될 운명에 놓였다.

제인은 차가운 목 받침대 위로 먼저 손가락부터 댔다. 그러자 두 팔로 전해지는 서늘함이 쇄골과 오금, 그다음은 어금니와 발가락 사이사이까지 번져갔다. 제인은 그제야 눈앞까지 온 사신의 콧김을 느낄 수 있었다. 이 낯선 느낌은 굴복을 요구했다. 이제라도 그녀 다음으로 왕관을 쓴 여왕 메리 1세Mary I에게 죽기 싫다고 매달리면, 하다못해 임신한 것 같다고 뒤늦게라도 억지를 쓰면 이곳에서 벗어날 수 있었다. 그녀의 눈을 가린 흰 천은 조금씩 젖어가고 있었다. 그녀는 끝내 "억울하다"거나 "내 잘못은 없다"는 말을 하지 않았다. 이때 그녀의 나이 고작 17~18세였다.

이 일이 있고서 300년가량이 흐른 1833년, 프랑스의 역사화가 폴 들라로슈 **Paul Delaroche**가 당시 모습을 상상해 그렸다. 먼저 빨간 머리칼의 소녀가 보인다. 둘둘 감긴 천으로 눈을 가리고, 약간은 색이 바랜 흰 드레스를 입은 그녀는 손을 뻗어 목 받침대를 찾고 있다. 제인이다. 그녀의 흰 피부와 무방비한 자세, 연백색 복장은 주위에 널리고 깔린 검은색과 강한 대비를 이룬다. 그녀는 이렇게 후광이 내리쬐는 성녀처럼 그려져 더 결백하고, 더 무고해 보인다. 제인의 최후를 차마 볼 수 없다는 듯 그녀의 시녀들은 고개를 돌린 채 슬퍼한다. 반역자라고 하기에는 신분이 한참 낮은 아랫사람에게까지 상냥했을 그녀의 행실을 짐작할 수 있다. 오른쪽에 도낏자루를 쥐고 있는 사형 집행인의 얼굴도 침울하다. 그는 제인의 목을 희롱하지 않고 단박에 베면서 마지막 예를 다할 것처럼 보인다.

아름다운 외모와 고귀한 혈통, 명석한 머리와 겸손한 태도 등 팔방미인이었던 제인은 어쩌다 이런 최후를 맞이하게 되었을까?

폴 들라로슈, 레이디 제인 그레이의 처형, 1833, 캔버스에 유채, 246x297cm, 내셔널 갤러리

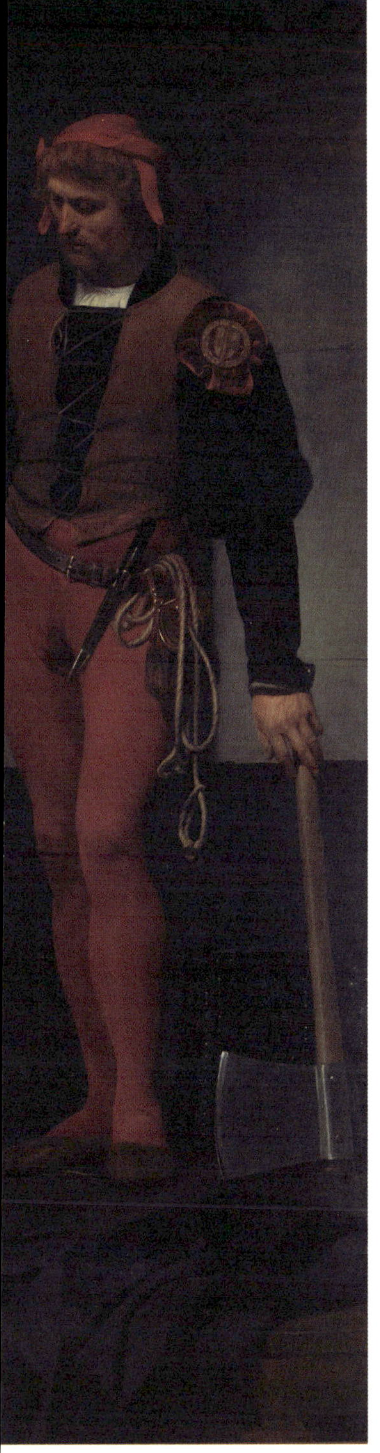

책을 좋아해 핍박받은 아이

제인은 1536~1537년 사이 런던 혹은 레스터셔에서 태어났다. 제인의 아버지는 서퍽 공작인 헨리 그레이Henry Grey였다. 그녀의 아버지가 한 지역을 대표하는 귀족이었다면 어머니는 한 나라의 얼굴 격인 왕족이었다. '노랭이 왕' 헨리 7세Henry VII의 차녀이자 지금 위세를 떨치고 있는 '덩치 왕' 헨리 8세 Henry VIII의 동생인 메리 튜더Mary Tudor가 낳은 딸, 프랜시스 브랜던Frances Brandon이었다. 이들 사이에서 세 딸 중 장녀로 태어난 제인은, 그런 어머니 덕에 모계母系에서 모계로 이어진 왕가의 피를 품을 수 있었다.

외향적 성격의 부모는 사냥과 모임을 즐겼지만, 제인은 이와 반대로 공부와 독서만 좋아했다. 똑똑한 제인은 어릴 적부터 라틴어와 그리스어, 히브리어까지 능숙하게 구사했다. 커갈수록 갸름한 얼굴에는 아름다움이 맺혔다. 곧게 뻗은 허리에서는 기품이 묻어나왔다. 야심가인 부모는 그런 제인이 아까웠다. 공부만 하지 말고 사교계에도 나가 이름을 알리기를 바랐다. 이들은 제인에게 왕가의 구성원답게 권력 의지가 있어야 한다고 못이 박히도록 말했다. 언젠가부터는 책에 손만 대도 매질을 서슴지 않았다고 한다. 제인은 대체로 순종적이었다. 하지만 그녀 또한 천성만은 바꿀 수 없는 노릇이었다.

1547년 2월, 갓 10살이 된 제인은 그해 헨리 8세

❖ 작자미상, 캐서린 파, 1545년경, 패널에 유채,
63.5x50.8cm, 런던 국립 초상화 박물관

와 사별한 왕비 캐서린 파Catherine Parr의 저택에서 살게 되었다. 제인이 짐을 푼 이곳은 모진 부모가 군림하는 집과 비교하면 천국이었다. 그녀는 너그러운 캐서린, 약간 의뭉스럽지만 겉으로는 친절한 그녀의 재혼남 토머스 시모어Thomas Seymour와 함께 살며 잠시나마 부모에게서 벗어날 수 있었다.

제인을 거둔 캐서린은 교양 있는 여성이자, 신교도의 독실한 신자였다. 헨리 8세의 왕비였던 1545년, 30살께 그려진 캐서린 초상화를 보면 진지한 표정과 절제된 자세에서 기품이 느껴진다. 나이치고는 노안에 속하는데, 이는 헌신의 징표였다. 그녀는 병이 깊어질수록 까탈스러워졌던 헨리 8세에게 온몸을 바쳐 봉사했다. 그렇기에 주름살 또한 더 깊어질 수밖에 없었으리라. 그런 캐서린은 명석한 제인을 친딸처럼 대했다. 제인 또한 캐서린을 친어머니보다 더 따랐다. 그녀를 따라 신교도의 충직한 일원이 될 정도였다.

하지만 평화는 오래 이어지지 못했다. 캐서린은 제인과 함께 지낸 지 1년 반가량 흐른 1548년 9월, 딸 메리를 낳은 뒤 숨지고 말았다. 사인은 산욕열이었다. 깊이 상심한 제인은 캐서린의 장례식에서 상주 역할을 맡았다. 마지막 추모를 끝으로 제인의 찰나 같은 봄날도 끝났다. 다시 부모 품으로 돌아가야 할 그녀 앞에는, 그새 덩치를 더 키운 불행만이 손을 흔들고 있었다.

정치 도구가 된 제인

욕심 많은 제인의 부모는 딸을 그저 체스판의 말처럼 볼 뿐이었다. 젊고 예쁘고 똑똑하면서도 특별한 혈통까지 품은 그녀를 앞세워 권력 틈을 비집고 들어갈 생각밖에 없었다. 사실 부모가 앞서 캐서린과 토머스에게 제인을 맡긴 데도 다 계획이 있었다. 이들은 헨리 8세에 이어 겨우 10살 나이로 왕관을 쓴 에드워드 6세Edward VI의 왕비 자리에 제인을 올리고 싶었다. 그래서 미리 토머스 시모어와 말을 맞춘 후 제인이 일종의 '신부 수업'을 받게끔 한 것이었다. 이런 상황에서 알게 모르게 제인의 과외 교사 역할을 한 캐서린이 너무 일찍 죽어버렸다. 얼마 되지 않아 토머스도 에드워드 6세 납치, 그와 제인 사이에 강제 혼인을 꾀했다는 혐의 등으로 처형당하고 말았다. 기세등등했던 제인의 부모는 물거품이 된 계획 앞에서 덜덜 떠는 처지로 전락했다. 이대로 가면 자신들도 처벌을 피할 수 없다는 걸 알고 있었다.

그렇기에 딸을 서둘러 다른 사람과 혼인시키기로 했다. 이는 점점 매서워지는 의심의 눈초리를 피할 유일한 방법이었다. 부모가 제인의 결혼 상대로 찍은 이는 길퍼드 더들리Guildford Dudley였다. 에드워드 6세 치하에서 실세가 된 노섬벌랜드 공작, 그 시대 또 다른 야심가인 존 더들리John Dudley의 아들이었다. 길퍼드가 제인에게 어울리는 지성을 갖췄으면 좋았겠지만, 그는 외려 망나니라는 꼬리표를 달고 다니는 등 영 소문이 좋지 않은 자였다. 제인의 부모는 크게 데이고도 욕심을 버리지 못하고 다시 딸을 도구 삼아 권력을 쟁취하려고 했던 것이다. 당사자인 제인은 길퍼드와의 가약을 한사코 거부했다. 그러자 또다시 학대가 시작되었다. 결국 제인은 도피하는 심정으로 마음에도 없는 남자와 결혼했다. 하지만 남편이 된 길퍼드 또한 곧장 제인을 성적으로 학대하고 나섰기에, 신혼 생활은 순탄치 않았다.

❖ 윌리엄 스크로츠, 에드워드 6세의 초상화, 패널에
유채, 93.9x71.1cm, 위치 불명

❖ 한스 홀바인, 헨리 8세 초상화, 1540~1547년경,
캔버스에 유채, 239x134.5cm, 워커 박물관

왕 에드워드 6세의 후계자로

진짜 불행은 이제 시작이었다. 제인은 꿈에도 생각지 못했을 것이다. 실세 귀족의 아내가 된 건 그렇다고 쳐도, 설마 자신이 왕비도 아닌 여왕 자리에 오를 줄은…. 그건 너무 뜬금없는 일이었다. 하지만 역사는 종종 우연과 광기를 동력으로 삼는다. 먼저 우연이 발생했다.

'소년 왕' 에드워드 6세는 어린 나이치고는 키도 크고 풍채도 좋은 편이었다. 당시 궁정 화가 윌리엄 스크로츠William Scrots (추정)가 13살 무렵의 에드워드 6세를 그렸다. 젊은 시절 부친을 떠올리게 하는 호남好男의 용모, 특히 아버지를 쏙 빼닮은 길쭉한 팔다리가 눈길을 끈다. 냉정한 표정, 허리춤에 찬 길쭉한 검도 왕의 위엄을 돋보이게 한다. 그런 에드워드 6세가 1553년 1월께부터 갑자기 폐결핵 증상을 보였다. 곧 사경을 헤맬 만큼 병세는 급속도로 악화했다.

이때쯤부터 우연에 이어 광기도 고개를 들었다. 여태껏 실세로 권력 놀음을 한 존, 이제는 제인의 시아버지가 된 그는 새 시대의 도래가 두려웠다. 신교도인 에드워드 6세가 죽고, 서열에 따라 메리 1세(에드워드 6세의 이복누나)가 즉위하면 그의 세상도 끝이라고 판단했다. 구교도인 메리 1세가 지금의 신교도 체제를 좋게 볼 리 없다는 생각이었다. 그래서 존은 아직 숨이 붙어 있는 에드워드 6세를 필사적으로 설득했다. 며느리 제인을 '조커'로 들이밀었다. 종교적 믿음이 다른 메리보다, 같은 신교도인 왕족 제인에게 직을 물려주는 게 맞다고 거듭 강조했다. 제인의 부모는 이런 전개를 흐뭇하게 바라봤을 것이다.

에드워드 6세는 병에 걸린 지 6개월 만에 허무하게 세상을 떠났다. 1553년 7월 6일, 16살 생일을 맞이하지도 못한 나이였다. 그의 유언장 앞줄에 쓰인 후계자의 이름은 메리 1세가 아닌 제인 그레이였다. 광기의 승리였다.

순순히 내려놓은 '9일의 여왕'

"그럴 리 없어요. 왕위는 제가 아닌 메리의 것이에요!"

제인은 왕관이 자기 몫으로 왔다는 소식을 듣자마자 쓰러질 만큼 격한 반응을 보였다고 한다. 제인은 한 번도 여왕이 될 뜻을 품은 적이 없었다. 이 일을 어떻게든 피하려고 했지만, 또 한 번 거듭되는 부모의 매질과 시댁의 강요로 울면서 왕좌에 올랐다는 후문이다. 즉위일은 7월 10일, 에드워드 6세가 죽은 지 나흘째 되는 날이었다. 제인의 초상화에선 그녀의 크고 동그란 눈이 먼저 시선을 사

✤ 작자미상, 레이디 제인 그레이 초상화, 1590년경,
오크 패널에 유채, 85.6x60.3cm, 런던 국립 초상화
미술관

로잡는다. 이 순수한 눈에 야심과 욕망 따위는 찾아볼 수 없다. 몸에 딱 맞는 드레스, 반짝이는 보석보다 눈에 띄는 건 그녀가 든 책 한 권이다. 제인은 그런 사람이었다. 그녀는 왕관을 쓴 후부터 외려 삶을 더 지옥처럼 여겼을 것이다. 이 와중에도 제인은 자기 또한 공동 왕으로 임명하라는 남편 길퍼드의 요청만은 한사코 거부했다.

그사이, 서열대로라면 원래 왕위를 이어야 할 메리 1세는 어디서 무엇을 하고 있었을까? 안토니스 모르Antonis Mor 가 1554년께 그린 그림에서 짐작할 수 있듯 메리 1세는 호락호락한 인물이 아니었다. 제인의 둥글둥글한 초상화와는 비교도 안 될 만큼 날카로운 분위기를 품고 있다. 한때 붉은빛이 도는 금발의 미소녀로 불린 메리 1세였지만, 그녀 또한 어릴 적부터 왕좌의 싸움에 휘말렸기에 갖은 고생을 한 처지였다. 이 때문에 살은 쏙 빠져 깡마른 몸이 됐고, 지독한 근시와 신경질적으로 변한 성격 탓에 늘 얼굴을 찌푸렸다. 하지만 중요한 건, 모든 순간에서 어떻게든 살아남았다는 것이다. 이상한 낌새를 눈치챈 메리 1세는 이미 런던에서 벗어난 상태였다. 실세 존의 계략을 간파한 그녀는 이를 깨부술 병사를 모으고 있었다. 메리 1세에게는 권력욕이 있고, 무엇보다도 '적법한 계승자'라는 명분도 뚜렷했다. 덕분에 단기간에 군대를 꾸린 메리 1세는 런던으로 곧장 진격했다. 기대만큼 병력을 모으지 못한 존 일당은 허무하게 밀려났다.

❖ 안토니스 모르, 메리 1세 초상화, 1554, 패널에 유채, 109x84cm, 프라도 미술관

제인은 메리 1세에게 순순히 왕관을 넘겼다. 이날이 7월 19일이었다. 통치 기간은 7월 10일부터 딱 아흐레였다. 제인이 훗날 '9일의 여왕'으로 불리게 된 이유다. 메리 1세는 모든 일의 주모자인 존부터 처형했다. 그렇다면 여왕 행세를 한 격이 된 제인에 대해서는 어떻게 했을까?

갇힌 뒤 외려 자유를 찾았다

메리 1세는 제인을 죽일 생각이 없었다. 새 여왕은 제인을 불쌍하게 보고 있었다. 그녀는 어린 제인이 이리저리 이용만 당하고 있다는 걸 알았다. 통치 기간은 한순간이었지만, 그래도 한때는 여왕이었던 점 또한 그녀를 사형수로 몰기에 부담스러운 지점이었다. 메리 1세는 제인을 일단 런던탑에 가뒀다. 말은 감금이지만, 제인은 그곳에서 책을 읽으며 꽤 평화로운 생활을 할 수 있었다고 한다.

메리 1세는 스페인 왕세자였던 펠리페 2세Philip II와 결혼 후 자식을 낳으면 제인을 풀어줄 계획도 세웠다고 한다. 그런데, 평생 제인을 괴롭히기만 한 아버지 헨리가 또 문제를 일으켰다. 메리 1세에 맞선 신교도의 반란에 가담하고 만 것이다. 메리 1세까지 당혹감을 감추지 못할 만큼 이들의 진격은 갑작스러웠다. 그래도 평생을 급박하게 살아온 그녀였기에, 이번 사태 또한 큰 탈 없이 진압할 수 있었다. 이즈음부터였다. 제인을 죽여야 한다는 말이 왕궁에서 설득력을 얻기 시작했다. 제인은 존재 자체로 반역자이자 위험인물이 됐다는 말이었다. 왕족이자 신교도인 제인이 있는 한, 그녀를 상징으로 내세운 반란이 언제든 생길 수 있다는 게 근거였다. 메리 1세는 그럼에도 제인을 형장에 보내기가 부담스러웠다. 그녀는 고민 끝에 신하를 시켜 제인에게 개종을 권유했다.

"신교에서 구교로 개종하면, 최소한 사형 주장은 물리칠 수 있을 것이다···. 여왕 메리 1세의 제안입니다!"

✤ 조지 휘팅 플래그, 처형식을 준비하는 제인 그레이, 1835, 캔버스에 유채, 142.2x117.4cm, 뉴욕 역사 협회

"이 땅에서 생명을 이어가겠다고 영원한 생명을 버릴 수는 없지요."

하지만 제인은 이처럼 완강한 모습을 보였다. 제인의 기구한 삶 속에서 신앙은 거의 유일한 버팀목이었다. 그것만은 버릴 수 없었다. 반역자로 오해받을지언정, 변절자가 될 수는 없었다. 메리 1세도 더는 손쓸 방도가 없자 제인의 처형을 명령했다. 그러고도 그날이 오자 특별히 산파를 보내 제인의 임신 여부를 살펴봤다는 설이 있다. 당시에는 사형을 선고받은 죄수가 임신하면 집행 연기 혹은 사면까지도 받을 수 있었다. 무고한 아이까지 죽일 수 없다는 게 그 이유였다. 그러나 제인은 임신 상태가 아니었다.

미국의 역사 화가 조지 휘팅 플래그George Whiting Flagg가 형장에 들어서기 전, 천으로 눈을 가리는 제인의 모습을 표현했다. 제인은 의연하다. 들라로슈의 그림과는 또 다르게 표정은 담담하고, 자세는 꼿꼿하다. 되레 그녀를 천으로 묶는 사내, 도끼를 든 채 그녀를 지켜보는 사형 집행인이 안타까운 표정을 짓는다.

어머니는 끝까지 비정했다

제인은 처형대 위로 천천히 목을 올렸다. 떨리는 몸을 다잡기 위해 거듭 심호흡을 했다. 한 번 더, 한 번 더 숨을 크게 들이마신 후 내뱉는 그때… 사형 집행인이 제인의 목을 벴다. 소녀의 잘린 머리가 짚단 위에 굴렀다. 소녀의 흰 드레스는 콸콸 쏟아지는 피로 빨갛게 물들었다. 평생 질곡의 삶을 산 그녀의 최후에 모두가 얼굴을 감싼 채 신음했다.

남편 길퍼드는 같은 날 제인보다 앞서, 아버지 헨리는 제인이 죽고서 이틀 후인 2월 23일에 처형됐다. 다만 어머니 프랜시스는 새로운 남편을 만나 비교적 여유로운 삶을 살았다. 그녀는 제인의 처형 후 5년 뒤인 1559년에 사망했다. 제인의 삶을 망치는 데 동참했던 프랜시스는 끝까지 비정한 모습을 보였다. 첫째 딸을 아예 잊었다는 듯, 죽을 때까지 제인에 대해서는 한마디도 하지 않았다고 한다.

문제적 어른들만 없었다면 제인은 책에 파묻혀 조용한 삶을 살 수 있었다. 평범한 가정에서 자애로운 어머니가 될지언정, 피로 얼룩진 '9일의 여왕'을 선택할 일 따위 없었을 것이다. 다섯 세기가 흐른 지금도 그녀의 눈물겨운 생을 되짚으면 한숨만 내쉬어진다.

폴 들라로슈(1797~1856)

프랑스 화가. 영국과 프랑스 역사 주제의 그림으로 이름을 알렸다. 고전주의와 낭만주의를 자연스럽게 섞은 화풍을 구사한 그는 라파엘 전파 운동을 한 화가들에게도 영향을 끼쳤다. 19세기 중반 당시 가장 성공한 예술가라는 명성을 얻은 그는 에콜 데 보자르 교수로 장 레옹 제롬, 장 프랑수아 밀레, 토마스 커투어 등을 가르쳤다. 1839년, 당시 최신 발명품이었던 사진을 처음 본 후 "오늘부터 회화는 죽었다"라는 말을 남긴 것으로도 유명하다.

한스 홀바인(Hans Holbein·1497~1543)

독일 출신의 영국 궁정 화가. 16세기 독일 르네상스를 대표하는 인물이자, 지금도 유럽 역사상 가장 위대한 초상화가였다는 평을 받는다. 인물의 외양은 물론, 특유의 분위기와 심리까지 꿰뚫어 화폭에 녹이는 데 일가견이 있었다. 학자 에라스뮈스, 정치가 토머스 모어의 지원을 받은 적이 있다. 그 까다로운 헨리 8세 또한 신임했던 것으로도 알려져 있다. 대표작은 〈죽음의 무도〉 〈대사들〉 등이다.

참고 자료　○ 헨리 8세의 후예들, 앨리슨 위어, 루비박스

　　　　　　○ 명화로 읽는 영국 역사, 나카노 교코, 한경arte

　　　　　　○ Lady Jane Grey, Eric Ives, Wiley-Blackwell

9.
비극에 절여진 총명했던 황제

**일리야 레핀,
이반 4세와 그의 아들**

1581년,
루스차르국 초대 차르 이반 4세가
아들을 때려죽이다

"내가 죽으면 황후에 오를 여자가 어찌 저러고 다니는가!"

1581년 11월의 어느 날, 루스 차르국(러시아) 황제 이반 4세Ivan IV는 며느리 엘레나 셰레메테바Yelena Sheremeteva를 보고 격노했다. 꼬장꼬장한 이반 4세는 그녀의 차림새를 용서할 수 없었다. 곧 황후가 될 황태자비, 심지어 임신까지 한 여자의 옷이 너무 야하다고 본 것이었다. 이제 막 황실의 주요 행사가 열린다. 국내외 굵직한 인사가 모일 참이었다.

'그런 자리에 참석할 여자가 저렇게 얇은 옷을…?' 망상증이 도진 이반 4세는 이를 황제와 황실에 대한 도발 행위로 보기 시작했다. 자신의 화병을 돋우기 위해 저따위 천 조각을 두른 게 아닐까 하는 의심도 생겼다. 그뿐인가, '오늘 참석하는 모두가 저 여자는 물론, 나와 내 아들까지 천박하게 볼 것이다. 내가 평생 쌓아올린 황실 권위가 추락하고, 어쩌면… 이를 빌미로 반란까지 생길 수도 있지 않겠는가.' 이반 4세는 어그러진 생각에 사로잡혔다. 의심이 여기까지 미치자 더는 가만히 있을 수 없었다. 저 경솔한 여자를 응징하고 싶은 마음뿐이었다.

이반 4세는 씩씩대며 며느리에게 다가갔다. 그녀의 이마에는 땀이 송골송골 맺혀 있었다. 속내를 들켜 긴장하는 건가? 이반 4세는 이 모습 또한 제멋대로 해석했다. 이반 4세는 예를 갖추려는 그녀를 곧장 발로 차버렸다. 쓰러진 채 신음하는데도 마구 짓밟았다. 엘레나는 겨우 목숨을 건질 수 있었지만, 뱃속 생명까지는 구하지 못했다. 유산이었다.

당연한 말이지만, 그녀는 이반 4세의 망상과 달리 약간의 흑심도 없었다. 임신 후 몸에 열이 많아져 그런 옷을 입었다가 난데없이 봉변을 당한 셈이었다.

후계자 아들을…때려죽었다

"아버지. 제발 좀, 그만 제멋대로 사세요!"

끔찍한 소식을 전해 들은 황태자 이반 이바노비치 Ivan Ivanovich 가 아버지를 찾아가 악을 썼다. 하지만 아들 앞에 선 이반 4세는 어떤 사과도 할 생각이 없었다. 그에게 죄책감은 없었다. 뱃속 아이가 죽은 일? 그조차도 며느리의 부주의 때문이었다며 억지스럽게 우기기만 했다. "저는…. 아버지를 저주할 겁니다!" 황태자 이반이 맹세하듯 말했다. "저주?" 이반 4세의 표정이 또 일그러졌다. "내가 널 후계자로 삼고 얼마나 아꼈는데, 고작 한다는 말이 저주란 말이냐?" 그의 분노가 또 폭발했다. 이번에도 눈에 보이는 게 없었다. 그는 쇠지팡이로 아들을 마구 내리쳤다. 정수리와 가슴, 허벅지… 손이 가는 대로 크게 휘둘렀다.

"미쳤어. 정말 미쳤…!"

❖ 일리야 레핀, 이반 4세와 그의 아들, 1885, 캔버스에
유채, 199.5x254cm, 트레티야코프 미술관

황태자 이반은 갑자기 목이 막힌 듯 말을 잇지 못했다. 관자놀이를 정통으로 맞은 탓이었다. "아, 아버지…!" 아들은 물가에서 튀어나온 생선처럼 경련을 일으켰다. 팔다리가 기괴하게 휘는가 싶더니, 그대로 모든 움직임을 멈췄다. 어라? 이반 4세는 그제야 자기가 무슨 짓을 했는지를 깨달았다. 갑자기 목구멍에서 쇠 맛이 났다. 힘이 풀린 그는 더는 서 있지 못했다. 기어가듯 다가가서는 힘 빠진 아들의 머리를 잡고, 목을 세우고, 팔을 들어 올렸다. 아들을 때려잡고, 며느리를 죽기 직전까지 폭행하고, 뱃속 손주까지 없애버린… 망령 든 폭군. 그는 현실로 돌아왔다. 그제야, 그 지경이 되어서야.

일리야 레핀Ilya Repin이 〈이반 4세와 그의 아들〉을 통해 그 장면을 묘사했다. 이반 4세의 두 눈이 모든 걸 말해준다. 사백안이 된 눈동자에 담긴 감정은 공포와 절망, 좌절과 죄책감뿐이다. 그는 한 손으로 아들을 끌어안고, 또 다른 손으로 아들 머리에서 쏟아지는 피를 막고 있다. 입은 보이지 않지만, 머리털 한 올과 핏줄 한 가닥까지 비명을 내지르는 것처럼 보인다. 그저 어둡기만 한 옷, 여윈 몸과 쏙 들어간 볼, 송곳처럼 뾰족한 지팡이는 이반 4세가 그간 얼마나 예민한 삶을 살았는지 짐작하게끔 한다. 존재 자체가 공포스러웠기에 황제 아닌 뇌제雷帝·the Terrible라고 불린 사람. 그런 그도 처음부터 이렇게까지 끔찍한 사람은 아니었다.

의심과 불안에 갇히다

이반 4세를 아주 어릴 적부터 봐왔던 이들은, 그가 이처럼 답도 없는 늙은이가 될 줄은 상상하지 못했다.

이반 4세는 1530년 모스크바 대공국의 대공 바실리 3세Vasili III와 그의 계비(두 번째 아내) 엘레나 글린스카야Elena Glinskaya 밑에서 장남으로 태어났다. 아버지는 말과 글을 빠르게 익힌 이반 4세를 무척 아꼈다. 국가의 법과 제도를 재정비할 학자형 지도자가 나왔다고 본 것이었다. 하지만 아버지가 패혈증으로 갑작스럽게 죽은 뒤부터 이반 4세는 '사랑둥이'가 되지 못했다.

이반 4세는 고작 세 살 나이로 대공 지위를 이어받았다. 그리고 곧장 암투와 음모, 배신과 협잡의 세계에 발을 담가야 했다. 하지만 어린 나이에 뭘 할 수 있겠는가. 자리에 오르자마자 궁중은 권모술수의 장으로 변했다. 일단은 어머니가 섭정攝政·군주가 직접 통치할 수 없을 때 대신 다스리는 행위을 맡았다. 이반 4세는 곧 그런 어머니와 죽은 아버지의 형제, 즉 삼촌 사이의 권력 다툼을 봐야 했다. 어머니가 삼촌과 그의 지지 세력에게 사형을 선고하는 장면 또한 목도해야 했다. 그리고 얼마 안돼 이반 4세는 어머니와 보야르최고위 귀족들의 국정 주도권 싸움도 봐야 했다. 어머니도 그렇지만 귀족들은 더더욱 간사하고 주도면밀했으며, 겉과 속이 달랐다.

그러던 어느 날, 어머니가 갑작스럽게 죽었다. 가장 먼저 돈 소문은 귀족 무리가 그녀를 독살했다는 내용이었다. 이때 이반 4세는 고작 여덟 살이었다. 벌써 피비린내에 절여진 이반 4세는 맹세했다. 힘을 기를 것. 잔인해질 것. 또… 항상 모든 일을 의심할 것. 광기의 씨앗은 이때부터 움틀 수밖에 없었다.

권력을 쥔 귀족 일당이 이반 4세를 살려두고, 여전히 대공직에 둔 이유는 단순했다. 무언가 꼬였을 때 희생양으로 둘 얼굴마담이 필요하다는 생각에서였다. 귀족들은 저들끼리 있을 때는 이반 4세를 길거리 꼬마처럼 대했다. 얼굴을 비춰야 할 행사가 없는 날이면 이반 4세는 첨탑에 갇혀 있어야 했다. 영민한 그는 매 순간 정신을 붙잡고 있었다. 그리고 13살이 된 1543년 12월에 생을 걸고 일을 벌였다. 결전의 날, 이반 4세는 궁 곳곳에 몇 안 되는 시종을 숨겼다. 그런 다음 형식상 대공이 참석해야 하는 연말 회의장에 들어섰다. 귀족들은 역시나 그를 본체만체하고 싸움이나 하고 있었다.

"목소리를 낮추세요!"

이반 4세가 입을 열었다. 당시 귀족 중에서도 실세였던 안드레이 슈이스키Andrey Shuysky가 콧방귀를 뀌었다. 그런 뒤 다시 목소리를 높여 상스러운 말을 쏟아냈다. 이반 4세는 앉은 자리에서 일어서 안드레이에게 다가갔다. "당신은 대공을 깔보고 무시했습니다. 그렇지요?" "하! 오늘따라 왜 그러십니까?" "고로, 제가 대공의 자격으로 여기 있는 모든 이에게 명령합니다. 반역자인 이 사람을 죽이시오!" 이반 4세의 목소리가 회의장에서 선명히 울렸다. "제 말이 들리지 않습니까? 그러면 시종을 시키지요. 저는 정당한 권한을 행사하는 겁니다!" 숨어 있던 시종들이 이 상황을 기다렸다는 듯 문을 박차고 들어왔다. 이들은 얼어버린 안드레이를 끌고 갔다. 그러고는 굶주린 사냥개가 있는 우리로 걷어차 버렸다.

"그래서…. 회의 안건이 무엇이었지요?" 이반 4세가 다시 말을 꺼냈다. 밖에서는 맹견이 무언가를 으드득 씹어먹는 소리만 들렸다. 이반 4세가 이 일을 15살 께, 회의 아닌 식사 중 벌였다는 말도 있다. 어쨌든 이반 4세는 이 사건으로 귀족들을 단박에 휘어잡을 수 있었다. 귀족들 입장에서는 패착이었다. 이반 4세가 가진 고유 권한을 무시한 채, 그를 말 잘 듣는 노리개로만 보고 방심한 것이었다.

이반 4세는 이렇게 쥔 주도권을 놓지 않았다. 그는 탐욕스러운 최고위 귀족에게 불만이 큰 드보랸지방귀족을 우군으로 만들었다. 그 사이 수완 좋은 상인층도 구슬렸다. 힘은 나날이 커졌다. 이반 4세는 1547년, 동로마 제국 황제의 대관식을 본떠 자신의 대관식도 치렀다. 그사이 정적과 반대파의 목은 착실히 날렸다. 이때가 17살이었다. 악마를 몰아내기 위해 악마가 된 사람, 그가 이반 4세였다.

뜻밖의 개혁군주

그렇게 키를 쥔 이반 4세가 통치는 잘했을까? 어릴 적부터 보고 당했기에 얻은 광기의 소용돌이, 뿌리 깊은 불안과 의심의 싹을 통제할 수 있었을까?

의외로 가능했다. 이는 이반 4세가 초기에는 치세를 펼쳤다는 뜻이다. 일단 그는 그간 행보로 증명했듯, 결단력과 추진력이 있었다. 그의 아내인 아나스타샤 로마노브나Anastasia Romanovna도 든든한 우군으로 나서주었다. 그녀는 이반 4세가 황제에 오른 후 결혼한 명문가 여인으로, 수시로 발작하는 이 남자를 순한 양으로 둘 수 있는 유일한 사람이었다.

이반 4세는 스스로를 개혁 군주로 칭했다. 그는 1550년에 젬스키 소보르전국 회의를 열었다. 러시아 역사상 첫 사례였다. 성직자와 지방 귀족, 상인과 수공업자 등 각계각층 대표가 나선 이 회의에서 국가 안건을 결정하기 시작했다. 그렇게 최고위 귀족의 힘을 더욱 뺄 수 있었다. 이들을 향한 복수심에 따른 일이기도 했겠지만, 이반 4세가 전국 회의를 열면서 얻는 이점은 기대 이상이었다. 고여버린 최고위 귀족의 부정부패를 막고, 더욱 입체적인 정책도 내놓을 수 있었다.

이반 4세는 정복 사업도 착실하게 이끌었다. 1552년에 카잔 칸국, 1556년에는 아스트라한 칸국을 정복했다. 이를 통해 제국 영토를 대폭 확장했다. 빅토르 바스네초프Viktor Vasnetsov가 위엄에 찬 이반 4세의 모습을 상상해 그

❖ 빅토르 바스네초프, 이반 뇌제(이반 4세), 1897, 캔버스에 유채, 247x132cm, 트레티야코프 미술관

렸다. 뚜렷한 이목구비는 쪼그라든 얼굴 틈에서도 존재감을 보인다. 째려보는 눈과 꽉 다문 입술, 화려한 문양의 금빛 털옷과 검은 지팡이에서는 황제로서의 힘과 권력을 직감적으로 느낄 수 있다. 1550년대에 그는 20대로 이렇게까지 늙지 않았겠지만, 어릴 적부터 이어진 비극과 신경증이 그의 몸 곳곳에 때 이른 주름

살을 만들었을 것이다. 국민은 나라 안팎에서 성과를 내는 그를 뇌제라고 부르기 시작했다. 우리 편일 때는 든든하고, 적일 때는 무서운 존재라는 뜻이었다. 하지만 그는 곧 우리의 빛나는 군주에서, 우리에게도 벼락처럼 두려운 폭군으로 변한다.

폭주하는 '뇌제'

"내 아내를 데려간 신은 잔인하고, 분별이 없었다. 앞으로는 나도 그렇게 하겠다."

이반 4세의 울컥함을 다독일 수 있는 유일한 이, 언제나 현명한 조언을 건넨 최측근이던 그의 아내가 요절했다. 1560년, 고작 30살이었다. 이반 4세는 세상이 무너지는 고통을 겪었다. 왜 또 불행인가. 광기를 누르고 착실히 살았건만 또 이런 일이 벌어지는 건가. 이반 4세는 이때부터 자해를 시작한다. 정확히는 제 몸과 다름없다고 한 제국과 국민에게 고통을 가한다.

이반 4세는 망상이 뒤룩뒤룩 살을 찌우도록 방치했다. 그는 자신이 찍어누른 최고위 귀족의 잔당이 아내에게 독약을 먹였다고 생각했다. 이에 앙심을 품고 귀족들을 척살하기 시작했다. 의심의 망은 계속 촘촘해져, 처형 명단에 그의 최측근과 추종자까지 올라올 지경에 이르렀다. 살아남은 귀족들은 이 학살을 더는 지켜볼 수 없었다. 1564년, 이들이 모여 황제의 축출 방안을 의논하던 그때…. 이반 4세가 갑자기 사라졌다.

이제는 어디로 튈지 모를 편집증에 사로잡힌 미친 황제지만, 그럼에도 그는 여전히 기민했다. 클라브디 레베데프^{Klavdy Lebedev}가 그린 〈이반 4세〉에 까다롭고 예민하고 신경질적인 면모가 잘 보인다. 그는 두통이 심한 듯 손으로 이마를 덮고 있다. 하지만 이런 상황에도 두 눈만큼은 여전히 날카롭다. 그는 이런 눈빛으

❖ 클라브디 레베데프, 이반 4세, 19세기경, 캔버스에 유채, 크기 및 위치 불명

로 늘 갖은 수를 짜고, 이를 위해 포석을 깔았다. 귀족들의 작당모의를 눈치챈 이반 4세는 선수를 쳤다. 몰래 모스크바에서 빠져나와서 몸을 옮긴 곳은 95킬로미터가량 떨어진 북쪽 마을, 알렉산드로프였다. 이반 4세는 모스크바로 편지 두 통을 썼다. 한 통은 귀족들이 나를 무시해서 통치를 제대로 할 수 없다는 내용이었다. 다른 한 통에는 민중을 변함없이 사랑하고 아낀다는 문장이 담겼다. 이 편지

❖ 미하일 클로트, 이반 뇌제와 그가 죽인 희생자들의 그림자, 19세기경, 캔버스에 유채 등, 27x39cm, 스타브로폴 미술관

가 여론을 움직였다. 이반 4세는 피해자, 귀족 무리는 적폐이자 가해자로 낙인찍혔다. 이반 4세는 두 가지 조건과 함께 의기양양하게 돌아올 수 있었다. 첫째, 황제만이 반역자를 골라내고 처벌하는 권한을 갖는다. 둘째, 황제도 개인 영지를 가질 수 있도록 하는 오프리치니나^{황실령} 제도를 도입한다.

날개를 단 이반 4세의 숙청은 멈출 줄 몰랐다. 이제 이반 4세의 손발은 검은 제복 차림에 검은 말을 탄 이른바 '검은 기사단'이 맡았다. 말 안장에 개 머리와 빗자루를 달고 다닌 이 부대의 이름은 오프리치니키^{황실친위대}였다. 6,000명 규모의 이들은 어느 순간부터 비밀경찰 역할을 자처했다. 누구든 황제를 비방하면 죽이고, 수상한 일을 하면 죽이고, 그냥 마음에 들지 않아도 죽이는 식이었다. 앞서 이반 4세는 오프리치니나 제도로 넓은 규모의 개인 토지를 가질 수 있었다. 그는 이 땅을 지켜야 한다며 친위대를 꾸렸는데, 그게 바로 오프리치니키였다. 즉, 모든 게 이반 4세의 노림수였다. 그가 무턱대고 개인 땅을 달라고 고집한 데는 이유가 있었다. 사실은 이를 통한 친위대 창설까지 염두에 두고 있었던 것이다.

수년간 진한 피 맛을 본 이반 4세는 예전으로 돌아가지 못했다. '황제는 신에게 하사받은 노예를 자기 뜻대로 부릴 수 있다. 황제가 불의한 일을 행한다고 해도 이에 복종하지 않는다면 중죄를 범하는 것이다.(…)' 폭주한 이반 4세는 이런 글도 썼다. 나이를 먹을수록 그가 품은 광기의 씨앗 또한 더 깊이 뿌리를 내렸다. 미하일 클로트Mikhail Klodt가 당시 이반 4세가 겪었을 편집증을 시각화했다. 이반 4세가 죽인 모든 이가 유령이 되어 그에게 찾아왔다. 병사와 성직자, 여성에 심지어 어린아이까지 그를 향해 손가락질한다. 머리를 감싼 이반 4세는 곧 소리 지르고, 발버둥 치고, 베개와 이불을 들고 마구 휘젓기도 할 것이다. 그러나 인간은 저 혼자서는 강박과 환영을 이길 수 없다. 정신이 피폐해지고, 또 누군가를 의심하는 악순환이 이어졌을 것이다. 그러다 결국….

삶을 놓아버렸다

"어쩌다 이런 일이…!"

신하가 짐승 소리 같은 통곡을 듣고 달려왔다. 말문이 턱 막혔다. 공포에 질린 이반 4세, 피투성이가 된 황태자, 나뒹구는 쇠지팡이…. 신하는 무슨 일이 벌어졌는지를 곧장 짐작할 수 있었다. 황태자를 둘러업고 달렸지만 때는 늦었다. 황태자는 사흘 뒤 사망했다. 뱌체슬라프 슈바르츠Vyacheslav Shcwarz가 이반 4세, 그리고 그의 만행으로 정신을 잃은 황태자를 함께 화폭에 담았다. 이반 4세는 바람 빠진 풍선 같다. 머리에 붕대를 두른 황태자는 막 사망 판정을 받은 것으로 보인다. 이반 4세는 추도문을 읽는 소리, 소문을 전해 들은 사람들의 수군거림을 들을 수 없었을 것이다. 넋이 나간 그가 느낄 수 있는 건 공허함밖에 없을 터였다.

이반 4세는 그 뒤로 모든 일에 흥미를 잃었다. 아들이 죽고 3년이 흐른 1584년, 그 또한 갑작스럽게 삶을 마감했다. 향년 54세였다. 그의 생이 심상치 않았듯, 죽음을 놓고도 전설 같은 이야기가 전해진다. 죽기 얼마 전, 이반 4세가 점

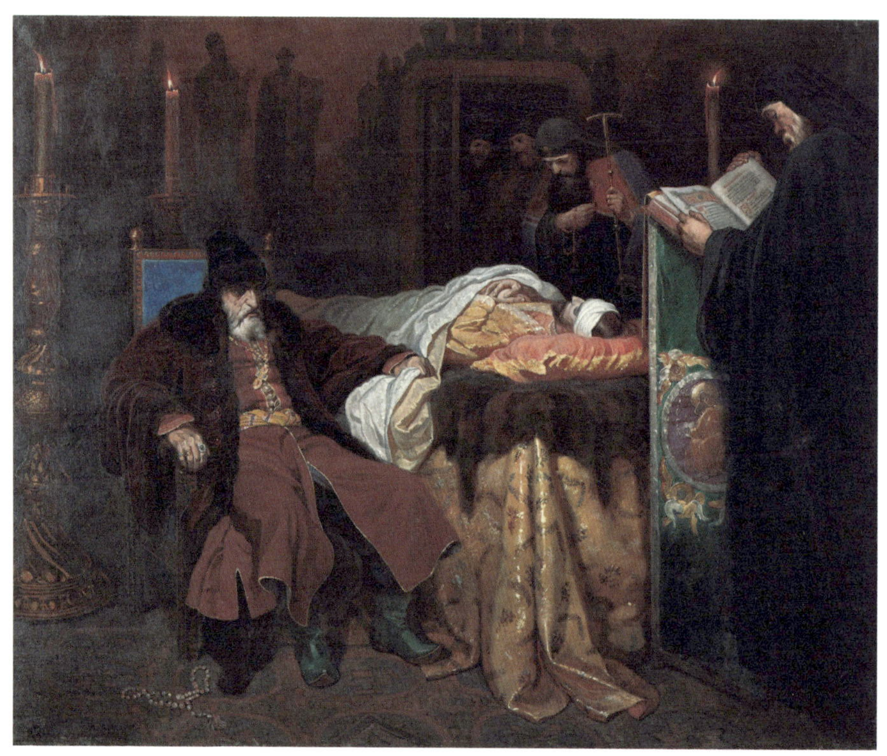

❖ 뱌체슬라프 슈바르츠, 자신이 살해한 아들의 시신 곁에 있는 이반 뇌제, 1864, 캔버스에 유채, 71x89cm,
트레티야코프 미술관

성술사를 불러 자기가 언제 죽을지를 물었다. "올해 3월 18일에 승하하실 것입니다." 이 말을 들은 이반 4세는, 그날 예언이 이루어지지 않으면 점성술사를 불구덩이에 넣겠다고 소리쳤다. 점성술사가 짚은 그날, 이반 4세는 체스를 두겠다며 체스판을 가져오게 했다. 그가 말을 잡으려는 순간 발을 헛디뎌 거꾸러졌고, 그대로 숨졌는 이야기다. 이 밖에 측근의 여동생을 겁탈하려다가 목이 졸려 죽었다는 식의 이야기도 있다.

'방황하는 벼락'은 그제야 잠잠해질 수 있었다. 어떤 면에선 안타깝고, 또 어떤 면에선 전혀 안타깝지 않은 삶이었다.

일리야 레핀(1844~1930)

러시아 역사상 최고 화가 중 한 명으로 꼽히는 인물. 추구예프에서 태어나 핀란드의 쿠오칼라에서 사망했다. 당시 러시아 사회의 모습을 대담한 사실주의 화풍으로 그렸다. 인물 내면의 심리 묘사도 탁월했기에, 그 시절 왕족과 귀족 대부분이 그의 초상화 모델로 나서기도 했다. 대표작은 〈아무도 기다리지 않았다〉〈볼가강의 배 끄는 인부들〉〈1901년 5월 7일 국가 의회 100주년 기념 회의〉 등이 있다. 안톤 체호프는 "러시아사에 예술가 딱 셋을 꼽는다면 문학은 톨스토이, 음악은 차이콥스키, 미술은 레핀"이라는 말도 했다.

빅토르 바스네초프(1848~1926)

러시아 키로프주에 위치한 외딴 마을 로피얄에서 출생해 모스크바에서 사망한 화가. 러시아 신화와 역사, 민담의 결정적 장면을 화폭에 잘 녹이는 것으로 유명했다. 그림뿐 아니라 건축과 디자인, 무대 장식 등에서도 출중한 재능을 보였다는 평을 받는다. 일리야 레핀과도 친한 사이였다. 대표작으로 〈3용사〉〈야료누시카〉〈회색 늑대에 올라탄 이반 왕자〉 등이 있다. 빅토르 바스네초프와 함께 동생이자 화가 겸 미술 평론가였던 아폴리나리 바스네초프의 이름은 우주에서도 찾아볼 수 있다. 1978년 천문학자 루드밀라 주라블레바가 한 소행성을 찾았는데, 거기에 3586 바스네초프라는 이름을 붙인 것. 그만큼 바스네초프는 러시아 국민에게 많은 사랑을 받고 있다.

참고 자료　○ 세계를 뒤흔든 광기의 권력자들, 김상운, 자음과모음

　　　　　　○ 제왕열기, F.E.A.R. 들녘

　　　　　　○ 명화로 읽는 러시아 로마노프 역사, 나카노 교코, 한경arte

10.
혼미한 방랑 기사의 반전

귀스타브 도레,
돈키호테 삽화(돈키호테의 탄생)

1605년,
돈키호테가
세상에 등장했다

"나를 기사 돈키호테 데 라만차 Don Quijote de La Mancha 라고 부르라."

앙상한 몸과 얼굴의 시골 귀족인 알론소 키하노 Alonso Quijano 가 방 한편에서 이렇게 말한다. 출정식에 선 양 결연한 모습이지만, 이 선언을 들어주는 건 쥐와 거미밖에 없다. 알론소, 그러니까 이젠 돈키호테가 된 그의 기행奇行은 여기서 멈추지 않았다. 진짜 방랑 기사가 돼 모험 길에 오른 것이다. 기사 문학에 흠뻑 취한 그의 머릿속에는 동료와 공주, 용과 예언자, 마법의 숲과 전설의 무기만이 가득하다. 비루한 현실 따위 신경 쓸 가치도, 겨를도 없다. 이 50대의 방구석 촌뜨기는 로시난테 Rocinante 라는 이름의 말도 타고 다닌다. 다만 녀석은 늠름한 명마가 아닌 곧 쓰러질 듯 늙고 마른 작은 말이다. 그의 뒤에는 종자까지 따라붙는다. 그는 농부 출신의 순진한 산초 판사 Sancho Panza . 하지만 산초 또한 모험에는 큰 관심이 없다. 유명 기사가 되면 총독으로 만들어주겠다는 돈키호테의 제안만 거듭 곱씹을 뿐이다.

탁.

미겔 데 세르반테스Miguel de Cervantes가 펜을 내려놓았다. "음…. 여기까지는 좋아." 그는 메모를 멈춘 후 혼잣말을 이어갔다. "그리고…. 돈키호테 필생의 꿈은 분명하게 할까? 정의를 이룩하는 영웅에 오르는 것. 그래, 그게 좋겠어. 물론, 남들은 볼품없는 돈키호테 군단을 바보들의 행진으로만 보게끔 하자. 또 가장 중요한 것. 돈키호테는 무슨 일을 겪든 꿈을 향해 나아가게 할 거야. …우리네 인생과는 다르게 말이야." 세르반테스는 이 중얼거림을 끝으로 잠시 소설 구상을 멈췄다. 구부정했던 허리를 폈다. 젊은 시절 총알이 박혔던 가슴이 쑤셨다. 마비된 왼팔은 늘 그랬듯 눈치 없이 덜렁거렸다. 배가 고팠다. 저녁 시간이었다. 곧 음식이 들어올 터였다. 그래봤자 마른 찌꺼기 같은 게 들어오겠지만, 여기서는 그조차도 소중했다.

이토록 기발한 인물의 탄생

1597년, 세르반테스는 스페인 세비야 인근의 감옥에 있었다. 그의 직전 직업은 세금 징수원이었다. 어느 날 뜬금없이 나랏돈을 빼돌려 썼다는 누명을 썼다. 그 결과가 지금의 모습이었다.

당연한 말이지만, 세르반테스가 감옥에서 할 수 있는 건 많지 않았다. 그는 지난 삶을 돌아봤다. 파란만장했던 시절이 스쳐 지나갔다. 그러고 보면 세상은 그를 한시도 가만히 두지 않았다. 날마다 고비였고, 매 순간이 위기였다. 그사이 꿈 많던 소년은 50줄에 닿은 기력 쇠한 중년이 돼버렸다. 삶은 매번 어긋날 수밖에 없는가. 이렇게 나이를 먹고도 그저 눈물겹고, 서글프고, 처연하고, 끝없이 아쉽기만 하다면 살아가는 이유는 무엇인가. 세르반테스는 생의 모순을 생각했다. 간절히 바랄수록 외려 멀어지는 세상살이의 비합리성을 고민했다. 만약 스스로를

❖ 귀스타브 도레, 돈키호테 삽화(그의 책에서 뽑아낸 무결점한 관념의 세계가 그의 앞 눈앞 속으로 펼쳐졌었다), 1863

부조리로 무장한 이가 인생의 부조리에 계속해 맞선다면 무슨 일이 생길까? 천 착의 도착점이었다. 그가 답도 없는 고집불통 남자, 돈키호테를 상상하게 된 이 유였다. 그나마 다행히도 옥살이는 길지 않았다. 출소한 세르반테스가 가장 먼저 한 건 글쓰기였다. 갇혀 있던 내내 간수에게 쪽지를 얻어 쓴 문장을 한데 모으는 일이었다. 무슨 바람이 불었는지, 그는 글을 엮고 다듬는 데만 몇 년을 쏟아부었 다. 그리고 1605년, 이를 엮어 책으로 출판했다. 제목은 《라만차의 기발한 신사 돈 키호테El ingenioso hidalgo don Quijote de la Mancha》였다. 이때 세르반테스의 나이는 58살이었다.

그림 속 나뭇가지처럼 비쩍 마른 인간은 분명 보통은 아닌 것처럼 보인다. 그 는 한껏 들뜬 얼굴로 책을 읽고 있다. 그것은 용사가 악당을 물리치고 공주를 구 한다는 식의 기사 문학이다. 마구잡이로 널려 있는 책 또한 그가 읽었거나 곧 읽 을, 같은 종류의 책일 것이다. 사실 그를 둘러싼 전사와 용, 공주와 도마뱀, 성직 자와 정령 또한 글을 읽고 떠올린 상상일 터였다. 얼마나 많이 읽고 얼마나 긴 세 월 망상에 빠졌는지, 온갖 드라마가 펼쳐져 있다. 그 꼴이 웃기고, 한심해 보이는 한편 측은한 마음도 들게 한다. 이는 훗날 귀스타브 도레가 세르반테스의 이 책 을 읽고 그린 삽화 중 한 점이다.

무려 이런 '기발한' 자가 기사의 꿈을 이루기 위해 길을 나선다. 범인凡人과 달리 예기치 못한 난관, 운명의 장난 같은 시련 따위 뻥뻥 걷어차고 전진할 게 분 명하다. 그런데 세르반테스가 그저 심심풀이로 만든 게 아닐까 하는 생각까지 드 는 이 괴짜는, 의외로 오랜 시간 사회에 진한 깨달음을 준다.

돈키호테 작가, 원래 군인이었다?

《돈키호테》 창시자인 세르반테스의 삶은 짐작할 수 있듯 쉽지 않았다. 눈앞 에 신이 있다면 쫓아가 따지고 싶을 만큼 갖가지 고초를 겪었다. 희망과 절망을 담은 컵으로 야바위를 할 때면 기가 막히게 절망만을 뽑아내는 행보를 거듭 보였다. 그래서였을까, 그는 중년에 접어든 이후 꿈을 흘트린 채 흘러가는 대로 살고 있었다.

세르반테스는 1547년 스페인 카스티야에서 출생했다. 아버지는 의사였는데 경제적 수완은 없어 빚을 감당하지 못했다. 결국 온 집안을 파산으로 몰았다. 세르반테스는 이 여파로 어릴 적부터 떠돌이처럼 살았다. 틈나는 대로 책을 읽었지만 세비야, 마드리드 등 유랑을 이어간 탓에 정규 교육은 받지 못했다. 이런 와중에도 삶을 개척하고자 고군분투한 적이 있었다. 하지만 운명의 여신은 그가 그럴 때마다 꼴을 봐줄 수 없다는 양 가혹하게 굴었다. 결정적 순간마다 매번 고꾸라지게 만들었다.

세르반테스가 스스로 군복을 입었을 때도 그랬다. 세르반테스는 애국심, 그리고 부와 명예를 향한 열망을 안고 레판토 해전에도 직접 참전했다. 이는 1571년, 스페인과 베네치아 공화국 중심의 신성 동맹(기독교 동맹)이 오스만 제국 주축의 이슬람 세력을 격파한 전투다. 지중해의 영향력을 걸고 붙은 만큼, 규모와 의의 모두 큰 혈전이었다. 동시대 유명 화가 파올로 베로네세^{Paolo Veronese}가 신성 동맹의 승리에 〈레판토 해전의 알레고리〉와 같은 대작을 그릴 정도였다. 구름 위 기독교 천사와 성인^{聖人}들은 치열한 교전 속 오직 신성 동맹 측에만 축복을 내릴 것처럼 보인다. 레판토 해전을 위대한 성전으로 표현한 것이다. 세르반테스는 이러한 대전에서 목숨 걸고 싸웠다. 나름대로 공도 세웠다. 하지만 전장을 뛰어다니는 동안 가슴에 총도 맞았다. 더 치명적인 건 왼손에 깊이 박힌 총알이었다. 가슴의 상처는 치료할 수 있었지만, 너덜너덜해진 왼손은 그러지 못했다. 평생 한쪽 손을 쓸 수 없는 처지에 놓였다. 전쟁 영웅이 되고자 한 꿈이 산산이 부서지는 순간이었다. 그는 후유증만 안고 퇴역했다. 이때가 1575년, 28살 나이였다.

군복을 벗은 삶도 쉽지 않았다. 민간인이 된 세르반테스는 고향으로 향하는 배에 올랐다. 아직 젊었다. 뭘 배우든, 새롭게 일을 벌이든, 있는 힘껏 나설 생각이었다. 그런데 그가 탄 배가 엿새 만에 해적선의 습격을 받았다. 졸지에 포로로

❖ 파올로 베로네세, 레판토 해전의 알레고리(우화), 1571, 캔버스에 유채, 169x137cm, 베네치아 아카데미아 미술관

붙잡힌 그는 알제리까지 흘러가 버렸다. 해적들은 세르반테스에게 말도 안 되게 비싼 몸값을 매겼다. 그의 가족이 도저히 감당할 수 없는 수준이었다. 세르반테스는 네 차례 탈출을 시도했지만 번번이 막혔다. 이를 딱하게 본 동포들이 돈을 대신 내주고서야 겨우 풀려났다. 그사이 또 5년이 흘러가 있었다. 이제 더는 젊다고 할 수 없었다.

다시 조국 땅을 밟은 세르반테스가 얻은 직업은 세금 징수원이었다. 그사이 짬을 내 소설 등 몇 권의 책을 썼다. 이 또한 큰 반향을 일으키지는 못했다. 그래서 그는 이 무렵부터 단조로운 삶을 택했다. 일어설 때마다 어퍼컷을 맞은 탓인지, 아예 일어서는 법 자체를 잊은 채 살게 된 것이었다. 그런데 또 억울하게 징역형이라니…. 생의 부조리에 서러움이 차오를 때면 그는 감옥 창살을 잡은 채 짐승처럼 울었다. 세르반테스는 현실의 꿈을 접는 대신, 어떤 불가해한 사건에도 꿈만큼은 부여잡는 초인을 상상하기 시작했다. 돈키호테는, 알고 보면 이처럼 깊고 깊은 수렁에서 퍼 올려낸 존재였다.

'대박' 베스트셀러가 되다

"쯧쯧, 저 사람 말일세. 미쳤거나, 그게 아니면 《돈키호테》를 읽는 모양이야!"

당시 스페인 왕이었던 펠리페 3세 Philip III 는 시찰 중 길에서 실성한 듯 웃어대는 남자를 보고 이렇게 말했다. 세르반테스의 《돈키호테》는 국가 수장이 알고 있을 만큼 흥행했다.

무엇보다도 재미있었다. 책에서는 돈키호테의 다소 어이없는 영웅담이 이어졌다. 가령 돈키호테가 갑자기 서른 명 넘는 거인이 보인다며 전투태세를 갖춘다. "산초야, 나는 저 악의 씨를 뽑아 없애버릴 것이다!" 비장한 표정으로 그가 보고

❖ 요한 바티스트 츠베커, 돈키호테, 1854, 캔버스에 유채, 71x91cm, 개인 소장

있는 건, 빙글빙글 돌아가는 풍차였다. 돈키호테는 기어이 풍차로 돌진하다 날개에 걸어차여 내동댕이쳐지는 바람에 크게 다친다. 그런가 하면, 또 정신을 못 차리고 이번에는 양 떼를 보고 적의 군대라며 달려든다. 그는 양치기가 던진 돌에 어금니와 손가락, 갈비뼈까지 날아간 채 사실상 대人자로 뻗는다. "아이고, 주인님! 제가 뭐랬습니까?" 산초가 토로한다.

사람들은 이런 대목에서 요한 바티스트 츠베커Johann Baptist Zwecker의 〈돈키호테〉 같은 장면을 떠올렸다. 사명감에 찬 돈키호테와 만류하는 산초, 난데없는 습격에 봉변당한 양들과 돌팔매질하는 양치기…. "얼빠진 기사의 기가 막힌 행보구먼!" 모두가 배를 잡고 킬킬거렸다.

그러나 책의 쓸모는 단지 웃긴 소설에서 그치지 않았다. 독자들은 읽을수록 쌉쌀한 뒷맛을 느낄 수 있었다. 돈키호테는 확실히 미친 사람이었다. 하지만 죽을 만큼 두들겨 맞고도, 조롱이란 조롱은 다 당하고도 꿈만큼은 포기하지 않았다. 가령 풍차에 걷어차인 돈키호테가 "마법사 놈이 거인을 풍차로 둔갑시킨 게 맞다!"며 꺾이지 않는 모습, 양치기의 돌팔매에 얻어맞은 그가 "내 영광을 시샘한 마법사가 또 적의 군대를 양 떼로 변장시킨 게 확실해!"라며 끝내 무너지지 않는 장면에는 유머 이상의 여운이 있었다. 사람들은 이 대목에서 자기 삶을 곱씹었다. 언젠가부터 결기를 잊은, 잠깐의 큰 충격에 세상과 타협한 지난날을 비춰볼 수 있었다.

때마침 암울한 시대였다.《돈키호테》가 막 구상되고 있을 무렵, 스페인은 '황금시대'로 불린 전성기를 거쳐 조금씩 기울고 있었다. 결정적 계기는 1588년에 발발한 칼레 해전이었다. 펠리페 3세의 아버지 펠리페 2세의 스페인과 '해적 여왕' 엘리자베스 1세 Elizabeth I 의 잉글랜드 사이에 벌어진 결전이었다. 해양 패권을 꽉 잡았던 스페인의 '무적함대'가 허망하게 무너진 사건이었다. 스페인 국민은 예상하지 못한 비보에 충격을 받았다. 엎친 데 덮친 격으로 경제도 계속 불안정해졌다. 펠리페 2세 통치 시기에만 네 차례에 걸쳐 국가 파산 선고가 있었을 정도였다. 여기에 세기말 특유의 칙칙한 감성도 더해졌다. 그사이에 왕은 바뀌었지만, 시간이 더 흐른들 옛 영광은 찾아오지 않을 것처럼 보였다. 그래서 모두가 한숨만 내쉬고 있었다. 얻어터질지언정 물러서지 않는 돈키호테의 천방지축 모험담은 그런 이들에게 신선한 자극이 될 만했다. 매일 나가떨어지면서도 "낫지 않는 상처는 없다"고 하고, 산초에게는 "쉽게 임금이 되면 값어치가 없는 법이다"라고 다독이는 데서 사람들은 뜻밖의 위로도 받았다.

"(가문은) 중요하지 않다. (어떤 가문이든) 기사가 될 수 있다. 사람은 자기 노력으로 자기 혈통을 만드는 법이야!"

질곡의 삶을 산 세르반테스는 돈키호테를 통해 이런 말도 했다. 이것은 그 시절 잠언 같은 문장이었다. 이처럼 재미있고, 여운 남고, 위로와 생각할 거리도 함께 건네는 책. 팔리지 않을 이유가 없었다. 세르반테스의 삶도 이 덕에 비로소 꽃 피우는가 했지만….

가짜 속편까지 등장

세르반테스는 유명해졌지만, 그의 인생은 여전히 쉽지 않았다. 세르반테스는 《돈키호테》를 쓸 당시 여러 곳에 빚을 지고 있었다. 급한 불부터 끄기 위해 그는 《돈키호테》의 저작권을 출판사에 일찌감치 넘겼다. 이렇게까지 흥행할 줄 모르고 내린 결정이었다. 《돈키호테》는 당시 인쇄술로는 감당하지 못할 만큼 빠른 속도로 팔렸다. 1605년 출간 후 얼마 안 돼 팔린 양만 수만 부였다고 한다. 하지만 세르반테스는 여전히 곤궁했다. 계약은 계약이었다. 그 어떤 후광도 제대로 누릴 수 없었다. 외려 출판 직후에는 그와 가족 모두 살인 사건에 휘말려 또 체포된 기록만 있다. 이런 불운의 굴레 속 말년의 세르반테스를 가장 분노하게 만든 일은 따로 있었다. 가짜의 등장이었다. 《돈키호테》가 세상 빛을 보고 몇 년 후, 한 친구가 그를 찾아왔다. 세르반테스는 친구가 건넨 책을 보고 분노했다. 그것은 그가 쓴 적도 없는 《돈키호테 2부》였다. 자기도 모르는 새 속편이 나와 팔리고 있는 것이었다.

세르반테스는 남은 생을 진짜 《돈키호테 2부》를 쓰는 데 쏟기로 마음먹었다. 그만의 사유, 그만이 쓸 수 있는 문장은 그사이 또 겪은 여러 불행을 에너지로 삼아 더욱 농익어 있었다.

1615년 마침내 선보인 《돈키호테 2부》에서 세르반테스는 또 한 번 꿈을 이야기했다. 돈키호테는 여전히 무모하게, 늘 그랬듯 우스꽝스럽게 모험을 이어간다. 그런 돈키호테를 보다 못한 고향 마을의 학자 산손 카라스코^{Sansón Carrasco} 가 그를 데려가려고 한다. 산손은 '백월(은빛 달)의 기사'로 위장해 돈키호테와 맞붙는

❖ 로버트 스머크, 두 번째 출격을 끝낸 후 집에 있는 돈키호테, 18~19세기경, 캔버스에 유채, 55.3x46.4cm, 내셔널 갤러리

다. 자기가 이기면 군말 없이 고향에 돌아가라고 명령한다. 깨뜨릴 수 없는 맹세를 건 기사들 사이 결투 문화를 이용한 것이다. 산손은 우여곡절 끝에 돈키호테를 이긴다. 돈키호테는 어쩔 수 없이 고향으로 돌아간다. 그런데, 이 대목부터 놀라운 일이 벌어진다. '패배한 돈키호테는 모든 사물을 더 이성적으로 바라보곤 했다'는 책 속 문장처럼, 돈키호테는 순식간에 평범한 모습을 되찾는다. 그는 "나는 돈키호테가 아니라 예전 '선한 자'로 불린 알론소 키하노"라고 말하는가 하면, 심지어 "한때는 광인이었지만, 이제 제정신을 찾았다"는 선언까지 한다. 그리고… 돈키호테, 다시 알론소가 된 그는 곧 죽음을 맞는다. "다시 모험을 떠나자"는 산초의 호소를 뒤로한 채 시름시름 앓다 생을 마감한다.

집으로 돌아온 돈키호테는 로버트 스머크Robert Smirke의 그림 〈두 번째 출격을 끝낸 후 집에 있는 돈키호테〉 같은 모습이었을 것이다. 화폭 속 묘사처럼 장비들을 바닥에 내려놓은 채 시든 풀처럼 있었을 터였다. 오노레 도미에Honore Daumier의 〈돈키호테의 철야〉 속 자태 같은, 그런 꼿꼿한 자세의 돈키호테는 더는 볼 수 없었으리라.

세르반테스는 꿈만 좇던 혼미한 미치광이의 응당한 최후를 그린 걸까? 사실은 정반대였다. 돈키호테는 꿈을 버리자마자 생기를 잃는다. 그렇게 걷어차이고도 팔팔했던 몸과 마음 모두 급격하게 약해진다. 이상을 향해 나아갈 때는 불사신 같던 그가 허무하리만큼 쉽게 세상을 등진다. 그리고 결정적 대목도 있었다. 정확히는, 돈키호테는 죽지 않았다는 것이다. 죽은 건 현실로 돌아온 알론소일 뿐이었다. 즉, 부조리와 마주하고도 꿈을 꾸는 자는 죽지 않고, 부조리에 굴복해 꿈을 버린 자는 죽는다는 결말이었다. 세르반테스는 이 책을 읽는 모든 이가 계속 꿈을 품기를 바랐다. 당장 자기 삶도 그랬듯 위기는 늘 찾아오지만, 그럼에도 사람들이 이상을 버리지 않기를 기원했다. 이는 정신 차려보니 죽을 날만 기다리게 된 68살 작가의 깨우침이기도 했다. 《돈키호테 2부》는 전작 이상의 호평을 받았다. 철학과 작품성 등 모든 면에서 위작을 압살했다.

파란만장한 역사를 두른 세르반테스는 마드리드의 수도원에서 남은 생을 보냈다. 그곳에서 수도사가 돼 신앙생활에 힘을 쏟았다고 한다. 결혼은 했지만 아내 사이에 자녀는 없었다. 혼전에 유부녀와의 관계에서 얻은 딸이 유일한 혈육으로 알려져 있다. 세르반테스는 《돈키호테 2부》를 펴낸 다음 해인 1616년, 지병 악화로 숨을 거두었다. "나는 야망과 위선, 선물 받은 삶으로부터 도망치고 있소. 가장 좁고 어려운 길로 나만의 영광을 찾고 있소. 이게 어리석고 바보 같은가?" 세르반테스가 돈키호테의 입을 빌려 이렇게 말하는 듯하다. 그리고 우리는 여기에 대고 대답할 수 있을 것이다. 아니라고. 그것은 실로 위대한 일이라고.

귀스타브 도레(1832~1883)

동시대 가장 유명했던 프랑스의 천재 삽화가. 고작 15살 때 그린 삽화가 책에 찍혀 정식으로 출간될 정도였다. 16살에는 이미 프랑스에서 돈을 가장 많이 버는 삽화가가 돼 있었다. 미술 교육을 전혀 받지 않은 도레는 오히려 자기만의 개성을 살려 독보적인 입지를 다졌다. 덕분에 미겔 데 세르반테스 말고도 단테 알리기에리, 존 밀턴, 오노레 드 발자크, 에드거 앨런 포 등의 유명 작품에 삽화 작업을 할 수 있었다. 전성기 무렵 그의 작품이 들어간 책이 여드레마다 한 권씩 나왔다고 한다.

파올로 베로네세(1528~1588)

티치아노, 틴토레토와 함께 후기 르네상스를 대표하는 화가. 이탈리아 베로나에서 출생해 베네치아에서 죽은 그는 지금도 이른바 '위대한 베네치아 화가'로 칭해진다. 그는 웅장하고 현란한 분위기 속 광경을 딱 과하지 않을 만큼의 선을 지키며 표현할 수 있는 거장이었다. 극단적인 원근법 등 감상자의 몰입도를 높일 방법도 알고 있었다. 안니발레 카라치, 페테르 파울 루벤스, 안토니 반 다이크 등이 그의 영향을 받았다. 대표작으로 〈가나의 결혼식〉이 있다.

참고 자료 ○ 돈키호테, 미겔 데 세르반테스, 시공사

○ 돈키호테, 미겔 데 세르반테스, 열린책들

○ 돈키호테의 말, 안영옥, 열린책들

○ 돈키호테를 읽다, 안영옥, 열린책들

11.
임진왜란을 찾은 '검은 귀신'

김수운,
천조장사전별도

1598년,
임진왜란에 세상 처음 보는
용병이 출전하다

"제가 색다른 신병神兵을 보여드릴까 합니다!"

1598년 5월께, 조선 땅에서 정유재란丁酉再亂이 한창이던 무렵에 조선을 돕기 위해 온 명나라 장수 팽신고彭信古가 임금 선조宣祖에게 말했다. 당시 팽신고의 명 군은 한양도성 인근에 진을 치고 있었다. 여기서 잠깐 전열을 정비한 후 왜군이 활개 치는 남해안까지 갈 계획이었다. 선조는 그런 명군의 진지를 격려차 찾은 것이었다.

"그러시오. 그 신병은 어느 지방 사람인가?" 선조는 곧장 호기심을 보였다. "예, 호광湖廣·지금의 후베이성과 후난성 남쪽 끝에 있는 파랑국波浪國 사람입니다. 바다를 세 개나 건너야 호광에 이르는데, 조선과의 거리는 15만 리약 5만 9,000킬로미터 정도 됩니다. 이들은 조총도 잘 쏘고, 무예도 여럿 알고 있습니다!" 선조의 이런 모습 에 팽신고는 기다렸다는 듯 문장을 줄줄 읊었다. 자기가 거느리는 기인을 자랑할 기회를 맞아 들뜬 모습이었다.

"나오너라!"

고개 돌린 팽신고가 위엄 있는 목소리로 외쳤다. 무언가 짤랑짤랑하는 소리가 들리더니, 얼마 안 돼 거대한 검은 형상이 다가왔다. 선조와 팽신고 앞에 주뼛하게 선 병사는 분명 인간이었다. 하지만 확실히 처음 보는 생명체였다. 일단 머리와 팔다리, 몸통이 온통 까맸다. 조선의 보통 사람보다 훨씬 더 길쭉하고, 비교도 안 될 만큼 근육질이었다. 빨간 머리의 이들은 불에 그을린 성냥 내지 죽창처럼 보이기도 했다. '눈동자는 노랬다. 얼굴을 비롯해 몸 전체가 검은색이었다. 머리칼과 턱수염은 곱슬인데, 검은 양모처럼 짧게 꼬부라졌다. (…) 머리에는 한 필이나 되는 비단을 반도蟠桃의 형상처럼 올려놓았다.' 그때 《선조실록》을 쓰던 사관도 그 모습이 충격적이었는지, 첫인상을 자세히 기록해두었다. 덕분에 이 글을 통해 당시 등장했을 낯선 병사의 정체를 짐작할 수 있다. 이는 영락없이 흑인에 대한 묘사다. 팽신고가 선보인 신병의 정체는, 그 시절 조선에서 볼 수 없는 흑인 용병이었던 것이다.

해귀의 정체

"녀석은 일명 해귀 海鬼·바다 귀신라고 합니다. 바다 밑으로 잠수해 적선을 공격할 수 있지요. 그뿐입니까, 며칠간 물속에 있으면서 수중생물을 잡아먹을 줄도 압니다!"

팽신고는 허풍을 섞어가며 자랑을 이어갔다. "우리 같은 작은 나라에서 어떻게 이런 신병을 보겠소. 대인 덕택이니 황은皇恩이 아닐 수 없소. 이제 흉적을 섬

刑軍門

멸하는 날은 시간문제겠구려!" 선조 또한 그의 말에 호응했다. 팽신고는 이날뿐만 아니라 그 이틀 뒤에도 선조에게 해귀 무리, 즉 흑인 용병 셋을 소개했다. 이번에는 이들의 칼솜씨를 구경하게끔 판도 깔았다. 선조는 이날 행사도 마음에 든 모양이다. 무예를 보인 후 헐떡이는 흑인 용병단에 상으로 은자銀子 한 냥을 건넸다고 한다.

'(명나라군에는)해귀가 넷 있었다. 살찌고, 검고, 눈은 붉고, 머리카락은 솜털 같았다.'(조경남1570~1641,《난중잡록》) '해귀라는 자가 있었다. (…) 낯빛이 칠처럼 까맸다. 바다 밑으로 숨어 다니기도 했는데, 그 모습이 귀신같다고 해 해귀로 불렸다고 한다. 키가 큰 자도 있었는데 (…) 말을 타지 못하고 수레를 타고 다녔다.'(류성룡1542~1607,《서애집》) 생소한 흑인 용병의 등장은 당시 조선 사회에서 큰 화젯거리로 떠올랐다. 그래서《선조실록》에 이어 이처럼 그 시대 글 곳곳에서 이들과 관련한 문장을 찾아볼 수 있다.

이런 가운데, 흑인 용병에 대한 가장 인상적인 기록을 꼽자면〈천조장사전별도天朝將士餞別圖〉를 빼놓을 수 없다. 이는 경북 안동의 풍산김씨 문중에 전해오는〈세전서화첩〉속 그림 가운데 한 점으로, 전쟁 당시 조선에 파병 온 명나라군이 1599년 2월경 본국으로 돌아가는 장면을 옮겨 담은 것이다.

그림을 보면 깃발을 들고 무장한 채 고향으로 가는 명군이 화폭 대부분을 채우고 있다. 그런데 유독 눈에 띄는 부분이 있다. 왼편에 있는 거인들이다. 붉은색 머리칼과 우람한 몸, 푸르스름한 피부와 수레에 올라탄 모습 등 이들은 그 시절 해귀를 묘사한 여러 글과 일치한다. 뜬금없이 도깨비 같은 걸 그렸을 리 없으니, 흑인 용병을 묘사했다고 보는 게 합리적일 것이다. 당시 흑인 용병이 조선 땅을 밟았다는 걸 증명하는 명백한 시각자료인 셈이다.

이 그림의 원본은 조선 화원畵員 김수운이 그려 명군에게 준 것으로 알려졌다. 당시 명나라 병부상서 형개邢玠가 자신을 접대한 풍산김씨 김대현에게 감사의 뜻으로 이를 다시 선물했다고 한다.

조선 땅에 온 흑인의 사연

흑인 용병은 어쩌다 한반도까지 오게 됐을까?

선조가 이들을 보고 감탄한 시점에서 6년을 더 앞당긴 1592년, 5월 23일(음력 4월 13일), 일본 전국을 통일한 도요토미 히데요시豊臣秀吉는 기어코 조선을 침략했다. 섬에서 벗어나 대륙까지 진출하겠다는 야욕을 품고 벌인 일이었다. 직전에 일본은 조선에 '명나라를 정벌하겠으니 조선은 길잡이를 하라征明嚮導', 그러고는 이 문장을 순화했답시고 '명나라로 가겠으니 길을 빌려달라假途入明'는 식의 요구로 억지를 부린 적이 있었다. 조선은 당연히 황당하다는 반응을 보였다. 우리가 명나라에 얼마나 우호적인지 알고 이러는가. 그보다도 앞서 대체 뭘 믿고 우리 땅, 우리 길을 터줄 수 있는가. 조선 입장에서는 대응할 가치도 없는 제안이었다. 간교한 도요토미는 이를 전쟁 명분으로 삼은 것이었다. 임진년에 벌어진 전쟁, 이것이 임진왜란이었다.

조선도 일본과의 전쟁을 나름대로는 준비하고 있었다. 하지만 왜구, 즉 도적이나 해적처럼 여긴 이들이 이렇게까지 대군으로 밀려올 줄은 상상도 못 했다. 선조는 전쟁 한 달도 안 돼 수도까지 함락 위기에 놓였다는 걸 인지했다. 그래서 개성으로, 평양으로, 의주로 급하게 몽진蒙塵했다. 길을 떠나는 와중에도 패전 소식만 거듭 닿았다. 변박卞璞의 〈동래부순절도〉는 임진왜란 초반부에 벌어진 동래성 전투를 담은 기록화다. 1709년(숙종 35년)에 그려졌던 것을 1760년에 그가 모사해 남긴 작품으로 알려져 있다. 원본의 보존 상태가 좋지 않았기에 그랬을 것이다.

그림 속에서 왜군은 성을 빽빽하게 포위하고 있다. 왼쪽 위를 보면 몰래 도주하는 조선군의 장수와 병사도 보인다. 동래성은 순식간에 함락되고, 병사와 일반 시민 또한 한순간에 격멸됐다. 당시 한반도에서 빚어진 대부분 전투가 이런 식이었다. 다급해진 선조는 명나라 망명 카드까지 만지작거렸다. 그러나 명나라는 이를 단박에 거절했다. 선조가 너무 빨리 퇴각하는 모습에 명 내부에서는 조선과

❖ 변박, 동래부순절도(임진왜란 초반부에 있던 동래성 전투를 그림), 1760년, 145x96cm, 비단 바탕에 수묵담채,
육군박물관(보물 제392호)

158

일본이 약속대련約束對練을 하는 것 아니냐는 의심까지 있었다고 한다.

그래도 명나라는 조선 편에서 싸울 구원병을 출격시켰다. 7월께, 임진왜란이 일어나고 근 2개월 만이었다. 이는 조선을 향한 의리, 그리고 일본의 최종 목표가 반도를 넘어 대륙 정복임이 분명했기에 보인 행보였다. 명나라는 이날 지원병을 보낸 이래 몇 년에 걸쳐 원군도 꾸준히 내려보냈다. 명나라는 임진왜란의 2라운드 격인 정유재란 때도 파병을 이어갔다. 해귀라는 별명의 흑인 용병은 이 무렵 명나라 지원군에 섞여 압록강을 건넜을 것으로 보인다. 이들은 포르투갈 상인이 아프리카에서 포획한 흑인이었을 가능성이 크다. 당시 명나라는 포르투갈과의 무역 활성화를 위해 마카오를 개항하고 있었다. 아프리카 곳곳에 식민지를 둔 그 시대 포르투갈은 점령지에서 흑인을 잡아 마음대로 부리곤 했다. 상당수는 노동자, 일부는 경호원이나 용병으로 활용하는 식이었다. 야만적이게도 아예 '상품'으로 내다 파는 일도 적지 않았다. 명나라는 그런 일이 비일비재했던 포르투갈과 마카오에서 접촉하던 중 흑인 용병을 볼 수 있었을 것이다.

그리고 상태가 괜찮아 보이는 몇 명을 신무기 사듯 사들였을 것이다. 명나라는 수중전을 잘한다는 이들을 물 밑에서 배를 공격하는, 일종의 수중파괴대처럼 쓸 생각이었을 것으로 추정된다. 사실 명나라 장수 팽신고가 선조에게 흑인 용병을 소개하며 한 말, '파랑국' 또한 포르투갈을 뜻하는 용어였다.

신묘한 능력 발휘할 수 있었을까

그렇다면 흑인 용병이 실제 전장에서 해귀라는 이름값을 했는지에 대한 궁금증도 생긴다.

일단 기선제압에는 성공한 것으로 보인다. 1598년 9월께, 그러니까 선조가 흑인 용병에게 은자를 주고 4개월가량이 흐른 날. 전라도 관찰사 황신은 조정에 흥미로운 상황을 보고했다. "적진을 왕래하던 자의 보고입니다. 왜군이 명나라군

❖ 김수운, 천조장사전별도(흑인 용병으로 추정되는 이들의 모습 확대), 한국국학진흥원

병력 수를 묻기에 수군과 육군이 모두 40만 명이며, 해귀와 달자(몽골군)도 많이 왔다며 엄청나게 부풀려서 말했다고 합니다. 그러자 왜군의 얼굴색이 모두 변하면서 짐바리와 잡물雜物을 죄다 배에 실었습니다!" 이는 왜군도 해귀의 악명을 알고, 그 존재 자체를 두려워했다는 것으로 해석할 수 있다.

다만 이들이 물에서 며칠을 지낼 수 있다는 식의 신묘한 능력을 정작 실전에서는 쓰지 못했다. 심지어 혁혁한 공을 세우기는커녕 이렇다 할 성과 하나 제대로 내지 못했다는 암시가 담긴 글도 있다. '명나라 장수 유정은 경주 전투에서 한 치의 공도 세우지 못했다. 왜 해귀의 수중 작전으로 적선을 침몰시키지 못했는지 모르겠다.' 이익은 《성호사설》에 이렇게 썼다. 즉, 조선군에는 기대, 일본군에는 공포를 준 흑인 용병이 양측 모두에게 실망감만 안긴 채 머쓱하게 돌아갔을 공산이 크다는 이야기다.

아예 '원숭이 기병'까지 있었다고?

그런데, 알고 보면 임진왜란과 정유재란 당시 명나라군은 흑인 말고도 다양한 이를 원군으로 데려왔다.

❖ 김수운, 천조장사전별도('원병삼백' 깃발 아래 행진하는 병사의 모습 확대), 한국국학진흥원

"신이 명나라 장수 유정劉綎을 문안하고 왔습니다. 거느린 섬라, 도만, 소서, 천축, 육번, 득릉국, 묘자, 서번, 삼색, 면국, 파주, 당파 등 귀화한 사람들을 좌우로 도열해 서게 한 뒤 차례로 각각 자신의 묘기를 자랑하도록 해 종일 구경시켰습니다!" 1593년 봄, 병조판서 이항복은 의주로 온 명나라 부총병副總兵 유정의 부대를 찾은 후 조정에 이같이 보고했다. 이 중 섬라는 태국, 소서와 천축은 인도, 삼색은 티베트, 면국은 미얀마를 의미했다. 유정은 원래 명나라 남쪽 국경을 맡은 장수였다. 그렇기에 자연스럽게 동남아시아 일대의 병사를 일부 흡수했고, 이들과 함께 한반도에 온 것으로 추정된다.

'특이한 병사'를 언급한 기록 중 눈길을 끄는 또 다른 대목은, 다름 아닌 원숭이 부대의 존재를 명시한 내용일 것이다. 이게 사실이라면 그 시절 흑인 용병의 존재만큼이나 놀라운 사안이다. 먼저 다시 〈천조장사전별도〉를 보자. 흑인 용병들이 탄 수레의 오른쪽 밑을 보면, '원병삼백猿兵三百'이라는 깃발 아래 털북숭이 생명체 한 무리가 행진하고 있는 걸 볼 수 있다. 직역하면 원숭이 병사 300마리다.

✤ 작자미상, 정왜기공도병, 연도미상, 174x381cm, 종이채색, 국립중앙박물관(www.museum.go.kr)

　　실제로 그림 속 묘사된 새까만 눈과 툭 튀어나온 주둥이, 늘어진 팔 등은 평범한 인간처럼 보이지는 않는다. '(명나라)군사 중 초원楚猿·원숭이 네 마리가 있다. 말을 타고 다루는 솜씨가 사람 같았다. 몸뚱이는 큰 고양이를 닮았다."(조경남, 《난중잡록》) "(명나라 장수) 양호는 (…) 철갑 기병 4,000명과 교란용 농원弄猿·원숭이

수백 마리를 이끌고 가서 소사하 다리 밑 들판이 끝나는 곳에 매복하게 했다. (…)
원숭이들은 말을 타고 채찍질을 하며 적진으로 돌진했다. (…) 왜군은 원숭이를
사로잡으려고 했지만, 원숭이들은 잘 피하면서 온 진영을 헤집고 다녔다' (이중환
1690~1756,《택리지》) 그런가 하면, 이처럼 원숭이 병사에 대한 기록도 찾아볼 수 있

다. 심지어는 임진왜란 당시 신녕 현감을 지낸 손기양의 다소 사적인 글에도 원숭이가 등장한다. 1598년 7월 그의 일기에는 유정의 부대를 둘러보고 온 종이 한 말이 담겼다. '(종이)유정의 군진으로부터 돌아왔는데, (종은 그곳에) 초원과 낙타가 있다고 했다. 초원은 능히 적진으로 돌진할 수 있고, 낙타는 물건을 운반할 수 있다고 한다.'

그렇다고 해서 원병, 초원, 농원 등 원숭이의 명칭으로 불린 이들이 진짜 원숭이 군단이었는지는 확신할 수 없다. 원숭이처럼 몸집이 작은 병사, 원숭이만큼 재빨랐던 병사, 원숭이 분장을 한 병사, 원숭이처럼 털이 많던 소수민족 병사 등 여러 가능성도 간과할 수 없다. 현실적으로 보면 이 편이 훨씬 더 설득력이 있는 게 사실이다. 태국 등 동남아시아에서는 원숭이를 길들여 열매를 따오게도 한다. 하지만 이런 훈련과 말을 타고 채찍질을 하게끔 하는 훈련은 차원이 다른 것이다. 원병이란 말 자체가 그저 명나라에서 명명한 부대 이름이었을 수도 있다. 워낙 폐쇄된 환경에 놓였던 조선이었기에, 처음 보는 형태의 부대를 보고 원숭이와 닮았다고 해 원병과 같은 이름을 붙였을 가능성 또한 있다.

다만 원숭이의 진실이야 어떻든, 임진왜란과 정유재란이 흑인부터 동남아의 다양한 인종이 합세한 국제전이었다는 점은 확실하다. 7년간 이어진 두 전쟁은 1598년, 이순신이 앞장서 지휘한 노량해전을 끝으로 사실상 마무리된다. 작자미상의 〈정왜기공도병〉이 당시 순천 왜성 전투, 그 직후 이어진 노량해전의 모습을 담은 그림이다. 〈동래부순절도〉와 달리 조선군에게도 나름의 차분함과 일사불란함을 느낄 수 있다.

조선이 이러한 7년 전쟁을 끝으로 재차 나라의 문을 걸어 잠근 일이 아쉽다면 아쉬운 부분이다. 이후 척화비斥和碑까지 세운 조선이 국제사회에 문호를 다시 개방한 건 임진왜란과 정유재란이 끝나고 나서 300년가량 흐른 후였다.

천조장사전별도

명나라의 병부상서 형개가 먼저 조선 조정에 자신들의 철군 모습을 그려달라고 요청했다고 전해진다. 이 작업을 맡은 김수운은 당시 이름난 화원이었다고 한다. 그런가 하면, 형개는 2년여간 연락관으로 그와 함께 생활한 김대현에게 "지난 두 해 동안 힘든 일을 겪는 와중에도 한결같은 마음으로 나와 함께한 일을 참으로 잊을 수 없다. (…) 귀국(조선)의 유명 화가인 김수운이 그린 전별도를 길이 기념할 수 있도록 그대에게 주겠다"는 말을 하며 이 작품을 선물했던 것으로 전해진다. 다만 현재 남아 있는 그림이 김수운의 원본인지 이를 참고한 모사본인지 등을 놓고는 일부 이견이 있다.

참고 자료 ○ 임진왜란과 한중관계, 한명기, 역사비평사

○ 징비록, 유성룡, 홍익출판미디어그룹

○ 1592 격전의 길을 걷다, 안광획, 초록비책공방

○ 재밌어서 끝까지 읽는 한중일 동물 오딧세이, 박승규, 은행나무

○ 전쟁의 기원에서 상흔까지, 국사편찬위원회, 두산동아

12.
귀신병에 걸린 소녀들?

**톰킨스 해리슨 매티슨,
마녀 검사**

**1692년
세일럼에서
마녀재판이 열리다**

"두 소녀가 앓는 병은…"

아직은 미국 동부가 영국 손에 있던 1692년 2월, 매사추세츠주 세일럼 마을의 한 가정집. 의사가 확신에 찬 표정으로 입을 열었다. 다만 그는 말을 이어가려다 말고 잠깐 멈춰야 했다. 소녀들의 침실에서 비명이 또 들려온 탓이었다.

올해로 11살인 애비게일 윌리엄스Abigail Williams, 그녀보다 두 살 아래인 베티 패리스Betty Parris는 얼마 전부터 이상한 모습을 보였다. 정확히는 기괴한 짓거리를 하기 시작했다. 두 아이는 수시로 괴성을 질렀다. 화를 참을 수 없는 듯 물건을 던지는가 하면, 때로는 슬픔을 주체할 수 없는 양 구석에 박혀 훌쩍였다. 아이들은 무언가를 하다가도 목과 어깨를 특이하게 비틀었다. 아예 자취를 감추기도 했다. 그럴 때면 십중팔구 가구 밑으로 기어 들어가 몸을 떨고 있었다. "저를 꼬집지 마세요! 저를 찌르지 마세요!" "아가, 아무도 널 해치지 않을 거야." "보이지 않는 무언가가 저를 자꾸 괴롭혀요!" 윌리엄스도, 패리스도 자꾸 이런 식의 말만 하니 대화도 힘들었다. 패리스의 아버지는 세일럼 마을의 담임 목사였다. 아버지는 패리스 앞에서 성경 구절을 읊어봤다. 딸은 그 소리가 거북한 듯 귀를 막았다. 그는 아예 패리스 앞에서 기도회도 열어봤다. 패리스는 고개를 흔들며 발작만 할 뿐이었다. …그렇다면 설마? 그는 이제 최악 가능성도 생각해야 했다.

"…귀신병입니다. 그러니까, 두 아이는 악마 손에 떨어진 듯합니다!" "그렇죠? 그것 말고는 설명이 되지 않지요?" 아버지는 의사의 말에 그럴 줄 알았다는 듯 고개를 떨궜다.

두 소녀가 발작했던 이유는

현대의 의학자들은 당시 두 소녀가 앓던 병을 맥각 중독으로 추정한다. 곰팡이 핀 호밀빵에 묻어 있는 맥각균이 경련, 발작, 환각 등 이상을 일으켰으리라는 추측이다. 일종의 뇌염腦炎 증상은 아니었을까 하는 추측도 있다. 하지만 당시에는 애석하게도 이런 지식을 가진 사람이 없었다. "초자연적 힘, 즉 마법이 병의 원인이지요." 의사라는 이가 이렇게 쐐기를 박을 뿐이었다. 침실에서는 비명 직후 무언가를 때려 부수는 소리가 이어졌다. 발작이 또 일어난 모양이었다.

그렇다면 누가 마법을 부렸는가? 앞으로는 이 부분에 집중해야 했다. 순진한 소녀 둘을 악마에게 팔아넘긴 '마녀'를 찾아 응징해야 했다. "누가 너희에게 저주를 걸었니?" "발작 중 유령을 보기는 했어요." "알아볼 수 있었니?" "티투바…!"

혼미한 소녀들이 지목한 티투바는 서인도제도 출신 여성이었다. 담임 목사, 즉 패리스 아버지가 사는 집의 하녀였다. 둘 다 긴 시간 환각에 취해 있던 만큼, 당시 환영처럼 보였던 이 중 적당한 이름을 댔을 것이었다. "그리고…." "누가 더 보였니?" "길에서 구걸하던 아줌마, 또…매일 혼자 다니시는 할머니의 유령도 봤어요!" 이는 사실상 걸인과 다름없던 여인 사라 굿, 교회 모임에 거의 참석하지

톰킨스 해리슨 매테슨, 마녀 검사, 1853, 캔버스에 유채, 97.8x137cm, 피바디 에섹스 박물관

않던 노파 사라 오즈번을 가리킨 것이었다.

세일럼 사람들은 이 작은 마을에 마녀가 셋이나 있다는 데(!) 충격을 받았다. 우르르 몰려가 이들을 붙잡았다. 가장 먼저 한 건, 용의선상에 오른 여인들의 옷을 강제로 벗기는 일이었다. 그런 다음에는 사지를 묶고 몸 구석구석을 살폈다. 이른바 악마의 표식을 찾는 과정이었다. 톰킨스 해리슨 매티슨Tompkins Harrison Matteson의 그림 〈마녀 검사〉가 딱 그런 순간을 담고 있다. 방에 들이닥친 사람들이 다짜고짜 한 여성의 웃옷을 내린다. 검은 두건의 노인이 앞, 빨간 두건을 쓴 노파가 뒷모습을 '검사'한다. 노파는 근엄하게 앉은 심문관을 본다. 손으로는 여성 등에 있는 검은 부스럼을 가리킨다. "이게 바로 악마에게 몸을 판 흔적이지요!" 곧 이렇게 말할 듯하다. 저 아이가 그럴 줄 몰랐다는 양, 아니면 이따위 막무가내 절차가 어디 있느냐는 양, 맨 앞의 두 사람은 졸도하고 있다. 마을 사람들은 이런 식으로 티투바와 사라 굿, 사라 오즈번을 마녀로 몰았다. 윌리엄스와 패리스가 이상 증세를 보인 후 1개월여가 흐른 시점인 같은 해 3월, 파견 나온 심문관은 세 여인을 감옥에 가뒀다. 그렇게 역사상 가장 유명한 마녀재판의 막이 올랐다.

마녀의 역사

마녀란 정확히 어떤 사람을 뜻할까? 허무맹랑한 이 존재를 그때는 진지하게 믿은 이유는 무엇일까?

마녀의 역사는 길다. 고대 인도와 이집트, 옛 그리스와 로마의 기록물에서도 찾을 수 있다. 이에 따르면 그 시절 고아 혹은 과부 여성 중 일부는 세상 눈총을 피해 숲에서 은둔했다. 이들은 혼자 힘으로 살아남기 위해 약초와 점성술을 익혔다. 그러다 보니 점차 '마법을 쓸 수 있다' '신비의 약을 만들 수 있다'는 식의 소문이 따라붙었다. 이들이 마녀의 시초로 통한다.

다만 당시에는 마녀라고 해서 무조건 탄압 대상이 되지는 않았다. 그저 남다

❖ 한스 발둥, 두 마녀, 1523,
패널에 혼합 안료 등,
45.6x65.3cm, 슈타델
미술관

르게 사는 존재를 칭할 뿐이었다. 하지만 이랬던 마녀의 개념은 16세기 전후 유럽 땅에서부터 크게 달라지기 시작했다. 무속과 신비주의에 능한 건 물론 악마와 대화하고, 교제하고, 심지어 관계까지 맺는 존재라는 인식이 덧씌워졌다. 그간에는 약간은 특이한 이들일 뿐이었다면, 이제는 존재 자체가 위험하기에 당장 때려 잡아야 할 대상이 돼버렸다. 그 시기는 마르틴 루터Martin Luther의 종교개혁으로,

1,000년가량 절대성을 인정받던 가톨릭 질서가 흔들리기 시작한 시기와 일치한다. 가톨릭과 개신교 모두 신실함을 증명하기 위해 생사람을 이단으로 몰던 시대였다. 때마침 이 무렵에 기후 변화가 커 농업 생산량도 들쭉날쭉했다.

상황이 이렇다 보니 온 세상이 만만한 제물을 찾는 데 혈안이었다. 홀몸, 은둔, 기묘한 생활…. 무엇을 하는지 수상하고, 이런 누명을 억울해한들 변호해줄 핏줄 없는 여자는 희생양으로 삼기 딱 좋은 존재였다. 무작정 이단죄를 씌워 '실적'으로 만들기에 만만한 상대이자 "요술을 부려 농작물을 다 죽였다"는 식의 책임을 씌우기에 좋은 대상이었다. 그렇게 마녀는 한스 발둥Hans Baldung의 그림, 〈두 마녀〉와 같은 인상으로 바뀌고 말았다. 나체의 두 사람은 언뜻 봐도 무섭게 느껴진다. 신비주의를 넘어 공포의 분위기를 내뿜는다. 왼쪽 여인은 고개를 살짝 돌린 채 유혹의 눈길을 보낸다. 요부 같은 모습이다. 오른쪽 여인은 한 손에 용처럼 생긴 괴물을 자랑하듯 내보인다. 그녀는 타락한 에로스(큐피드)를 곁에 둔 채 기괴한 표정의 짐승을 깔아뭉개고 있다. 뭉게뭉게 피어나는 주황색 연기는, 언덕 밑 냄비에서 끓고 있을 마법의 약에서 나오는 게 아닐까 하는 생각을 들게 한다.

참혹했던 고문

그때부터 가톨릭계와 개신교계 모두 은둔 여인을 쥐잡듯 잡기 시작했다. 잡혀 온 여인들은 무작정 '가혹한 시련ordeal'으로 칭한 시험에 들게끔 했다. 그중 대표적인 게 바늘 검사였다. 이들은 마녀라면 몸에 흔적이 있을 수밖에 없다고 믿었다. 악마가 직접 새겨준 그곳만큼은 무슨 짓을 해도 피가 나지 않을 것이라고 확신했다. 사람들은 먼저 매티슨의 그림 〈마녀 검사〉처럼 의심 가는 여인의 옷을 벗겼다. 점이든, 멍이든, 부스럼이든 눈에 띄는 곳을 모조리 짚었다. 거기에 다짜고짜 바늘을 찔러넣었다. 그런데 이렇게 하면 당연히 피가 나오지 않겠는가. 문제는 당시 가톨릭계와 기독교계 모두 경쟁적으로 이단 찾기에 나섰다는 데 있었

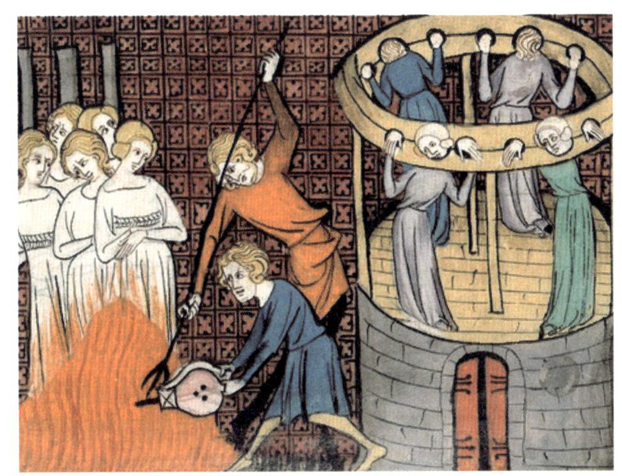

❖ 작자미상, 불타는 마녀와
   속박된 마녀, 14세기경,
   크기와 위치 등 불명

다. 이단을 한 명이라도 더 잡아넣어야 권위와 성과를 모두 챙길 수 있었다. 이러한 마음에서 이들은 가짜 바늘을 들곤 했다. 바늘 끝을 뭉툭하게 하고, 찌르는 척 찌르지 않는 속임수도 썼다. 즉, 바늘 시험은 애초에 하나 마나였다.

그다음 일부 심문관이 행하던 건 '불의 길'과 '물의 길' 시험이었다. 달군 쇠판을 걷게 하거나, 묶어둔 채 불을 붙이는 게 불의 길이었다. 바다나 강에 숨도 못 쉬게 밀어 넣는 게 물의 길이었다. 악마가 돕거나 마법을 쓴다면 살 수 있을 것이라는 발상이었다. 이러한 모습이 적나라하게 담긴 작품이 남아 있다. 작자미상의 이 〈불타는 마녀와 속박된 마녀〉를 보면, 기둥에 묶여 있는 왼편 여인들은 불고문에 그대로 노출돼 있다. 오른편 네 여인은 목과 두 손 모두 속박당한 채 순서를 기다리는 듯하다. 이들은 일찌감치 삶을 포기한 것처럼 보이기도 한다. 이 무렵에 두 광신도가 쓴 책《마녀의 망치》가 주목을 받기도 했다. 이 책에는 마녀를 찾는 법부터 심문하고, 고문하는 방식까지 상세하게 쓰여 있었다. 지금 보면 처음부터 끝까지 헛소리만 담겨 있지만, 당시로는 훌륭한 지침 역할을 했을 것이다.

불과 물의 길 말고도 사지 묶기, 높은 곳에 매달기, 가시투성이 의자에 앉히기…. 오죽하면 심문관이 "지어내서라도 죄를 자백하고 빨리 죽는 게 덜 고통스러울 것"이라고 설득할 정도였다. 이러니 지목하는 족족 마녀였다. "그래요, 나는 마녀가 맞아요! 당신들 말처럼 아기를 잡아먹고, 빗자루를 타고 다니고…. 또 뭐라고 했지요? 날씨를 조종하고, 농사를 망치게 하는 마법의 약도 만들 수 있어요. 이제라도 회개하겠으니 제발 살려주세요!" 영문도 모른 채 잡혀 왔던 여인들은, 또 한 번 영문도 모른 채 이렇게 외칠 수밖에 없었다. 하지만 극소수를 제외하면 모두가 화형 또는 교수형을 피할 수 없었다. 희생자 중 상당수는 여성이었지만, 남성 또한 악마의 제자 또는 숨겨둔 자식으로 몰려 꽤 많이 죽었다. 말 그대로 광기의 시대였다.

마녀사냥, '마녀사업'이 됐다

원래 욕망이란 눈치도 없이, 피도 눈물도 없이 여기저기 끼어드는 법이다. 인간의 욕망은 이러한 난리 통에도 비집고 들어가 자리를 잡았다. 그렇게 사냥은 점차 사업의 형태로 여물고 말았다. 마녀사냥이 절정기에 접어들었을 때, 사람들은 더는 미심쩍은 숲속 여인만을 검증대에 세우지 않았다. 마녀로 판정되는 순간 그 사람의 소유물 등 모든 걸 빼앗을 수 있다는 규정이 알려진 후부터는, 부자의 재산 갈취와 정적政敵 제거용으로도 활용하기 시작했다. 일단 억지를 부려 잡아넣기만 하면 눈엣가시를 없앨 수 있었다. 운이 좋으면 몰수된 재산 중 일부를 받아 챙길 수도 있었다. 마녀사냥은 시작부터 어이없었지만, 가면 갈수록 더 어이없는 방향으로 전개됐다.

보통 마녀사냥이라고 하면 중세 시대 끄트머리에 잠깐 유행한 악습으로 보기 쉽다. 하지만 의외로 이 악행은 등장과 함께 뿌리를 깊게 박았다. 절정기 또한 중세가 아닌 초기 근대의 16세기 말~17세기였다. 심지어 세일럼 사건처럼 유럽 땅을 넘어 아메리카와 아프리카 등으로도 확산했다. 이에 따른 전체 희생자는 대체로 4만~6만 명 정도로 추산된다. 일 각에선 30만 명에서 최대 200만 명을 말하기도 한다.

세일럼, 이곳에서조차…

다시 세일럼으로 돌아가 보자.

정신이상을 겪은 윌리엄스와 패리스가 마녀로 꼽은 세 여인은 미심쩍다는 편견, 좋지만은 않던 평판 탓에 옥살이를 한 사례였다. 하녀 티투바가 고문을 못 견디고 "우리 셋 다 마녀가 맞다"고 거짓 자백을 해 더는 돌이킬 수도 없었다(물론 계속 부정한다고 한들 별다른 방법이 없었다). 사건이 불거진 직후 세일럼 주민 상당수는 잡혀간 세 여인을

❖ 존 윌리엄 워터하우스, 마법의 원, 1886, 캔버스에 유채, 182.9x127cm, 테이트 브리튼

존 윌리엄 워터하우스의 〈마법의 원〉 속 여인처럼 생각했으리라. 외진 곳에서 남몰래 이상한 약을 끓이고, 지팡이로 표식 따위를 그려 그 안에 마법의 힘을 집어넣는. 그리고 이를 윌리엄스와 패리스 등 순진한 소녀들에게 먹이고 다니는….

그런데 그 뒤부터 이곳에서도 세속적 욕망에 짓눌린, 더더욱 있어서는 안 될 일이 발생하기 시작했다. 이 마을에도 '사업'이 끼어들기 시작한 것이다. 세일럼의 또 다른 소녀가 윌리엄스와 패리스에 이어 자신 또한 악마에게 괴롭힘을 당했다고 주장했다. 소녀는 자기 집 건너편에 있는 집안의 구성원 중 무려 46명을 마녀로 꼽았다. 그런데 지목당한 집안은 때마침 그 소녀가 속한 집안과 토지 분쟁 중이었다. 누가 봐도 미심쩍고 의심스러운 건이었다. 두 집안 사이의 영역 갈등

말고도 당시 세일럼에는 주민들 사이에 다툼이 많았다. 농업 사회가 상업과 무역업 등 보다 다면화된 사회로 바뀌면서 으레 빚어지는 싸움들이었다. 이런 가운데, 세일럼의 마녀 고발자 중 다수는 농업 등 전통적 생활방식을 고수하던 무리로 좁혀졌다. 반면 고발당한 쪽의 상당수는 소규모 가게를 갖고 있는 등 떠오르는 상업 종사자들이었다. 이 또한 단순히 우연이라고 보기는 힘든 일이었다. 하지만 그때는 아무도 의심하지 않았다. 의문을 품는 일만으로 마녀가 될 수 있었기 때문이다.

억지로 웃고, 억지로 춤을 췄다

그해 여름, 세일럼 내 마녀 공포증은 절정에 치달았다. 세일럼에서 마녀(여성) 또는 악마의 제자(남성) 혐의로 200명가량이 감옥에 갇혔다. 잡혀가는 이의 편만 들어줘도 공범이라며 체포당했다. 일곱 명의 심문관으로 꾸려진 특별 재판부는 이들을 차례차례 처형했다. 먼저 6월 10일, 동네 선술집 주인의 목을 매달았다. 6월 19일에도 다섯 명이 사형장으로 끌려갔다. 이어 8월에도 다섯 명, 9월에도 여덟 명이 목숨을 빼앗겼다. 그렇게 18명 이상을 처벌했다. 끝까지 억울함을 호소한 80대 노인은 무거운 돌에 짓눌리는 고문을 당했다. 그 또한 결국 의식을 되찾지 못했다. 초장부터 지목당해 날벼락을 맞은 사라 굿의 네 살배기 아이 등 최소 다섯 명이 감옥에서 사망했다.

처형이 이뤄지든, 감옥에서 사망자가 생기든, 이런 소식이 닿으면 세일럼에선 피터르 브뤼헐Pieter Brueghel의 〈교수대 위의 까치〉 같은 장면이 펼쳐지곤 했다. 교수대 근처 사람들은 몸을 들썩인다. 굳이 모두가 보는 앞에서 과장되게 뒤엉켜 춤을 춘다. 자신 또한 언제든 마녀로 몰릴 수 있는 만큼, 그들은 보란 듯 즐거워하며 결백함을 보일 수밖에 없는 것이다. 교수대 위에 앉은 까치가 이 모습을 한심한 듯 내려다보고 있다. 과거 유럽은 흑백이 섞인 까치를 악마의 새로 분

❖ 피터르 브뤼헐, 교수대 위의 까치, 1568, 오크나무에 유채, 45.9x50.8cm, 헤센 주립 박물관

류하곤 했다. 세일럼에도 어느새 이런 분위기가 깔렸다. 모두의 눈 밖에 나지 않

기 위해 억지로 웃고, 억지로 장단을 맞추는….

칼날은 지칠 줄 몰랐다. 이제는 세일럼을 넘어 매사추세츠 전역에서 춤을 출

기세였다. 매사추세츠주 총독 윌리엄 핍스William Phips는 그제야 사냥을 막아 세

우기 시작했다. 불안감을 견디다 못한 세일럼 주민 일부가 절박하게 도움을 청해 이에 응했다는 말이 있다. 마녀로 몰린 한 여성이 총독 핍스의 부인마저 마녀와 한패라고 말했는데, 이에 놀라 조치를 취했다는 설도 있다. 그 결과, 10월부터 재판이 멈췄다. 소동이 벌어지고 근 1년이 흐른 1693년 초, 특별재판부는 해산 명령을 받았다. 창살을 쥔 채 죽을 순서만 기다렸던 이들도 풀려날 수 있었다. 무고하게 죽은 이들 또한 늦게나마 사면받았다. 모두가 일상을 되찾았다. 마을 사람들은 어른 가랑이에 숨은 아이처럼 다시 순해지고, 순박해졌다. 아주 짧고, 아주 굵었던 잔혹사는 그렇게 끝을 맺었다.

그렇다면 인류사에서 마녀사냥이 완전히 없어진 때는 언제일까? 회의론은 세일럼 사건과 비슷한 시기인 17세기 후반부터 고개를 들고 있었다. 이성적 사고를 앞세우는 철학, 숫자와 증명을 중시하는 과학이 모든 대륙에서 꽃피우기 시작한 때였다. 사법 또한 증거를 최우선으로 하고, 체계적으로 쓰인 법률에 따라 형벌을 결정하는 식으로 성숙해지고 있던 시대였다. 지긋지긋한 종교 갈등이 일단락된 점, 곧이어 시민 계몽을 내건 혁명이 세계 곳곳에서 발발한 점 또한 한몫했다. 다만 깊게 박혔던 뿌리의 잔털은 유럽에서는 제1차 세계 대전 전후, 미국에서는 1970년대 후반에 들어서야 완전히 없앨 수 있었다. 2000년, 제264대 교황 요한 바오로 2세Pope John Paul II 는 마녀사냥을 교회의 잘못으로 인정하고 사과했다. "우리 역사에서 기록하기 가장 부끄러운, 치욕적인 사건이었다." 소설가 너새니얼 호손Nathaniel Hawthorn 은 세일럼에서 벌어진 마녀사냥을 이렇게 평가했다. 그는 당시 특별 재판부에 속했던 존 호손John Hawthorn 의 후손이었다. 그런 그가 쓴 소설이 사실상 마녀사냥으로 고통받는 여주인공의 생생한 일대기를 담은, 지금도 세계적 명작으로 평가받는《주홍 글씨》다.

톰킨스 해리슨 매티슨(1813~1884)

미국 뉴욕 출신의 화가. 종교화, 역사화를 잘 그렸다. 특히나 국민의 애국심을 고취할 수 있는 극적 표현에 능숙했다. 20대 후반부터 10년 가까이 뉴욕에서 개인 스튜디오를 운영한 경험도 있다. 〈마녀 시험〉을 작업하고 얼마 후에는 마녀사냥의 폐해를 다룬 소설 《주홍 글씨》의 한 장면을 그리기도 했다. 대표작은 이 외에도 〈탄약 제작〉〈조지 제이컵스 재판〉 등이 있다.

피터르 브뤼헐(1525~1569)

16세기 가장 위대한 화가 중 한 명으로 꼽힌다. 출생과 성장 과정 등은 정확하지 않지만, 네덜란드 브레다에서 출생한 것으로 여겨진다. 초기에는 신화, 전설, 미신 등을 그렸다. 이후에는 사회 불안과 혼란상을 그리곤 했다. 그림 속에 유머와 풍자를 자연스럽게 녹여낸 점 또한 특징. 농민들의 생활상도 정성껏 화폭에 담았다. 이에 최초의 농민 화가, 농부 브뤼헐 등의 별명도 갖고 있다. 대표작으로 〈바벨탑〉〈농가의 혼례〉〈눈 속의 사냥꾼〉 등이 있다.

참고 자료 ○ 말레우스 말레피카룸 마녀를 심판하는 망치, 야콥 슈프랭거, 하인리히 크라머, 우물이있는집

○ 마녀 프레임, 이택광, 자음과모음

○ 인류 혐오의 역사, 이창신, 지식공감

13.
인간을 사냥한 최악의 흑역사

**윌리엄 터너,
노예선**

**1781년 11월,
노예무역선 종 호에서
132명의 노예를 바다에 빠뜨리다**

종Zong 호 선장 루크 콜링우드Luke Collingwood는 배가 영 엉뚱한 곳에 있다는 걸 알아차렸다. 노예무역선 종 호는 아프리카에서 잡은 원주민 442명을 꽉꽉 태운 후 닻을 올렸다. 향하는 곳은 북아메리카 카리브해에 있는 자메이카였다. 일꾼이 부족한 사탕수수 농장에 인당 35~40파운드를 받고 팔 요량이었다.

"이쯤이면 자메이카에 닿아야 하는데…"

1781년 11월 29일, 돛을 펴고도 벌써 3개월이 흘렀을 때 선장이 파이프 담배를 피우며 중얼거렸다. 그의 말이 맞았다. 제대로만 왔다면 최소한 육지가 보이기라도 해야 했다. 그러나 종 호는 지금도 망망대해에서 물살을 가르고 있었다. 뒤늦게 지도를 뜯어본 선장은 얼마 전에 큰 실수가 있었다는 사실을 깨달았다. 배는 진작에 자메이카와 가까운 지점까지 갔었다. 아무런 문제도 없었는데, 선장과 항해사가 그곳을 프랑스 식민지인 생도맹그(오늘날의 아이티 등 일부)로 착각해 지나친 것이었다. 종 호는 그렇게 자메이카를 지나쳐 계속 나아가고 있었다. 잘못을 인지했을 때는 이미 자메이카에서 480킬로미터나 떨어진 곳에 있었다.

망망대해서 이뤄진 학살

선장은 뒤늦게 뱃머리를 바로잡았다. 그런데 하필 맞바람이 부는 쪽이었다. 이래서는 열흘이 흘러도 도착을 장담하기 어려웠다. "며칠 치 물이 남아 있는가?" "직전 정박지도 지나쳐버려서요. 정확하지는 않지만, 아껴 마시면 사나흘 치 정도는 되지 않을까요?" "이대로면 위험하겠는데⋯." 막내 선원의 말을 들은 선장은 혼잣말하며 입술을 깨물었다.

"⋯그 말은, 노예를 뭉텅이로 물에 버리자는 말입니까?"

"그렇게 하면 동난 식수 문제를 해결할 수 있소. 또⋯!" 이날 오후 긴급회의를 연 선장은 그의 결심에 되묻는 선의船醫 등 몇몇 사람에게 대고 이렇게 받아쳤다. 괜히 주변 눈치를 살핀 선장이 목소리를 줄인 채 말을 이어갔다. "저 노예 놈들, 당신들도 알겠지만 물이 없으면 어차피 곧 저승행이오. 쟤들이 굶어 죽으면 우리에게는 큰 손실이오. 그런데 그거 아시오? '배에 위기가 닥쳤을 때에 한해, 노예를 바다에 던질 수밖에 없었다면 1인당 보험금 30파운드씩을 청구할 수 있다.' 이게 보험사와 맺은 계약이오!" 그의 손에는 꼬깃꼬깃한 증서가 들려 있었다. "지금 배는 항로를 한참 벗어났소. 식량도 넉넉지 않다고 하니, 우리가 살아남고 고생한 만큼 돈도 벌기 위해선 어쩔 수 없소⋯." 선장은 조곤조곤 말했지만, 그의 눈에는 이미 광기만 가득했다. 돈 이야기에 모두가 입을 다물었다. 이들의 한숨을 듣고 있던 선장이 꺼낸 다음 말은 간결했다. "병들거나 비쩍 마른 노예부터 던

❖ 윌리엄 터너, 노예선, 1840, 캔버스에 유채, 90.8x122.6cm, 보스턴 파인 아트 미술관

지는 것으로 하겠소." 그날 54명, 다음 날 42명, 그다음 날 36명…. 선장과 선원은 132명 노예를 물속에 밀어 넣었다. 반항하며 도망치는 노예는 나무통에 쑤셔 넣은 뒤 걷어차 버렸다.

다만 이런 일이 있을 무렵 선장은 병에 걸려 거동이 불편했다는 말도 있다. 즉, 학살하기로 뜻을 모은 후 이를 직접 실행한 건 선장이 아닌 다른 사람이었을 가능성도 있다. 그래봤자 모두가 공범 또는 방관자였음은 부정할 수 없지만.

윌리엄 터너William Turner가 당시 벌어졌던, 이른바 '종 호 학살'을 상상해 그렸다. 제목은 〈노예선〉이다. 별 정보 없이 이 그림을 접하면 금빛 하늘과 바다가 잘 어우러진 풍경화 같다. 대담한 붓질, 과감한 색채는 그림 주제가 대자연의 힘 내지 석양을 품은 바다의 절경이 아닐까 하는 생각도 들게 한다. 그러나 그림의 오른편 밑을 보는 순간 싸늘한 느낌이 든다. 사슬에 묶인 다리가 있다. 물에 빠진 노예다. 온갖 물고기와 새가 그 주변에 몰려 있다. 갑판에서 걷어차인 노예가, 말 그대로 물고기 밥이 돼 잔혹하게 죽어가고 있는 것이다. 그러고 보면 바다 위로 검은 무언가가 수십 개나 쑥 튀어나와 있다. 자세히 보니 이 또한 물살에 쓸려가는 노예의 팔이다. 깊고 짭짤한 물속에서 겨우 손만 내민 채 발버둥 치는 모습인 것이다. 종 호는 이들을 버려둔 채 파도를 힘껏 넘는다. 여기까지 보이면 비로소 마법이 풀리며 이 그림이 참혹한 역사화로 보이기 시작한다. 이제는 금빛 하늘도 핏빛 석양, 요동치는 파도도 죽음의 소용돌이 같다.

인간이 인간을 사냥하다

노예는 고대 시절부터 존재했지만, 16~19세기 당시 유럽 주도의 삼각무역 triangular trade이 성행했던 시절만큼 잔혹하게 다뤄진 적은 흔치 않았다.

먼저 유럽의 노예 상인이 무역선에 올라 아프리카로 간다. 원주민을 붙잡아 배에 실은 상인들은, 이번에는 아메리카 땅을 밟는다. 그곳에서 아프리카 원주민

❖ 장 레옹 제롬, 노예시장, 1866, 캔버스에 유채, 84.8x63.5cm, 클라크 미술관

을 사탕수수 농장 등 일대 현장에 노예로 팔아버리는 식이었다. 이 과정에서 유럽은 자연스럽게 아프리카로 무기(사냥용품 등)와 생필품을 팔았다. 아프리카는 원치 않게 아메리카로 노예를 수출했다. 아메리카는 이들(강제로 노예가 된 아프리카인들)이 일해 얻은 설탕 등을 유럽에 다시 수출했다. 유럽에서 아프리카, 그다음 아메리카, 또 유럽. 주고받는 흐름이 삼각형을 그린다고 해 붙은 말이 삼각무역이었다. 이는 앞서 15세기에 유럽에서 소위 대항해시대가 열린 결과였다. 유럽인이 비슷한 시기에 아프리카와 아메리카를 찾고, 이 땅을 제 이익에 맞게 주무른 결과 빚어진 흑역사였다.

그 시절 유럽 노예 상인은 아프리카인을 사냥감으로만 봤다. 1745년생으로 11살 무렵 아프리카 고향에서 '사냥'당한 올라우다 에퀴아노Olaudah Equiano의 증언을 통해서도 짐작할 수 있다. 어느 날, 그와 여동생은 웬 남자 둘과 여자 하나에게 덮쳐져 손발이 묶였다. 둘은 밧줄에 이끌려 걷고 또 걸었다. 며칠이 흘렀을까, 배와 바다가 보였다. 갑자기 낯선 이들이 몰려왔다. 이들은 남매의 몸 곳곳을 주물럭거렸다. 프랑스 화가 장 레옹 제롬의 그림 〈노예시장〉에서 이런 절차가 노골적으로 이뤄지는 장면을 볼 수 있다. 고대 시대부터 노예 판매자와 구매자는 노예의 건강을 최우선으로 신경 썼다. 특히나 눈, 이, 피부, 관절 등을 꼼꼼하게 살폈다. '등급'을 따지는 절차였다. 이가 흔들거리거나, 피부에 종기가 있다면 가치가 크게 떨어졌다. 잡혀 온 남매는 자기 몸을 더듬는 이들 틈에서 그제야 주변을 둘러볼 수 있었다. 둘처럼 포박된 사람들이 많은 것을 뒤늦게 알아볼 수 있었다. "…내가 만약 1만 개의 나라를 갖고 있다면, 그것을 다 내주고서라도 (이렇게 잡혀 갈 바에야 차라리) 고국에서 가장 비천한 노예로 살고 싶었다." 당시를 회상하는 에퀴아노의 심정이었다.

노예 상인은 악랄했다. 토끼 잡듯 사냥개를 풀고, 길목마다 덫과 함정을 파놓는 건 흔한 일이었다. 강도와 방화, 폭행과 성폭력 등 범죄도 일삼았다. 일대 문화와 지리를 아는 아프리카인을 끌어들여 전문 사냥꾼으로 키우기도 했다. 인간이, 같은 인간에게….

눈물을 흘리는 인간 화물탑

그림 한가운데 있는 남성 둘이 바닥에 누워 있는 노예를 살펴본다. 상태가 심상치 않은 듯, 노예의 입을 벌려 안쪽을 보는 남자가 옆 사내의 팔을 잡고 있다. 중절모를 쓰고 귀찮다는 표정으로 다리를 뻗은 채 앉아 있는 그가 이번 원정단의 실세일 게 분명하다. 그가 고개를 가로젓는 순간 이 노예는 '불량품'이 되어 버려질 것이다. 그런가 하면, 초록색 줄무늬 옷을 입은 남성은 또 다른 흑인 노예에게 바코드 새기듯 불도장을 찍고 있다. 프랑수아 오귀스트 비아르François-Auguste Biard의 그림, 〈노예무역〉이다.

종 호 선장 콜링우드와 선원들 또한 갖은 방법으로 아프리카 원주민을 마구 잡아들였다. 그런 뒤에는 비아르의 그림처럼 이들을 철저히 짐으로 취급했다. 붙잡히기 전이 사냥감이었다면, 붙잡힌 후에는 내다 팔아야 할 상품으로만 봤다. 이들은 은유나 비유가 아닌, 정말로 화물貨物 이상의 대우를 받지 못했다. 종 호 또한 짐(붙잡은 아프리카 원주민, 즉 노예)의 등급 분류를 마친 후 닻을 올렸다.

그렇다면 영문도 모른 채 노예 낙인까지 찍힌 아프리카인들은 배 안에서 어떻게 살았을까? 종 호를 비롯해 당시 노예무역선이 돈을 아끼기 위해 가장 먼저 하는 조치는 일단 많이 싣는 것이다. 채울 수 있을 때까지 가득 채워 한 번이라도 덜 오가야 돈을 아낄 수 있다. 노예 상인도 그런 마음으로 사냥해 붙잡은 노예들을 화물 싣듯이 갑판 아래에 가득 밀어 넣었다. 이들을 맨 끝 모서리에서부터 한 명씩 강제로 눕혔다. 발 디딜 틈이 없을 만큼 빼곡해지면 그 위로 한 명씩 새롭게 또 얹었다. 겹겹이 포갰다. 그러다 보면 갑판 아래에는 노예로 층층이 만들어진 높고 넓은 인간 화물탑이 생겼다. 신음하는 탑, 눈물이 흐르는 탑, 배설물을 흘리는 탑…. 그것은 기괴하고 참담한 광경이었다.

수백 명의 인간이 벗어놓은 양말 더미처럼 진득하고 축축하게 엉겨 있다. 촛불을 들고 가면 불이 꺼질 만큼 산소가 부족하다. 옥수수알뿐인 배설물이지만, 바닥에 계속 고이니 밑층부터 똥독이 오른다. 이질, 홍역, 천연두 등 온갖 병이 돌 수밖에 없었다. 선장 콜링우드와 선원들은 그런 지옥 통에 있는 노예를 가끔 갑판 위로 끌고 왔다. 건강, 그러니까 이번에도 '품질' 유지를 위해 운동을 시켰다. 이 또한 채찍을 휘두르며 억지로 춤을 추도록 하는 게 다였다. 진작부터 신경 써야 했을 해도와 나침반은 밀어둔 채.

채찍 든 자들의 어이없는 실수로 배는 길을 잃었다. 끝내 더 어이없는 판단으로 노예 132명을 수장시켰다. 이것이 종 호 사건의 전말이다. 그렇다면 그들은 역사에 길이 남은 미친 짓을 벌인 대가를 치렀을까.

고작 그따위의 심판

그들은 법정에 섰다. 나름의 심판도 받았다. 하지만 그 수위는 어이가 없을 지경이었다. 판사, 국왕 직속의 법률 자문관마저도 이 자들을 '살인자'라고 부르지 않았다. 심지어 종 호 참사를 일으킨 장본인들이 먼저 소송을 걸었다는 점을 아는 이는 많지 않다.

종 호에 탔던 뱃사람들은 보험사가 계약을 어기고 보험금을 주지 않는다며 런던의 법원 문을 두드렸다. 우리는 식수 부족 위기에서 벗어나기 위해 어쩔 수 없이 노예 132명을 바닷물에 밀어 넣었다. 보험사는 이른바 '위기 보상' 계약상 우리가 내다 버린 노예 한 명당 30파운드를 줘야 하는데도 입을 닫고 있다. 이것이 그들의 주장이었다. 고소를 당한 보험사는 종 호가 우여곡절 끝에 육지로 온 당시 배에 420갤런(약 1,580리터)의 물이 있었다고 주장했다. 이는 300~400명이 열흘간 마실 수 있는 양이었다고 항변했다. 1심 재판부는 뱃사람들의 말이 더 신빙성이 있다고 판결했다. 그렇게 1차전은 끝을 맺었다. 마실 물이 정말 없어서 노예를 내다 버렸나, 그저 보험금을 타내기 위해 노예를 수장시켰나. 재판부가 주목한 건 이 지점이었다. 노예 몇 명이 물에 빠졌고, 이들이 어떻게 죽었고, 숨이 끊어지기 전이 무슨 절규를 했는지 등에는 별 관심을 보이질 않았다.

보험사의 항소로 열린 2차전도 분위기는 비슷했다. 이번에는 선장과 선원의 착각(혹은 고의적 누락)이 있었고, 사실은 학살 당시에도 식수가 충분했었다는 정황이 더 설득력을 얻었다. 노예 관점에서 비극성만 더해졌다. 그나마 2심은 보험사의 승소로 막을 내렸지만, 이번에도 노예 학살에 대한 책임은 거론되지 않았다. 일부 노예무역 반대론자들이 재판 중 뱃사람들을 살인죄로 고발할 움직임을 보이기는 했다. "(노예를 바다로 밀어 넣은)이 사건은, 말을 바다에 집어 던진 일과 똑같다고 볼 수 있다!" 당시 국왕 법률 자문관이 이렇게 호통쳤다는 설이 있다. 뱃사람들은 결국 보험금을 받지 못했다. 다만, 이들에 대한 심판은 그걸로 끝이었다. 작자 미상의 그림 〈사슬을 찬 노예〉를 보면, 이 결과에 따른 서글픔과 허

무함은 더욱 깊어진다. 앳된 흑인이 목에 사슬을 달고 있다. 모든 걸 포기한 듯 늘어진 그가 보고 있는 건, 목과 같이 자기 팔목에도 걸려 있는 사슬이다. '나도 인간인데, 나도 하나의 인격체인데….' 그가 하는 혼잣말이 들리는 듯도 하다.

❖ 작자미상, 사슬을 찬 노예, 1820년경, 캔버스에 유채 등, 26x20.5cm, 왕립 박물관 그리니치

"또 같은 실수를 반복하지 말라"

다행히도 종 호 학살이 그대로 수면 아래로 가라앉지는 않았다. 그 당시 영국의 몇 없는 노예 해방론자였던 그랜빌 샤프Granville Sharp 와 몇몇 작가가 이 어이없는 사건, 또 사건만큼 어이없는 재판 결과를 세상에 열심히 알렸다. 선을 넘어도 한참 넘은 이번 만행을 접한 여론은 그제야 노예제에 회의감을 갖기 시작했다. 인간이 같은 인간을 가축처럼 부리는 일. 이러한 노예제가 자연법natural law 으로 보든, 종교 윤리로 보든 용인할 수 없다는 걸 새삼스럽게 깨닫고 있었다.

종 호 학살이 있고서 10년이 흐른 1791년. 이번에는 영국 노예무역선 리커버리Recovery 호가 아프리카 원주민을 싣고 카리브해를 지나고 있었다. 선장 존 킴버John Kimber 또한 노예 '품질'을 관리하겠다며 이들을 갑판 위로 끌고 왔다. 그런 뒤 강제로 옷을 벗기고 춤을 추도록 했다. 어린 여자 노예 둘이 말을 듣지 않았는데, 킴버는 기강을 잡겠답시고 이들을 채찍으로 때려 죽여버렸다.

그런 킴버는 앞서 종 호 사례와 달리 살인죄로 기소돼 재판을 받았다. 드디어 유럽이 노예를 짐짝이나 조랑말이 아닌, 한 명의 사람으로 본 것이다. 킴버는 무

❖ 아이작 크뤽섕크, 선장 존 킴버가 흑인 소녀를 대하는 태도, 1792, 런던에서 발행된 책 속 삽화

죄를 받았는데, 재판부가 노예들이 학대가 아닌 질병으로 죽었다고 판단했기 때문이다. 판결은 아쉬웠지만, 적어도 노예를 죽였다는 사실만으로 법정에 넘겨진 일 자체가 그간 없었기에 의미 있는 사례였다. 사법부가 예전과 달리 큰 관심을 두는 여론의 눈치를 본 결과였다. 영국 출신의 삽화가 겸 만화가 아이작 크뤽섕크Isaac Cruikshank가 책 속 삽화를 통해 문제의 장면을 그렸다. 거꾸로 매달린 노예가 괴로운 듯 얼굴을 감싸고 있다. 채찍을 들고 게슴츠레하게 웃고 있는 남성이 킴버다. 그는 무죄를 받았지만, 그의 사례와 이 삽화는 노예 해방운동에 중요한 선전물로 쓰였다.

종호 학살은 유력 종교단체와 지식인의 양심을 흔드는 데도 상당한 역할을 했다. 1783년, 영국 퀘이커교도 273명은 하원에 노예무역 폐지 청원서를 제출했다. 1787년에는 런던 내 노예무역폐지협회도 공식 출범했다. 영국은 1807년에 들어서는 노예무역을 금지했다. 1833년에는 노예제 폐지법이 국회를 통과했다. 영국은 원래 압도적 국력으로 노예시장에서 큰손을 자처했다. 그런 나라가 돌변하자 유럽의 이웃 국가들도 흐름에 따를 수밖에 없었다. 유럽 대부분이 비슷한 시기 노예제를 철폐했다. 정의는 절뚝대면서도 기어코 자기가 있어야 할 곳으로 온 듯했다.

다시 터너의 〈노예선〉을 보자. 터너는 이 그림을 1840년에 그렸다. 영국에서 노예제가 사라지고 이미 7년이 흐른 때에 이 작품을 내놓은 것이다. 그렇게 다시 종 호 학살 사건을 수면 위로 끌어올렸다. 왜 그랬을까?

터너는 이 대작을 통해 인류에게 경고의 말을 던졌다. 먼저, 이젠 불법인 걸 알지만 여전히 몰래 노예무역을 하는 당시의 업자에게 대고 말했다. 이 참혹한 비극을 되풀이하려고 그런 짓을 계속하는지를. 아울러 언제 또 같은 실수를 반복할지 모를 미래 세대에게도 생각할 거리를 안겼다. 오직 물질만능주의에만 천착하면 어떤 재앙이 빚어질 수 있는지를. 터너의 〈노예선〉은 완성된 그해 6월에 영국 왕립 박물관에서 처음 전시되었다. 당시 런던에서 열린 세계 노예제도 반대 회의를 가장 명징하게 기념하는 예술품이었다. 행사에 참석하기 위해 각지에서 온 많은 이가 그림 앞에서 모자를 벗고, 고개를 숙여 애도를 표했다고 한다.

윌리엄 터너(1775~1851)

영국의 국가대표급 화가. 미술에 대해서만큼은 '불모지'로도 칭해질 만큼 상황이 좋지 않았던 영국이 낳은 몇 안 되는 스타급 예술가다. 이발사의 아들로 태어났지만, 일찍부터 회화에 재능을 보여 20대 때 이미 왕립 아카데미 정회원 자리에 올랐다. 풍경화와 역사화를 즐겨 그린 그는 특히나 빛에 대한 묘사가 탁월했다. 이에 화풍으로는 낭만주의에 속하지만, 인상주의의 창시자 내지 선구자로 꼽히기도 한다. 대표작은 〈테메레르의 마지막 항해〉〈눈 폭풍, 알프스를 넘는 한니발과 그의 군대〉〈눈보라〉 등이다. 말년에는 스스로 고립을 택했다. 남몰래 이름을 바꾸는가 하면, 아예 죽은 사람처럼 은둔생활을 한 적도 있었다. 그는 제자도, 후계자도 두지 않았다.

프랑수아 오귀스트 비아르(1799~1882)

프랑스 리옹 출신(추정)으로 모험가 성향이 강한 화가이자, 그 시절 노예무역에 반대하는 노예제 폐지론자였다. 그는 꾸준히 새로운 곳을 견학했다. 프랑스에서 스페인, 이어 시리아, 그리스, 이집트를 돌았다. 그 뒤 브라질에서 2년간 지냈는데, 아마존강과 네그루강 등을 돌며 일대 원주민을 만나기도 했다. 그는 북극권까지 가서 빙산을 그린 최초의 유럽 화가로도 추정되고 있다.

참고 자료　○ 노예선, 마커스 레디커, 갈무리

○ 에퀴아노의 흥미로운 이야기, 올라우다 에퀴아노, 해례원

○ 낙인찍힌 몸, 염운옥, 돌베개

○ Voyage of the Slave ship, May, Stephen J. McFarland & Company

○ The Zong : A Massacre, the Law and the End of Slavery, Walvin, James. New Haven & London : Yale University Press

14.
총사령관의 목숨을 건 도박

에마누엘 로이체,
델라웨어강을 건너는 조지 워싱턴

1776년, 12월 25일
델라웨어강을 건넌 조지 워싱턴이
독립 전쟁의 향방을 바꾸다

"꼭 이겨야 한다. 이번에도 지면… 모든 게 끝이다."

1776년, 12월 25일. 크리스마스 당일 밤. 미국 대륙군(북미 13곳 영국 식민지군)의 총사령관 조지 워싱턴_{George Washington}이 혼잣말을 했다. 그는 2,400여 명의 병사와 배에 올라 델라웨어강을 건너고 있었다. 이들이 향하는 곳은 강기슭에 있는 트렌턴이었다. 영국군 소속의 독일 용병단이 점거하고 있는 그 도시를 몰래 칠 계획이었다.

사실 이는 무모한 행보였다. 지난해부터 미국 대륙군은 영국군과 북미 땅에서 싸우고 있었다. 영국의 가혹한 식민 통치에서 벗어나기 위한 독립 전쟁이었다. 처음에는 대륙군의 기세도 좋았지만, 점차 밀리더니 영국군에 연전연패하는 나날이 이어졌다. 대륙군 총사령관인 워싱턴은 전쟁을 총괄 지휘한 경험이 거의 없었다. 대륙군 또한 농민 등으로 이뤄진 잡군이었다. 반면 영국군은 그 시절 최강으로 불릴 만큼 위력적이었다. 이러니 짧았던 초심자의 행운 후 치이고, 물러나고, 퇴각할 수밖에 없었던 것이다.

얼마 전만 해도 워싱턴과 대륙군 1만 명 정도가 롱아일랜드에 진을 치고 있었다. 하지만 3만 대군의 영국군은 눈 깜짝할 새 롱아일랜드는 물론, 뉴욕과 그 주변부까지 손에 넣었다. 정신 차려보니 대륙군은 1년 새 펜실베이니아까지 밀려나 있었다. 대륙군은 붕괴 위기를 맞았다. 설상가상으로 이들 중 대부분이 곧 '합법적'으로 군에서 벗어날 수 있었다. 이들의 전역 날짜는 1776년 12월 31일, 어느덧 코앞이었다. 밥 먹듯 패퇴하는 대륙군을 위해 복무 연장을 할 이는 없을 터였다.

…그래도, 딱 한 번만 보란 듯 승리하면 분위기가 바뀔 것이다.

워싱턴은 이런 한 줄기 희망을 품고 있었다. 그래서 병사들의 복무 기한을 엿새 남긴 이날, 델라웨어강을 건너 트렌턴을 급습하기로 한 것이었다. 승리, 오직 딱 한 번의 승리를 위해, 주사위는 던져졌다.

역사를 바꾼 승부수

그런데 대륙군은 영국군에게 정말 한 번도 안 들킬 수 있을까? 불가능해 보였다. 그 무렵 트렌턴 주변 영국 편의 독일 용병단은 정찰에 힘을 쏟았다. 날씨도 좋지 않았다. 강 절반쯤은 이미 얼어 있었다. 기습은커녕 얼음 조각에 갇히기 딱 좋았다. 즉, 워싱턴과 그의 병사들은 사실상 죽으러 가는 셈이었다. 실제로 그가 셋으로 나눈 부대 중 두 곳은 도강渡江조차 제대로 하지 못했다. 하지만 이처럼 절망적인 순간에 온 우주가 워싱턴 편에 서기로 결심한 것처럼 행운이 이어졌다.

일단, 워싱턴 부대가 건너는 강줄기는 그나마 얼음도 얇았다. 덕분에 들키지도, 갇히지도 않은 채 나아갈 수 있었다. 독일 용병단 중 일부가 그날 밤, 워싱턴 부대의 도하渡河 장면을 보기는 했다. 하지만 이들 입장에서는 때마침 맞닥뜨린

에마누엘 로이체, 델라웨어강을 건너는 조지 워싱턴, 1851, 캔버스에 유채, 378.5x647.7cm, 메트로폴리탄 미술관

위치가 좋지 않았다. 주변 영국군에 상황을 전할 수 있기는커녕, 하필 그대로 포위당하기 딱 좋은 지형이었던 것이다. 독일 용병단은 그대로 각개격파 당하고 말았다. 상황을 제대로 전달받지 못한 영국군과 나머지 용병단은 날이 밝자마자 주변을 둘러봤다. 하지만 당장 눈앞에 보이는 게 없자, 긴장의 끈을 완전히 놓아버렸다.

'이게 다야…? 왜 이렇게 조용해…?'

워싱턴은 의아했다. 그는 행운을 흠뻑 뒤집어썼다는 걸 모른 채 트렌턴 땅을 무사히 밟았다. 대포를 잔뜩 끌고서 천천히 나아갔다. 사실 워싱턴과 대륙군이 적군의 마지막 정찰에 걸리지 않은 건 이 대포 덕분이었다. 너무 무거워 진군이 예정보다 늦어진 것이다.

크리스마스 다음 날인 26일 오전 8시쯤, 워싱턴은 트렌턴의 핵심 언덕을 그도 당황스러울 만큼 쉽게 장악했다. 대륙군은 그곳에 대포를 촘촘히 깔았다. 영국군과 용병단에게는 마른하늘에 날벼락이었다. 대륙군은 이날 포로만 900명 가까이 붙잡았다. 기적 같은 일에 사기가 오른 대륙군은 인근 프린스턴에서 또 승리했다. 매번 지던 오합지졸이 전투 베테랑을 연거푸 압살한, 세계사를 통틀어 유례없는 일이 벌어졌다. 승리의 달콤함을 느낀 대륙군 대부분이 전역을 늦췄다. 그렇게 미국 독립 전쟁의 흐름도 바뀌기 시작했다.

에마누엘 로이체Emanuel Leutze가 트렌턴 전투에 임하는 워싱턴의 결정적 순간을 화폭에 옮겼다. 워싱턴이 한쪽 다리를 내민 채 점잖게 섰다. 그런데 그의 이 자태와 주변 모습은 영 어울리질 않는다. 뗏목처럼 작은 배, 통일성 없이 제각각인 병사…. 이들은 전투는커녕 노를 젓고 얼음을 깨다가 힘이 다할 것처럼 보인다. 당시 대륙군의 상황이 쉽지 않고, 병사 또한 오합지졸이라는 걸 표현한 듯하다. 그래도 희망이 보인다. 이들은 밝은 곳으로 간다. 먹구름 틈으로도 드디어 빛이 새어 나온다. 그렇다면, 겨우 고개 내민 행운은 끝까지 이들을 지켜봐 줬을까?

보스턴 항에 차 상자를 던지다

원래 영국과 북미 동부에 있는 식민지 13곳의 관계는 나쁘지 않았다. 영국이 긴 전쟁 여파로 돈이 궁해지기 전까지는.

살찌운 대륙을 드디어 써먹을 때가 왔구나. 돈줄이 마른 영국 정부는 차츰 이런 마음으로 북미 식민지를 보기 시작했다. 지금껏 봐주고 있었다는 듯 점점 노골적으로 세금을 뜯었다. 가령 1764년에 영국은 이들에게 설탕세를 씌웠다. 다음 해에는 인지세를 도입해 책과 신문, 심지어 트럼프 카드에도 세금을 매겼다. 식민지 주민의 제철업 투자를 제한하는 제철법, 식민지 내 지폐 발행을 금지하는 화폐법 등도 마구잡이로 만들었다. 식민지 주민은 부글부글 끓을 수밖에 없었다. 미국 독립운동의 도화선이 된 보스턴 차 사건은 이런 험악한 분위기에서 발발했다.

1773년, 이제는 영국의 공기업 격인 동인도 회사마저 경영난을 겪고 있었다. 영국 정부는 북미 식민지에 대한 차茶 판매권을 동인도 회사에 독점으로 내주었다. 일종의 궁여지책이었다. 그런데 이번 조치로 동인도 회사 소속이 아닌 상인은 더는 차를 수입할 수 없는 상황에 부닥쳤다. 북미 식민지 주민(특히나 자존심 센 지식인과 손해를 본 상인)은 이를 영국의 도 넘는 간섭으로 봤다. 세금을 쥐어짜고 시장을 교란하는 데 이어, 단순 기호품을 놓고도 일일이 참견하는 건 용납할 수 없다고 여긴 것이었다.

그해 12월 16일, 차를 가득 실은 영국 배 세 척이 보스턴 항에 들어왔다. 성난 군중은 아메리칸 인디언 분장을 한 채 항구를 습격했다. 배에 올라탄 이들은 궤짝을 마구잡이로 내던졌다. 이 일로 약 1만 파운드 값의 차가 버려졌다. 너새니얼 커리어Nathaniel Currier가 그림 〈보스턴 차 사건〉을 통해 당시 모습을 적나라하게 그렸다. 변장하고 웃통까지 벗은 한 무리가 배에 올랐다. 그들은 차가 담긴 상자를 한풀이하듯 내버린다. 식민지 주민은 이 모습에 손을 들어 환호한다. 현장에선 "차라리 보스턴 항을 찻주전자로 만들자!"라는 식의 구호가 퍼졌다. 영국 시선에선 테러, 북미 식민지 입장에선 혁명의 시작이었다.

❖ 너새니얼 커리어, 보스턴 차 사건, 1846, 석판화, 크기 미상, 스프링필드 미술관

"식민지 놈들이 내다 버린 차를 배상할 때까지 보스턴 항구를 폐쇄한다!" 영국은 격노해서 이런 식으로 맞받았다. 보복도 했다. 이제 영국 정부의 허락이 없으면 식민지 주민은 모임도 열 수 없었다. 영국군이 원하면 무슨 건물이든 개방해야 하는 숙영법도 강요했다.

"자유를 원하면 싸워야 합니다!"

1775년, 식민지 독립론자였던 패트릭 헨리Patrick Henry가 리치먼드 민중 대회에서 입을 열었다. "제 입장은…. 자유를 달라. 그게 아니라면 죽음을 달라Give me liberty, or give me death! 이것입니다!" 보스턴 차 사건 이후 더욱 조여드는 탄압에

200

분노하고만 있던 시민은 이 밀도 높은 말에 환호했다.

비슷한 시기, 자유주의 사상가 토머스 페인Thomas Paine이 책《상식》을 출간했다. '섬이 대륙을 영구 통치하는 건 불합리한 일이다. (…) 위성이 행성보다 큰 사례가 있는가?' …이렇게 생각하는 게 '상식' 아닌가. 페인은 책을 통해 식민지 주민에게 물었다. 주민은 또 한 번 열광했다. 이제 독립을 위해 전쟁도 불사하겠다는 데 이견을 달 이는 없었다. 전쟁은 물릴 수 없는 선택이 됐다.

대륙군의 짧은 영광

그 무렵 이미 영국군과 미국 대륙군(정확히는 당시로는 민병대) 사이에 소규모 전투가 이뤄지고 있었다. 초반에는 대륙군이 활약했다.

1775년 4월, 보스턴에 주둔하던 영국군은 첩보를 입수했다. 보스턴 인근 콩코드의 대륙군이 몰래 무기를 모으고 있다는 정보였다. 정예 영국군 700여 명이 출격했다. 초장부터 버르장머리를 고쳐줄 생각이었다. 진군하던 영국군은 콩코드 근처 렉싱턴에서 대륙군 일부와 마주할 수 있었다. 이들은 나란히 선 채 대치했다. 짙은 안개만이 그사이를 낭창하게 유영했다.

"건방진 폭도들이여, 알아서 해산하라!"

침묵을 깬 건 영국군이었다. 탕! 이때 어디선가 총성이 울렸다. 훗날 '전 세계에 울려 퍼진 총성The shot heard round the world'으로 칭해지는 이 소리 직후 양군은 맞붙었다. 영국군은 능숙했고, 대륙군은 처절했다. 승기를 잡았다고 본 영국군은 곧장 콩코드까지 밀어붙였다. 영국군은 가는 길에 보이는 모든 걸 짓이겼다.

할 일을 끝냈다고 본 영국군은 보스턴으로 회군했다. 위기는 그때부터 찾아왔다. 대륙군은 영국군이 다리를 건널 때, 구릉을 넘을 때, 절벽을 지날 때만 되면 불쑥 모습을 보였다. 더 무서운 건, 대륙군의 숫자가 점점 늘고 있었다는 것이었다. 영국군이 때려 부순 집과 농장 구성원이 대륙군에 합류한 결과였다. 영국군은 야금야금 뜯어먹혔다. 그 결과 이번 렉싱턴-콩코드 전투 중 250명 이상의 사상자를 냈다. 반면 대륙군 사상자는 90~95명 수준이었다. 13곳 식민지 대표는 그즈음, 그나마 전투 경험이 가장 많은 워싱턴을 대륙군 총사령관에 임명했다. 1776년, 3월, 워싱턴의 대륙군은 여세를 몰아 영국군이 머물러 있던 보스턴까지 덮쳤다. 대륙군은 함대에 올라 철수하는 영국군을 조롱했다.

하지만 대륙군의 영광은 길지 않았다. 이제부터는 영국군의 시간이었다.

궤멸 위기에 놓은 대륙군

영국군은 곧장 3만 대군으로 되돌아와 뉴욕을 쳤다. 보스턴 철수 뒤 반년도 흐르지 않은 때였다. 윌리엄 하우William Howe 장군이 이끈 영국군은 뉴욕 남동쪽 롱아일랜드에 상륙했다. 대륙군은 나름대로 진을 치고 있었지만, 군의 질과 양 모두 압도적으로 불리했다. 애초에 상대가 되지 않는 싸움이었다. 영국군은 롱아일랜드 전투에서 압승을 거뒀다. 영국군 사상자는 400명 안팎, 대륙군 사상자는 5배에 달하는 2,000명 안팎이었다.

대륙군은 이후로도 계속 깨졌다. 렉싱턴-콩코드 전투 같은 짜릿한 승부는 더 이상 나오지 않을 듯했다. 대륙군은 킵스베이, 화이트 플레인스, 워싱턴 하이츠에서 연거푸 패배했다. 요새 격으로 둔 포트 워싱턴과 포트 리까지 빼앗겼다. 민병대 티를 벗지 못한 대륙군은 이리저리 휘둘리기만 할 뿐이었다. 보스턴 탈환 당시 휘파람을 불던 대륙군은 이제 땅바닥만 보고 행군했다. 병사 1만여 명 중 몇천이 죽거나 도망쳤다. 남은 이들 중에서도 소총을 가진 이는 3분의 1 수준이었다.

"인간 한계를 뛰어넘은 고난을 겪어야 했던 극소수의 사람들⋯!"

❖ 존 트럼불, 트렌턴에 있는 조지
워싱턴, 1792년경, 캔버스에
유채, 234.9x160cm, 예일대
미술관

훗날 워싱턴은 당시를 이렇게 돌아봤다. 이런 상황 속에서 워싱턴이 식민지의 명운을 걸고 트렌턴 전투에 나선 것이었다. 그가 여기서 기적처럼 승리하지 못했다면 대륙군은 역사에서 사라졌을 수도 있다. 영국과 미국의 관계 또한 향후 몇백 년간 요동칠 수 있었다. 독립 전쟁 당시 대륙군 편에서 군복무를 한 존 트럼불John Trumbull이 트렌턴 전투의 최종 승리를 목전에 둔 워싱턴을 그렸다. 워싱턴은 승장의 여유로움을 한껏 내보인다. 파란색 코트를 두른 워싱턴은 왼손에는 검, 오른손에는 망원경을 든 채 위용을 드러내고 있다. 저 멀리서는 트렌턴 전투의 일등 공신인 포병 군단을 볼 수 있다. 말은 마부의 제지를 받아야 할 만큼 아직도

❖ 존 트럼불, 버고인 장군의 항복, 1821, 캔버스에 유채, 365.7x548.6cm, 미국 국회의사당

기운이 넘친다. 하지만 워싱턴도 천막에 들어가서는 널브러진 채 가슴을 쓸어내렸을지도 모른다.

행운의 여신은 그 자리에

트렌턴 전투가 미국 독립의 불씨를 살렸다면, 새러토가 전투는 그 불씨를 거대한 불줄기로 키운 사건이었다. 트렌턴 전투 직후인 1777년 봄, 영국 정부도 작전을 짰다. 뉴욕을 빼앗은 정규군, 캐나다에 주둔하는 군을 연계해 대륙군을 일망타진하겠다는 계획이었다. 뉴욕의 하우 장군이 필라델피아를, 캐나다 방면의 존 버고인John Burgoyne 장군이 허드슨강 유역 전체를 점령하는 구상이었다. 그렇게 하면 대륙군의 심장과 대동맥을 모두 뜯어낼 수 있겠다고 판단했다.

하우는 필라델피아에 입성할 수 있었다. 하지만 1만여 명의 병사와 함께 나선 버고인은 그러지 못했다. 거듭된 오판 끝에 세러토가 일대에서 포위당하고 말았다. 버고인의 영국군은 대륙군과 인근 민병대의 게릴라전에 미칠 노릇이었다. 어느새 가을이 무르익은 10월, 버고인과 6,000여 명의 병사는 대륙군에 항복했다. 트럼불이 그 장면도 화폭에 옮겨 담았다. 빨간색 영국 군복을 입은 버고인과 또 다른 장교 윌리엄 필립스William Phillips가 어정쩡하게 섰다. 이들은 당시 대륙군의 장군 허레이쇼 게이츠Horatio Gates에게 검을 넘겨준다. 완벽한 굴복의 표시였다. 최고 전력을 자랑하는 군이 식민지 군과 민병대 앞에서 무기를 포기하고 무릎 꿇었다는 것. 이 사건은 국제적으로 충격적인 일이었다.

당장 영국의 앙숙 프랑스가 대륙군을 달리 보기 시작했다. 스페인, 네덜란드 등 영향력이 나날이 커지는 영국을 견제하던 국가도 대륙군 행보에 관심을 보였다. 지금이 영국을 흔들 수 있는 기회였다. 1778년, 프랑스는 미국을 독립국으로 인정했다. 사실상 영국을 도발하며 전쟁 개입의 판을 깐 것이다. 역시나 영국은 프랑스를 향해서도 곧장 선전포고를 했다. 그다음 해에는 스페인이 프랑스와 동맹을 맺고 영국을 또 한 번 몰아세웠다. 네덜란드 등은 돈을 풀어 대륙군을 지원했다.

영국 정부도 분위기가 심상치 않다는 걸 느끼고 있었다. 이들은 선택과 집중 전략을 택했다. 필라델피아에서 철수한 영국 주력군은 뉴욕을 요새화하기 시작했다. 이곳만은 내주지 않겠다는 생각이었다. 대륙군 입장에서는 결정적 한 방이 필요했다. 한 번만 더 크게 이기면 영국군의 모든 전투 의지를 빼앗을 수 있다고 확신했다. 그리고, 실제로 그 일이 일어났다. 대륙군에 고개 내민 행운은 끝내 눈길을 거두지 않았다.

"항복 선언"…과연 어느 쪽?

"녀석들이 언제 여기까지 왔어?"

1781년 9월, 북미 남부 지역의 영국군을 지휘하던 찰스 콘월리스Charles Cornwallis는 당황했다. 콘월리스는 워싱턴의 대륙군이 당연히 영국 주력군과 맞서 뉴욕에서 대치하는 줄 알았다. 그런데 어째서인지 그가 있는 버지니아 요크타운에 잔뜩 몰려와 있었다. 콘월리스의 병력은 독일 용병까지 합해 7,000명 남짓이었다. 반면 대륙군과 프랑스군이 뭉친 연합군 수는 1만 6,000명 이상이었다. 그래도 영국군에게는 믿을 구석이 있었다. 요크타운은 요크강을 품고 있었다. 강줄기를 타고 올라가면 북미 동쪽 연안에 걸친 거대한 만, 체서피크만이 있었다. 이곳을 통해 원군을 요청하면 되는데…. 그 물길 위에도 영국 함대가 아닌 프랑스 함대가 있었다. 그러니까 영국군은 대륙군과 프랑스군 연합에 꼼짝없이 포위당한 격이었다.

그 사이 무슨 일이 있었을까? 첫째로 연합군의 연막전술이 있었다. 연합군은 목표가 오직 뉴욕 탈환밖에 없는 양

❖ 존 트럼불, 콘월리스 경의 항복, 1820년경, 캔버스에 유채, 365.7x548.6cm, 미국 국회의사당

행동했다(실제로 워싱턴은 뉴욕에 집착했고, 거듭된 설득 끝에 뜻을 꺾었다는 설도 있다). 첩자의 보고를 받은 영국군은 더더욱 뉴욕 방어에만 집중했다. 영국군 전체가 기만 작전에 속아 넘어간 셈이었다. 둘째로 프랑스 함대가 체서피크만에서 영국 함대를 상대로 깜짝 승리를 거두었다. 도박보다 더 도박 같던 몰방沒放 작전이 통한 결과였다. 프랑스 함대는 이 덕에 체서피크만의 제해권을 빼앗아 올 수 있었다.

하필 콘월리스는 북미 남부 지역에 퍼져 있던 영국군을 요크타운 일대로 불러 모은 상태였다. 민병대의 게릴라전에 신물이 나 차라리 뭉쳐 있기로 한 것이었다. 그런데 그 결과, 남부의 거의 모든 영국군이 궤멸당할 위기에 처했다. 콘월리스는 맥없이 백기를 흔들었다. 무조건 항복이었다. 트럼불이 영국군 입장에서는 치욕적인 이 순간을 또 그림으로 기록했다. 화면 중앙에 흰말을 탄 이는 대륙군 장교다. 그 옆에는 영국군 장교가 초라하게 섰다. 그 뒤로 영국군이 줄줄이 붙었는데, 모두 허망한 표정을 짓고 있다. 대륙군 장교가 팔을 뻗는다. 향하는 곳은 다름 아닌 영국군 장교의 검이다. 어서 무기를 바쳐 항복의 예를 표하라는 것처럼 보인다. 요크타운 전투에서 연합군 측 전사자는 88명이었다. 반면 영국군 측 전사자는 309명이었다. 포로로 잡힌 이도 7,416명에 이르렀다. 최강군은 또 치욕을 맛봤다.

독립 전쟁은 요크타운 전투 이후로도 2년가량 이어졌다. 하지만 흐름은 바뀌지 않았다. 영국은 결국 1783년, 북미 13곳 식민지의 독립을 인정하겠다는 내용의 파리 조약을 맺었다. 종전 선언이었다. 비로소 미합중국美合衆國이 된 미국은 1787년 헌법을 제정했다. 이제는 오직 미국만을 위해 일할 새로운 통치자가 필요했다. 모두가 지목하는 적임자가 있었다. 고향으로 돌아가 농장 일을 하던 사내, 워싱턴이었다. 워싱턴은 만장일치로 미국 최초, 세계 최초의 대통령직에 올랐다. 이로써 미국 독립 전쟁의 대서사시가 막을 내렸다. 그리고 무한한 잠재력을 품은 미국 주도의 새로운 세계사가 쓰이기 시작한다. 돌아보면 독립 전쟁의 향방은 언제든 달라질 수 있었다. 이 정도면 미국에는 자유의 여신 이전에 행운의 여신이 있었던 건 아닐지.

에마누엘 로이체(1816~1868)

독일 태생의 역사화가. 아버지의 병간호를 하던 중 우연히 그림을 접했다. 처음에는 시간 죽이기용으로 붓을 쥐었지만, 점점 흥미를 느껴 진지하게 임했다. 재능도 있어 이미 14살 때부터 돈을 받고 초상화를 그릴 정도였다. 스승은 미국의 초상화가인 존 루벤스 스미스. 대표작은 〈여왕 앞의 콜럼버스〉〈서부 제국의 길을 걷다〉 등이다.

존 트럼불(1756~1843)

미국 독립 전쟁 당시 군인이자 종군 화가로 활동한 바 있는 화가. 미국 코네티컷주 출신인 그는 전쟁이 한창일 때 조지 워싱턴의 개인 보좌관, 허레이쇼 게이츠의 부관 역할도 수행했다. 21살에 전역한 뒤 영국 런던, 프랑스 파리 등을 돌며 본격적으로 미술을 배웠다. 이후 그가 그린 〈독립 선언〉〈버고인 장군의 항복〉〈콘월리스 장군의 항복〉〈사임하는 워싱턴〉 등은 미국 의회가 직접 구매하게 된다.

참고 자료　○　조지 워싱턴, 김형곤, 살림

　　　　　　○　미국 독립 전쟁, 김형곤, 살림

　　　　　　○　미국사 산책, 강준만, 인물과사상사

15.
'퍼스트레이디'의 가장 참담한 말로

**토머스 팰컨 마셜,
루이 16세와 국왕 가족의 체포**

**1791년 6월 21일,
루이 16세 일가의
도주가 실패하다**

1791년 6월 20일의 늦은 밤. 프랑스 왕비 마리 앙투아네트^{Marie Antoinette}가 튀일리궁 밖을 은밀히 걸었다. 앙투아네트는 긴장을 풀지 않았다. 잎 하나만 살랑여도 온몸을 주뼛 세웠다. 그 탓에 귀밑머리에 식은땀이 주렁주렁 맺혔다. 다행히 달빛은 옅었다. 대지는 고요했다. '제발, 마지막까지 저를 보호해주소서…' 고개를 넘는 순간, 앙투아네트는 자기가 아는 모든 신을 떠올리며 기도했다. 언덕에선 그녀는 그 밑에서 가물대는 덩어리를 볼 수 있었다. 눈에 잔뜩 힘을 준 채 살금살금 다가갔다. 그것은 말과 마부, 그리고 마차였다. 살았다. 다리에 힘이 풀려 주저앉을 뻔했다. "왕비님, 여기요. 이리로 오십쇼!" 앙투아네트를 향해 마부가 손짓했다. 앙투아네트는 잰걸음으로 다가갔다. 곧장 마차에 올랐다. 말의 콧김 소리와 함께 바퀴가 움직이기 시작했다. 그래봤자 몇 뼘 거리만 갔을 뿐이지만, 체감으로는 한나절은 걸린 느낌이었다.

앙투아네트는 목표지점에 닿았다. 그곳은 파리 귀퉁이에 있는 인적 드문 길목이었다. 궁에서 탈출한 왕가 모두가 모이기로 한 장소였다. 그녀는 비로소 남편이자 왕인 루이 16세Louis XVI, 왕세자 루이 샤를Louis-Charles과 공주 마리 테레즈Marie-Thérèse를 다시 만날 수 있었다. "여기서부터는 대형 마차를 타고 함께 갈 겁니다." 마부가 다시 뭉친 국왕 일가에게 말했다. "이걸 꼭 챙겨야 합니다." 마부가 이 말을 덧붙이며 건네는 게 있었다. 위조 여권이었다. 이를 품에 넣은 루이 16세부터 차례로 마차에 몸을 실었다. 남편 옆에 앉은 앙투아네트는 떠나기 전 창문 가림막을 잠깐 걷었다. 식은 공기가 훅 들어왔다. 다 끝이었다. 지긋지긋한 왕실, 화약 냄새를 풍기는 파리, 언제 또 올지 모를 혁명의 여진…. 이들은 그대로 망명할 계획이었다. 국경 밖에서 군대를 모은 후, 지금 이 도시를 장악한 혁명 세력을 몰아낼 구상이었다.

희대의 왕가 도주 사건

6월 21일, 여섯 마리의 말이 끄는 마차가 북동쪽 국경을 향해 종일 달렸다. 그사이 앙투아네트는 물론, 왕가의 모든 이가 마차 밖으로 나오지 않았다. 손으로 빵과 고기를 뜯어 먹는 일도 스스럼없이 했다. 용변 또한 바로 옆 요강으로 처리하는 데 거리낌이 없었다. 덕분에 마차는 파리에서 빠르게 멀어질 수 있었다. 파리의 국민 의회는 해가 뜨고서야 이 사건을 인지했다. 이 기구는 당시 정국을 주무르던 혁명 세력 중심의 결성체였다. 국민 의회는 왕가의 망명 목적 또한 바로 눈치챘다. 이들은 즉시 추격대를 꾸려 바큇자국을 쫓았다.

한시가 급한데 국왕을 태운 마차는 정오께 바퀴 고장으로 길에서 멈췄다. 이어 오후 8시께는 국경지대와 가까운 생트머누에서 또 멈춰야 했다. 지친 말과 어수선한 주변 분위기 탓이었다. 그런데 그 잠깐의 순간, 생트머누 역참의 한 직원이 살짝 고개 내민 앙투아네트를 알아봤다! 또, 어쩌다 보니 "빨리 바렌까지는 가야 하는데…"라며 초조해하는 마부의 말도 엿들을 수 있었다. 이상함을 느낀 그

❖ 토머스 팰컨 마셜, 루이 16세와 국왕 가족의 체포,
1854, 캔버스에 유채, 105x142.5cm, 개인 소장

는 이를 기억에 새겼다. 그리고 흔적을 쫓아 필사적으로 달려온 추격대에게 앞서 보고 들은 모든 걸 고했다. 왕가에게는 최악의 불운이었고, 혁명 세력에게는 뜻밖의 행운이었다. 그 결과, 앙투아네트 주도로 이뤄진 왕가의 망명 시도는 허무하게 끝맺었다.

바렌까지 온, 그렇게 파리와 한 뼘 더 멀어진 국왕 일가는 잠시 여인숙을 찾았다. 그곳에서 또 한 번 숨을 골랐다. 슬슬 발을 빼고 싶어 하는 마부들과 재협상도 했다. 오후 11시, 모두가 다시 마차에 다가가는 순간…. "폐하, 대체 어디를 가십니까!" 추격대가 이들을 향해 소리쳤다. 여러 단서와 증언을 토대로 곧장 달려온 덕에 따라잡은 것이었다. "사람을 잘못 본 것 같소!" 루이 16세는 뒤늦게 얼굴을 가렸다. 하지만 이미 늦었다. 지폐와 동전을 든 추격대는, 그곳에 박혀 있는 국왕 얼굴과 눈앞 루이 16세의 모습을 번갈아 쳐다봤다. 아무리 봐도 똑같았다. 추격대는 이들을 겹겹이 둘러쌌다. "아, 제발…. 우리를 놓아주세요. 우리가 떠날 수 있도록 해주세요!" 앙투아네트가 자포자기 심정으로 호소했다. 혁명 세력의 명을 받고 온 무리가 이를 허용할 리 없었다.

토머스 팰컨 마셜Thomas Falcon Marshall 의 〈루이 16세와 국왕 가족의 체포〉가 딱 이 장면을 묘사하고 있다. 한가운데 엉거주춤하게 선 남녀가 루이 16세와 앙투아네트인 것으로 보인다. 그렇다면 여인 쪽으로 붙어 있는 두 아이는 루이 샤를과 마리 테레즈일 것이다. 루이 16세는 좌절, 앙투아네트는 분노와 원망의 표정을 짓고 있다. 심약한 루이 샤를은 누나를 안은 채 공포에 휩싸여 있다. 오른편에서는 두 손으로 얼굴을 감싼 채 절망하는 이를 볼 수 있다. 당시 도주에 동행했던 루이 16세의 여동생, 엘리자베트일 가능성이 있다. 이들 모두가 어설프게 변장한 모습도 흥미롭다. '…이제 다 끝이다!' 그림 속 국왕 가족 모두가 이 생각만 하고 있을 듯하다.

도주를 막는 데 성공한 추격대는 이제 밀려오는 구경꾼을 저지하고 있다. 물론, 지금 이 순간부터 들불처럼 번질 소문은 막지 못할 것이다. 딱히 막을 생각도 없을 터였다. "폐하와 왕비께서 파리로 돌아가실 수 있도록 마차를 준비했습니

다." 추격대 대장이 말했다. "…어서 타셔야 할 겁니다!" 눈을 번뜩이며 이 문장을
덧붙였다.

　"아아, 어디서부터 꼬였을까?" 루이 16세와 함께 체포돼 끌려가는 앙투아네
트는 혼잣말을 했다. 바렌에서 시간 낭비를 하지 않았다면…. 생트머누를 들르지
않았다면…. 아니, 재수 없게 바퀴가 고장 나지 않았다면…. 애초에 도망자의 처
지에 놓이지 않을 수 있었다면…. 앙투아네트는 눈을 감았다. 붙잡힌 왕가의 최후
를 예견하며 한숨을 길게 내쉬었다. 어느덧 화약 냄새가 다시 코끝에 닿았다.

'매력덩어리'로 불렸던 그녀, 외교 장기판의 말이 되다

앙투아네트는 눈부신 금발에 은은한 청회색 눈동자를 가진 여인이었다. 어릴 적부터 화사한 미소를 가지고 있었으며, 애교도 많고 붙임성도 있었다. 철이 없고 눈치는 더더욱 없는 게 흠이긴 했지만, 이 또한 귀엽게 보이기만 했다. 그래서일까, 소녀 시절 그녀의 별명은 '우아한 매력덩어리'였다. 엘리자베스 비제 르 브룅 Elisabeth Vigee Le Brun 이 앙투아네트의 청순함을 한껏 돋보이는 초상화를 그렸다. 크고 또렷한 눈, 장난기가 묻은 갸름한 얼굴은 그녀의 천진난만한 면을 내보이고 있다. 풍만한 몸매, 활짝 핀 장미를 쥔 자세는 그녀의 발랄함을 부각한다. 당시 고위층 문화로 머리카락이 은색으로 표현되었는데 덕분에 더 순결해 보이기도 한다. 이랬던 그녀가 그토록 끔찍한 삶을 살게 되리라곤 아무도 상상하지 못했다. 그녀는 곧 희대의 악녀로 불리고, 궁에서 탈출하다 붙잡히고, 끝내 죄수로 비참한 최후를 맞이하게 된다.

앙투아네트는 1755년, 프랑스가 아닌 오스트리아 빈에서 태어났다. 아버지는 신성로마 제국 황제 겸 오스트리아·토스카나 대공인 프란츠 1세 Franz I 였다. 어머니는 아버지를 바지사장으로 두고 실권을 쥔 강골 황후, 마리아 테레지아 Maria Theresia 였다. 맹하지만 구김 없던 앙투아네트는 15살이 된 직후 프랑스 왕세자의 아내가 돼 출가했다. 이는 어머니 테레지아의 결단이기도 했다.

당시 테레지아는 요동치는 국제 정세를 민감하게 보고 있었다. 오스트리아 진영과 프랑스 진영은 몇 세기 동안 서로를 향해 무기를 겨눴다. 두 나라는 유럽 대륙의 맏형으로 군림하기 위해 이탈리아 전쟁(1494~1559)부터 30년 전쟁(1618~1648), 오스트리아 왕위 계승 전쟁(1740~1748) 등 신물 나게 맞붙은 견원지간이었다. 그랬던 둘 사이 미묘한 기류가 흘렀다. 양국 모두 새롭게 떠오르는 강대국 영국과 프로이센에 위기감을 느끼고 있었다. 두 국가는 이에 피로 얼룩진 과거는 잠시 잊기로 결의했다. 무려 원수끼리 동맹을 맺었다. 이 행보는 역사적으로도 충격적인 만큼, 지금까지도 '외교 혁명 Revolution diplomatique' 혹은 '동맹의 역전 Renversement des alliances'이라는 용어로 불린다. 이 동맹 성사를 위한 마침표가 바로 양 가문의 피를 섞는 일이었다. 루이 16세와 앙투아네트 사이에 결혼이 이뤄진 이유였다. 외교 장기판에 말 역할로 나선 앙투아네트에게 주어진 임무는 간결했다. 프랑스 국민 모두에게 사랑받을 것. 그렇게 해서 양국의 동맹 관계를 더더욱 끈끈하게 만들 것. 그러나 결과적으로 앙투아네트는 그러지 못했다. 외교 혁명에 이어, 전혀 예상하지 못한 또 다른 혁명을 부추기는 역할만 다했을 뿐이었다.

고향과는 너무도 달랐던 그곳

말괄량이 소녀는 프랑스 왕실 특유의 빡빡한 관례에 숨이 막혔다. 1774년, 루이 16세가 정식 왕위에 오르면서 앙투아네트 또한 왕비 생활에 나섰다. 앙투아네트는 이 자리가 감당해야 하는 일상에 금세 질려버렸다. 무엇보다 견디기 힘든 건 매번 옷을 갈아입을 때 그 모습을 대중에게 보여야 하는 일이었다. 이때면 구경꾼들이 베르사유궁 앞으로 구름처럼 모였다. 그녀는 동물원 원숭이가 되는 기분이었다. 오스트리아에서는 상상도 못 할 관습이었다. 이 와중에 앙투아네트는 임신마저 잘 되지 않았다. 정확히는 루이 16세에게 문제가 있었지만, 대중은 그녀에게도 화살을 계속 꽂았다.

앙투아네트는 점점 더 고립을 자처했다. 때마침 루이 16세가 앙투아네트에게 작은 궁전(프티 트리아농)을 선물했다. 앙투아네트는 이곳을 자기 세상으로 꾸몄다. 틀어박힌 채 때때로 파티나 열면서 스트레스를 푸는 날이 잦아졌다. 앙투아네트는 이러한 나날 중 쓸데없는 고집으로 실세 귀족들과 기싸움도 했다. 아첨꾼들에게 돈과 특혜를 퍼주는 등 치명적인 바보짓도 저질렀다. 프랑스 국민은 이렇게까지 자아가 강한 왕비를 원하지 않았다. 국민은 앙투아네트의 행보, 심지어 그녀가 실제로는 하지 않은 행보 모두 도마에 올려 질타하기 시작했다. 가령 앙투아네트를 '오스트리아 계집'으로 부르는 건 약과였다. 그녀가 숨어 지내는 건 주체

❖ 엘리자베스 비제 르 브룅, 마리 앙투아네트와 그녀의 아이들, 1787, 캔버스에 유채, 275x215cm, 베르사유 궁전

할 수 없는 성욕 탓이라는 말이 생겼다. 은신처에서 아무나 붙잡고 난잡한 행각을 벌인다는 조롱도 나돌았다. 앙투아네트는 1778년에 공주 마리 테레즈, 1781년에 왕자 루이 조제프Louis Joseph를 낳았다. 그러자 비난도 잦아드는 듯했는데, 얼마 안 돼 그녀가 최고급 보석 목걸이를 몰래 사려고 했다는 식의 소문이 퍼졌다. 앙투아네트는 언젠가부터 본인이 '변태 부인', 그리고 사치에 빠진 '결핍 부인'이라고 불리고 있다는 데 큰 충격을 받았다. 그녀는 이 별명에서 평생 벗어나지 못했다.

그럼에도, 보통의 시대였다면 앙투아네트는 어느 정도 욕이야 먹을지언정 왕비로 천수를 누렸을 가능성이 컸다. 그녀 또한 그렇게 생각했을 것이다. 1787년께, 사랑스러운 자녀들과 비제 르 브룅의 캔버스 앞에 다시 섰을 때만 해도 그 믿음은 그대로였을 것이다. 붉은색 모자와 드레스로 기품을 더한 앙투아네트가 온화한 표정을 짓는다. 그녀는 장녀 마리 테레즈, 장남 루이 조제프와 함께 있다. 앙투아네트는 그 사이 아들 루이 샤를, 막내딸 소피 엘렌Sophie Hélène을 연달아 출산했다. 품에 안긴 아기가 루이 샤를이다. 소피 엘렌은 원래 요람에 함께 그려져 있었지만, 생후 1년을 못 채우고 죽어 지워졌다고 한다. 루이 조제프 또한 얼마 안 돼 척추 결핵으로 숨졌다. 그 시절 아이의 사망은 엄청나게 특별한 일까지는 아닐 만큼 꽤 있는 일이었다.

앙투아네트는 이처럼 자애로운 어머니의 상으로 여론을 돌릴 마음이었을지도 모른다. 그게 먹히면 좋고, 딱히 효과가 없다 한들 타격은 없다고 여겼을 터였다. 당시 프랑스에서는 왕, 왕비 내지 정부情婦를 비판하는 게 특별한 일이라고 볼 수 없었다. 당장 직전 세대인 루이 15세Louis XV도 '미운털(미움받는) 왕', 그의 정부인 퐁파두르 부인은 '뚜쟁이'로 불렸을 정도였다. 하지만 앙투아네트는 그들과 다른 세상에서 살고 있었다. 하필, 혹은 때마침….

혁명의 소용돌이에 휘말리다

루이 16세와 앙투아네트 시절 프랑스 국민 대다수인 평민은 빡빡한 세금에 허덕였다. '태양왕' 루이 14세Louis XIV는 안으로는 화려한 겉치레, 밖으로는 정복 사업에 몰두했다. 돈을 물 쓰듯 쓰고, 빚을 밥 먹듯 만들었다. 루이 15세 또한 이 빚을 감당하지 못했다. 그도 돌려막기나 하며 겨우 버텼다. 모범이 돼야 할 왕실과 귀족이 납세는커녕 제 잇속 챙기기에만 몰두했다. 평민만 등이 터지고 있었다. 이들은 어느 순간부터 밀을 빻을 때도, 그저 다리를 건널 때도 세금을 내야 할 지경에 이르렀다. 그러나 상황은 좀처럼 나아지지 않았다. 평민의 불만이 최고조에 치닫고 있었다. 루이 16세, 아울러 앙투아네트는 이런 시기에 빚 폭탄은 떠안은 것이었다. 루이 16세는 이런 최악 조건을 물려받은 와중에, 한술 더 떠 굳이 하지 않아도 됐을 결단까지 내렸다. 영국과 미국 대륙군 사이에 벌어진 미국 독립전쟁에 개입하는 일이었다. 영국 견제가 목적이었다고는 하지만, 프랑스 입장에서 직접적인 실익을 확신할 수 없는 행보였다. 오히려 적자 폭만 깊어질 뿐이었다.

이 무렵 재정 보고를 받은 루이 16세는 이제 국고가 정말 바닥이라는 걸 깨달을 수 있었다. 민중을 또 쥐어짰다가는 무슨 일이 터질지 모른다는 점도 알고 있었다. 그는 귀족 등 특권층에게 세금을 매기고 싶었다. 그래서 1789년 5월, 삼부회(신분제 의회)의 판을 깔았다. 여기에는 성직자(제1신분)와 귀족(제2신분), 평민(제3신분) 대표가 모였다. 이제는 특권 계층도 세금을 내야 하는가? 이를 주제로 논의를 할 참이었다. 하지만 이는 처음부터 성직자와 귀족, 그리고 평민 사이 2 대 1 싸움이었다. 우유부단한 루이 16세는 이들을 중재할 힘도, 능력도 없었다.

결국 평민 대표들은 왕의 무능함, 두 특권 세력의 어이없는 담합에 맞서기 위해 따로 결사체를 꾸렸다. 국민 의회였다. 악에 받친 평민들은 구심점이 생기자 빠르게 뭉치기 시작했다. 그리고 행동에 나섰다. 허울뿐인 삼부회가 열리고 2개월 후. 1,000여 명의 조직화된 파리 시민 군단이 바스티유 감옥을 습격했다. 민중이 물밀듯 밀려왔다. 계급 싸움에선 밀리지만, 숫자 싸움에선 전혀 밀리지 않았

다. 이들은 압제의 상징으로 꼽힌 그곳을 탈취하고, 무기와 탄약을 챙겼다. 시민이 감옥 총책임자였던 후작의 머리를 말뚝에 꽂은 채 들고 다녔다는 설도 있다. 작자미상의 〈바스티유 감옥의 함락〉이 당시 상황을 가장 잘 묘사한 그림 중 하나로 꼽힌다. 층층이 쌓인 벽돌로 우뚝 솟은 건물이 바스티유 감옥이다. 화기까지 싹 다 챙긴 시민군은 성난 발걸음을 멈추지 않을 듯 보인다. 총책임자 후작은 화폭 속 감옥의 아치형 문 밑에서 볼 수 있다. 진작에 체포되어 재판을 받기 위해

광장으로 끌려가는 모습이다. 시민군은 이날 사실상 파리를 점거했다. 승전보를 들은 인근 도시와 시골 곳곳에서 연달아 봉기가 일었다. 이는 특권층 위주의 구체제에서 보통 사람 중심의 신체제로 대격변을 일으키고자 한 시도였다. 인류 역사를 통틀어 전환점이 된 사건이었다. 프랑스 대혁명은 그렇게 발발했다.

국민 의회, 이제는 혁명 정부가 된 이 기구는 루이 16세와 앙투아네트를 파리로 불러들였다. 왕가는 베르사유궁에서 파리 튀일리궁으로 사실상 강제로 거처를 옮겨야 했다. 이제는 꼼짝없이 혁명 정부의 감시를 받는 처지에 처했다. 모든 일이 왕가에 불리하게 돌아가는 것처럼 보였다. 특히나 앙투아네트의 불안이 극에 달했다. 앙투아네트가 어릴 적부터 이어진 맹한 성격을 못 버리고 어리석은 면을 몇 번 보이기는 했다. 대중과의 소통 창은 끄고, 측근들과만 가깝게 어울린 점 등이 그랬다. 그렇지만 앙투아네트는 맹세코 빵을 달라는 시민들에게 "빵이 없으면 케이크를 먹으세요"라는 막말을 한 적이 없었다. 그런데 어느 순간부터 그녀가 이런 말을 했다는 둥, 실은 더한 폭언을 내뱉었다는 둥 헛소문이 또 퍼졌다. 앙투아네트는 이제 신변의 위협까지 느끼고 있었다. 그래서 주도적으로 위험한 계획을 짠 것이었다. 첫째, 가족 모두 파리에서 몰래 탈출한다. 둘째, 그녀의 고향인 오스트리아까지 도망친다. 셋째, 오스트리아에서 반혁명 세력을 모아 파리를 되찾는다. 탈출 아닌 일탈에만 성공했을 뿐, 싹 다 물거품이 되고 말았지만.

이제 프랑스의 모든 국민이 그녀를, 직전까지 적국이었던 오스트리아의 첩자로 볼 뿐이었다. 앙금을 뒤로 한 채 어렵게 맺은 프랑스와 오스트리아 사이 동맹 또한 이로써 와해되었다.

체제의 격변

왕가의 배신 시도가 일어난 그해, 이들을 도로 잡아 온 혁명 정부는 입헌군주제를 뼈대로 헌법을 공포했다. 이는 군주의 권력이 헌법과 의회 결정에 따라 제한받는 체제를 뜻한다. 국왕이 여전히 있지만, 더는 무소불위의 권력을 쥘 수 없는 구조였다. 절대왕정 체제의 프로이센과 오스트리아는 프랑스의 이러한 격변을 두고 보지 않았다. 양국은 혁명이 프랑스 국경 너머로 번지지 않아야 한다는 데 뜻을 모았다. 1792년, 혁명 정부는 이제 프로이센 및 오스트리아 연합군과 맞붙어야 했다. 초반에는 연전연패였다. 그러다 같은 해 9월, 결정적 전투에서 기적적으로 연합군을 제압했다. 이로써 그들의 파리 입성을 막을 수 있었다.

루이 16세와 앙투아네트는 전쟁이 벌어지는 동안 혁명 정부에 휘둘리며 볼 꼴, 못 볼 꼴만 다 봐야 했다. 이들은 외교와 전쟁 사이에서 눈곱만큼의 영향력도 가질 수 없었다. 뚜렷한 전과戰果로 자신감이 붙은 혁명 정부는 아예 공화정 수립을 선언했다. 이는 국민이 직접 뽑은 지도자 내지 국민 중심의 대의기관이 국가 의사결정권을 쥐는 체제를 의미한다. 입헌군주제에서 제한적으로나마 인정하는 군주의 마지막 상징성까지 부정하는 개념이었다. 지금의 왕과 왕비 따위 역할을 하지 않는 게 더 낫다고 선언한 셈이었다.

그렇다면, 당장 루이 16세와 앙투아네트는 어떻게 할 것인가. 혁명 정부는 루이 16세에게 사형을 선고했다. 도주 미수 사건이 결정적이었다. 죄목도 국가 반역, 아울러 외세와의 내통 혐의 등이었다. 사실 혁명 정부 또한 루이 16세 재판을 놓고 말이 많았다. 처형 찬성파와 반대파로 갈라져 격하게 충돌한 적도 있었다. 찬성파 쪽에서 나온 한마디가 팽팽했던 기류를 한쪽으로 쏠리게 했다고 한다. "국왕이 무죄라면, 혁명이 유죄가 된다"는 말이었다. 1793년 1월, 루이 16세는 파리 광장 단두대에서 목이 잘렸다. "이제 왕은 없다!" 민중의 목소리가 쩌렁 울렸다.

단두대 위에서 맞은 허무한 최후

"왕비 마마. 오늘 오후, 폐하께서 승하하셨다고 합니다!"
"그 장소가 어디였지요?" "파리, 혁명 광장… 이었다고 합니다." 같은 날 밤,

❖ *자크 루이 다비드, 단두대로 향하는 마리 앙투아네트,
1793, 종이에 펜과 잉크, 15x10cm, 루브르 박물관*

파리 인근의 다른 곳에서는 앙투아네트의 나지막한 울음소리만 울려 퍼졌다. 그곳은 템플 프리즌, 앙투아네트가 홀로 갇혀 있는 감옥이었다. 평생 눈치가 없다는 말을 듣고 산 앙투아네트도 이번만큼은 알 수 있었다. 자기가 다음 차례라는 것을. 혁명 세력은 이를 통해 과업의 완수를 선언할 것임을.

역시나 앙투아네트에 대한 재판이 곧 열렸다. 죄명은 반역, 내통, 기만, 국고 낭비 등이었다. 여기에 루이 16세에게는 언급되지 않은 또 다른 죄도 덧붙었다. 아들 루이 샤를과의 근친상간이었다. 혁명 세력이 어리숙한 루이 샤를을 꾀어 없는 혐의를 만든 것이었다. 당시 근친상간 행위는 그것만으로도 단두대행을 면하기 어려웠다. 즉, 그녀를 무조건 사형으로 내몰기 위한 계략이었다. "여기 계신 모든 어머니들에게 묻겠어요. 제가 정말 아들과 근친상간을 했다고 생각하는가요? 조국의 모든 어머니를 모독하는 저 말을 믿는지요?" 앙투아네트는 재판장에서 잠자코 있었다. 그런 그녀가 이 모욕적인 혐의만은 참을 수 없다는 듯 울먹였다고 한다. 재판부가 술렁이는 분위기에 당황해 서둘러 재판을 멈췄다는 후문도 있다. 그녀는 이틀 후 다시 열린 재판에서 사형 선고를 받았다.

10월 16일, 처형일. 앙투아네트는 이미 생기를 잃었다. 자랑이었던 눈부신 금발 머리카락은 하얗게 셌다. 애교살과 풍만했던 몸도 주름살에 뒤덮였다. 나긋했던 몸짓 또한 마르고 퍼석했다. 아무렇게나 잘린 단발머리는 간수가 그녀의 목이 훤히 드러나도록 가위를 댄 게 분명했다. 두 손은 뒤로 묶인 상태였다. 앙투아네

❖ 장 에마누엘 반 덴 부셰, 처형될 마리 앙투아네트를 그리는 자크 루이 다비드, 1900, 캔버스에 유채, 100.5x80.5cm, 프랑스 혁명 박물관

트는 가축 수송용 마차에 실렸다. "오스트리아의 스파이가 여기 있다!" "왕을 타락시킨 악녀가 지나간다!" 시민에게 이런 말을 들으며 광장으로 향했다.

자크 루이 다비드가 이 모습을 스케치로 옮겼다. 초라해진 그녀의 모습을 적나라하게 묘사했다. 눈을 감고, 입 또한 닫은 채 가만히 있는 자세에서 체념의 감정까지 물씬 풍겨온다. 당시 다비드 또한 혁명파의 일원이었다. 그런 만큼 그녀를 이 이상 화려하게 그릴 마음은 없었을 것으로 보인다. 훗날 장 에마누엘 반 덴 부셰Jean Emmanuel Van den Bussche는 앙투아네트는 물론, 이를 스케치하는 다비드의 모습도 함께 상상화로 남겼다. 시민의 눈총과 원성 속 고고하게 등을 편 앙투아네트가 인상적이다. 앙투아네트는 금방 마차에서 내렸다. 이제 계단을 올랐다. 단두대가 있었다. "실례했어요. 일부러 그런 건 아니에요." 그녀는 처형 집행인의 발을 살짝 밟고 사과했다. 앙투아네트는 단두대에 목을 올렸다. 그녀는 눈을 떴다. 그리고, 죽었다.

앙투아네트에게는 명백한 결점이 다수 있었다. 다만, 그녀가 한평생 겪은 일과 이를 저울질하면 과연 수평이 맞을까. 혁명 정부는 지나간 일을 평가하지 않았다. 루이 16세, 앙투아네트. 구시대의 상징이 모두 참혹한 최후를 맞았다는 데 주목했다. 이를 정치 구호로 삼는 데 집중했다. 그렇다면 이들의 피가 흩뿌려진 곳에서 혁명은 제대로 꽃을 피웠을까? 혁명 정부는 고루한 봉건제와 특권층 중심의 부조리한 시스템을 타파하는 일에는 성공했다. '자유, 평등, 우애(박애)'로 요약할 수 있는 현대 민주주의 정신도 퍼뜨렸다. 하지만 권력의 융성과 퇴락에는 순서가 있는 듯, 혁명 정부 또한 탄압과 부패로 얼룩진다. 결국 프랑스령 코르시카에서 한 마리 늑대가 눈을 뜬다. 그의 이름은 나폴레옹 보나파르트Napoléon Bonaparte 였다.

토머스 팰컨 마셜(1818~1878)

영국 화가. 주로 리버풀과 맨체스터에서 활동했다. 겨우 18살 나이로 리버풀 아카데미 전시회에 그림을 낼 수 있을 만큼 재능이 있었다. 21살 무렵에는 왕립 미술 아카데미에서 작품을 선보였다. 그는 그림 속 등장인물 각각의 감정, 이들이 처한 상황의 분위기를 현실적으로 그리는 데 출중한 실력을 보였다. 유화와 함께 수채화도 잘 그렸다. 역사화 말고도 초상화, 풍경화 등 장르도 소화했다. 대표작은 〈이민, 이별의 날〉〈전쟁의 슬픈 소식〉 등이다.

엘리자베스 비제 르 브룅(1755~1842)

프랑스 로코코 시대의 대표적인 궁정 화가. 특히 마리 앙투아네트의 공식 초상화가로 활약했으며, 그녀 말고도 왕가의 여러 인물을 화폭에 옮겨 담았다. 앙투아네트의 지지 덕에 당시 여성으로는 이례적으로 왕립 회화 조각 아카데미 회원 명단에 속하기도 했다. 그녀는 프랑스 외에도 러시아, 이탈리아, 오스트리아 등을 다니며 각 국가에서 초상화가로 일했다. 뛰어난 실력으로 어딜 가도 환영받았다고 한다. 현재는 18세기 말에서 19세기 초 사이 유럽에서 가장 뛰어났던 초상화가로 평가받는다. 대표작은 〈'로브 아 파니에'를 입은 마리 앙투아네트〉〈밀짚모자를 쓴 자화상〉 등이다.

참고 자료　○ 마리 앙투아네트 : 베르사유와 프랑스 혁명, 슈테판 츠바이크, 이화북스

○ 비제 르 브룅 : 베르사유의 화가, 피에르 드 놀라크, 미술문화

○ 프랑스 혁명에 관한 성찰, 에드먼드 버크, 한길사

○ 앙시앵 레짐과 프랑스 혁명, 알렉시 드 토크빌, 지식을만드는지식

16.
영웅이었나, 전쟁광이었나

**자크 루이 다비드,
나폴레옹 1세의 대관식**

**1804년
나폴레옹 1세 대관식에서
스스로 관을 쓰다**

모두가 숨을 죽인 순간이었다.

나폴레옹 보나파르트. 전쟁광이자 전장의 영웅, 최고 전략가이자 잔혹한 침략자인 그가 교황 비오 7세Pius PP. VII의 손에서 왕관을 빼앗듯 낚아챘다. 당황한 교황을 뒤에 둔 채 이를 스스로 제 머리에 썼다. 자기가 황제 나폴레옹 1세로 오르는 건 신의 축복 따위가 아닌 본인 힘이라는 양.

1804년 12월, 나폴레옹은 프랑스 파리의 노트르담 대성당에서 대관식을 치렀다. 그의 나이 35살 때였다. 대관식이란 국가 지도자가 된 이가 왕관을 쓰는 예식을 의미한다. 종교적 의미도 큰 행사였기에, 현장에서 종교 권위자가 군주에게 손수 왕관을 씌워주는 의식이 당연한 것으로 여겨졌다. 그런데 나폴레옹은 이 의례를 깨부쉈다. 나폴레옹은 자기 쪽으로 교황을 호출하는 배짱부터 보였다. 그리고 마지못해 온 교황에게, 그의 권리처럼 여겨지던 관 수여 의식마저 빼앗았다. 교황 자신을 위한 조연으로 만든 셈이었다. 모든 이가 숨을 죽인 이유, 일순간 말을 잃은 이유가 여기에 있었다.

하지만 정적은 잠시였다. 곧 나폴레옹을 향한 지지가 폭죽 터지듯 쏟아졌다. "철인" "위대한 황제" "조국의 수호자"…. 그에게 온갖 번지르르한 칭호가 따라붙었다. 나폴레옹은 이 분위기에 맞춰 대담한 행동을 이어갔다. 자기 아내, 이젠 황후가 된 조제핀 드 보아르네Joséphine de Beauharnais에게도 직접 관을 씌웠다. 곧 장엄한 음악이 울려 퍼졌다. 황제 부부의 탄생을 축복하는 기도문이 곳곳에서 흘러나왔다. 이 순간을 박제하는 이가 있었으니, 화가 자크 루이 다비드였다.

나폴레옹 체제에서 수석 궁정화가를 지낸 다비드는 이날 대관식을 몇 년에 걸쳐 캔버스에 옮겨 담았다. 〈나폴레옹 1세의 대관식〉이 그것이다. 화려한 복장의 나폴레옹이 빛나는 관을 머리 위로 든다. 직전에 스스로 관을 썼을 그가 이제 다음 순서로 조제핀에게 직접 황후의 자격을 주려는 순간이다. 번쩍이는 보석과 장신구를 두른 조제핀은 조금 전 정식 황제가 된 남편 앞에 무릎을 꿇는다. 이곳에 모인 200여 명 모두가 다시 한번 숨소리를 낮춘다. 나폴레옹 뒤에 앉아 있는 남성, 그가 교황 비오 7세다. 흰 주케토를 쓰고, 검은 십자가가 그려진 옷을 입은 그의 표정은 굳어 있다. 손가락을 들어 이 순간을 축복하고 있지만, 어딘가 경직되고 무언가 못마땅한 모습이다.

코르시카의 촌뜨기에서 장교, 제1통령, 그리고 황제. 나폴레옹은 어떻게 나라의 최고 지도자가 될 수 있었을까? 이것은 18세기가 낳은 유럽 최고의 군사 천재이자 악마, 투사이자 군국주의자의 이야기다.

섬 사투리를 쓰는 촌뜨기

나폴레옹은 1769년 코르시카의 아작시오에서 태어났다. 당시 그곳은 유럽에서 가장 낙후한 섬이었다. 그가 출생할 무렵 이탈리아 제노바 공화국에서 프랑스로 소속이 바뀐, 그래서 더 어수선한 땅이기도 했다. 나폴레옹은 이곳에서 나름대

❖ 자크 루이 다비드, 나폴레옹 1세의 대관식, 1805~1807, 캔버스에 유채, 621x979cm, 루브르 박물관

로 귀족이긴 했다. 프랑스 점령군과 코르시카 독립군 사이 충돌이 있을 때 아버지가 점령군 편에 선 덕이었다. 일이 잘 풀려서 프랑스 왕실에서 귀족 작위를 따낼 수 있었던 것이다. 나폴레옹은 이러한 아버지 덕분에 군인 꿈도 펼칠 수 있었다. 당시 프랑스에서는 장교에 오르려면 귀족 작위가 필수였다. 나폴레옹은 파리 군사학교에 다녔다. 58명 중 42등으로 졸업해 좋은 성적을 거뒀다고는 말할 수 없다. 다만 그는 집안 사정 탓에 11개월 만에 3~4년 과정을 공부해야 했다. 저 멀리 코르시카에서 왔다는 게 알려진 뒤에는 다른 학생들에게 "섬 사투리를 쓰는 촌뜨기"라는 식의 놀림도 받아야 했다. 이런 어수선했던 환경을 고려하면 상당히 선전한 셈이다.

나폴레옹은 1785년, 16살의 나이로 학교를 졸업하고 포병 소위에 올랐다. 그리고 1789년, 나폴레옹이 지방에서 근무를 이어가던 그때 사건이 터졌다. '자유, 평등, 우애'를 이념의 주춧돌로 둔 대혁명이었다. 앙시앵 레짐Ancien Regime·옛 제도·체제이 흔들리는 이 상황에서 자기 능력과 수완, 운만 있으면 누구든 돋보일 수 있었다. 혁명 정부가 젊고 유능한 이 군인에게 맡긴 첫 중요 임무는 툴롱 내 반란 진압이었다. 당시 혁명에 반反하는 왕당파, 혁명의 광풍 자체를 견제하기 위해 이들을 도운 영국군 등이 툴롱을 흔들고 있었다. 이곳은 프랑스 해군의 핵심 기지였다. 이러한 땅이 왕당파에 넘어가면 상당한 규모의 역풍이 불 게 분명했다. 1793년, 정치력을 발휘한 나폴레옹은 이 전투에서 혁명군 포병 지휘의 전권을 얻었다. 지도를 펼친 그는 깃발만 꽂으면 상대방 보급로가 끊어지는 언덕을 귀신처럼 찾아냈다. 나폴레옹은 순식간에 승리를 거머쥐었다.

신화는 이제 시작이었다. 나폴레옹은 이어 1796~1797년 이탈리아 원정, 1798~1799년 이집트 원정 때도 기대 이상의 성과를 냈다. 특히 이탈리아 원정 중 북부에 주둔하던 오스트리아군을 궤멸에 가깝게 제압했다. 이 과정에서 벌어진 사건 중에는 늘 앞장서는 나폴레옹이 '꼬마 하사관'이라는 별명을 얻은 로디 전투, 필사적 방어 태세를 갖춘 오스트리아군을 지휘와 전술로 깨부순 아르콜 다리 전투가 특히나 알려져 있다. 다비드의 제자 앙투안 장 그로Antoine-Jean Gros는 나

폴레옹을 위해 〈아르콜 다리 위의 나폴
레옹〉을 그리기도 했다. 나폴레옹이 직
접 삼색기를 든 채 적진 한가운데 뛰
어든 모습이다. 결의에 찬 표정의 그가
뒤를 돌아보며 주춤하는 병사들을 격
려하고 있다. 나폴레옹은 어느덧 군인
의 우상을 넘어 국민의 영웅 자리에 올
랐다. 프랑스 국민은 대혁명 후에도 끊
이질 않는 지도층의 반목과 내전에 질
려 있었다. 국민은 제힘으로 두각을 보
인 나폴레옹에게 압도적 지지를 보이
기 시작했다. 약삭빠른 나폴레옹이 그
런 분위기를 모를 리 없었다.

　　이집트 원정 2년 차였던 1799년

❖ 앙투안 장 그로, 아르콜 다리 위의 나폴레옹,
1796년경, 캔버스에 유채, 134x104cm, 에르미타주
박물관

8월께, 나폴레옹은 몰래 그곳에서 탈출했다. 나폴레옹이 향한 곳은 파리였다. 그
는 대담한 일을 벌였다. 쿠데타를 일으키고 제1통령에 오른 것이다.

알프스산맥을 넘다

　　이쯤에는 모든 기운이 나폴레옹 편에 선 듯했다. 1800년 5월, 국가 정상이 된
나폴레옹은 다시 한번 이탈리아를 쳤다. 그는 군대를 끌고 무려 알프스산맥의 험
준한 협곡을 넘기로 했다. "불가능에 도전하라!" 나폴레옹의 외침과 함께 시작된
행군은 알프스를 넘고 밀라노를 짓밟을 때까지 이어졌다. 앞으로, 계속 앞으로.
나폴레옹은 곧 이탈리아 북부, 벨기에와 룩셈부르크까지 손에 넣을 수 있었다. 그
에게는 이제 정복왕이라는 칭호도 어색하지 않았다.

다비드는 나폴레옹이 알프스산맥을 넘는 그 순간도 화폭에 옮겼다. 제목은 〈알프스를 넘는 나폴레옹〉이다. 나폴레옹의 모습은 당당한 영웅 그 자체다. 근엄한 표정에 산꼭대기를 가리키는 손, 근육질의 성난 백마 등 모든 게 완벽하다. 치솟은 말발굽 밑 바위에는 그의 이름 '보나파르트'가 쓰였다. 그보다 앞서 알프스를 넘은 옛 영웅들, 카르타고의 장군 한니발과 신성로마 제국의 황제 카롤루스 대제의 이름도 새겨져 있다. 실제로 나폴레옹은 혹한과 빙판길, 암살의 위험 등으로 이처럼 값비싼 치장을 할 수 없었다. 그가 알프스를 넘을 때 탄 것 또한 노새였다. 하지만 어쩌랴. 역사가 당시 승자의 것이듯, 역사화歷史畵 또한 그 시대 승자의 것이었다.

무서울 게 없어진 나폴레옹은 제1통령을 넘어 황제가 돼 안정적으로 통치를 이어가고 싶었다. 혹시나 문제가 생기면 그의 핏줄이 과업을 받들기를 바라기도 했다. 그래서 대관식을 갖고 나폴레옹 1세로 거듭났다. 파격적 장면이 연이어 등장했던 대관식은 처음부터 끝까지 화려했다. 의상과 마차도 모두 새로 만들었고, 세계 각지에서 가장 값비싼 유물도 챙겨 왔다. 다만 모든 게 다비드의 찬란한 그림처럼 완벽하지는 않았다. 가령 그림에선 나폴레옹의 어머니 레티치아Letizia 가 귀빈석에 앉아 흐뭇하게 웃지만, 실제로는 나폴레옹과 사이가 좋지 않아 참석도 하지 않았다. 황후 조제핀도 20대 여인처럼 그려졌지만, 그 당시 40대였다. 허수아비가 된 교황 또한 세 손가락을 앞으로 모으는 축복의 표시를 순순히 하지 않았다. 그럼에도 역사화가 또 한 번 승자의 편에 선 셈이었다.

결정적 승리

"우리는 거인의 손안에 있는 난쟁이들이었다."

나폴레옹에 맞서 아우스터리츠 전투를 치른 러시아 황제 알렉산드르 1세

❖ 자크 루이 다비드, 알프스를 넘는 나폴레옹, 1801, 캔버스에 유채, 246x231cm, 빈 미술사 박물관

Aleksandr I가 한 말이다.

　나폴레옹은 왕좌에 앉을 틈도 없이 또다시 전쟁을 준비했다. 그에게 정복욕은 바닷물 같았다. 마시면 마실수록 갈증만 커질 뿐이었다. 나폴레옹은 1805년 10월에 오스트리아 빈을 함락했다. 2개월 후 모라비아(현재의 체코 동쪽 지역)의 아우스터리츠에서 오스트리아군과 재격돌했다. 오스트리아군은 러시아군과 손을 잡은 상태였다. 이로써 구도는 프랑스 대 오스트리아·러시아 동맹군으로 짜였다. 전장에선 프랑스군이 확실히 불리했다. 오스트리아는 여전히 유럽의 맹주였다. 러시아 또한 압도적 영토와 인구를 품은 강국이었다. 하지만 나폴레옹은 이 전투를 예술로 승화한다.

　전쟁 초기에 양측은 군을 좌익과 우익, 중앙군으로 편성해 대치했다. 동맹군은 진지에서 전략을 짜던 중 이상한 점을 발견한다. 나폴레옹군이 전장 우익(나폴레옹군 기준)에 있는, 목 좋은 언덕인 프라첸 고지를 방치해둔 것이다. 심지어 나폴레옹군은 우익에 굉장히 소수의 병력만 배치한 듯했다.

　천하의 전쟁 귀신이 이런 실수를 하다니…. 동맹군은 상당수 병력을 보내 이 고지를 선점하고자 했다. 그리고 기세를 몰아 나폴레옹군의 우익부터 짓밟으려고 했다. 하지만 막상 점령하고 보니 주변이 온통 산과 물로 가로막혀서 진격을 이어가는 데 적합하지 않았다. 외려 농성에 알맞은 곳이었다. 물론 거기서 시간을 벌어도 되지만, 문제는 동맹군의 나머지 두 진영이었다. 전력의 큰 부분이 이 언덕에 묶인 만큼, 동맹군의 좌익과 중앙군 모두 힘이 빠져 있을 수밖에 없었다. 동맹군은 그제야 무언가 잘못됐다는 걸 알아차렸다.

　사실, 이 모든 게 나폴레옹의 작전이었다. 나폴레옹은 일부러 동맹군의 주요 전력을 '빛 좋은 개살구'인 프라첸 고지로 유인한 것이었다. 이들이 뒤늦게 우왕좌왕하는 사이에 적의 공격망에서 벗어난 나폴레옹군의 좌익이 맞은 편에 있는 동맹군을 쳤다. 당황한 동맹군은 고지에 발이 묶인 우익(나폴레옹군 기준) 대신 중앙군을 원병으로 내보냈다. 나폴레옹군은 이제 중앙군을 동맹군의 더더욱 빈약해진 중앙군을 향해 출격시켰다. 좌익과 우익 등 양옆으로 살덩이가 뜯긴 동맹군의 중앙군은 더는 나폴레옹의 상대가 되지 못했다. 상대편의 중앙을 손에 넣은 나폴레옹군은 좌익과 우익의 동맹군 또한 '샌드위치' 상황으로 몰아넣어 격파했다.

"그대들이 '나는 아우스터리츠에 있었다'고 말하기만 하면 민중은 '보라, 여기 용사가 있다'고 말하리라!"

나폴레옹은 전투 후 병사들에게 이런 말을 했다고 한다. 이제 유럽 대륙 전체가 나폴레옹에게 무릎을 꿇는 것 같았다. 다비드의 또 다른 제자인 장 오귀스트 도미니크 앵그르가 이 무렵 〈황좌에 앉은 나폴레옹〉을 주문받아 완성했다. 황금 월계관, 금으로 꾸민 튜닉과 망토, 발밑의 독수리는 그의 절대 권력을 뜻한다. 신 중의 신 제우스를 떠올리게 하는 표정과 자세는 그가 품은, 누구도 넘볼 수 없는 위상을 의미한다. 그런 나폴레옹에게 눈엣가시는 이제 한 나라뿐이었다. 섬나라 영국이었다.

✤ 장 오귀스트 도미니크 앵그르, 황좌에 앉은 나폴레옹, 1806, 캔버스에 유채, 260x163cm, 파리 군사 박물관

❖ 아돌프 노던, 모스크바에서 퇴각하는 나폴레옹, 1851, 캔버스에 유채, 120x95cm, 위치 불명

그리고… 결정적 패배

여전히 강하고, 여전히 말을 듣지 않는 영국에 대해 나폴레옹은 비장의 카드를 꺼냈다. 대륙 봉쇄령이었다. 앞으로 그의 발밑에 깔린 유럽 대륙은 영국과 무역을 일절 할 수 없었다. 그렇게 영국의 목을 조를 계획이었다. 하지만 영국은 돌파구를 찾았다. 각지에 뻗은 식민지와 교역을 늘리고, 거기서 창출한 돈과 특산물로 외려 대륙을 압박했다. 이제 말라 죽을 곳은 영국과 활발하게 수출입을 이어

가던 러시아였다. 결국 러시아는 프랑스 몰래 영국과 무역선을 주고받을 수밖에 없었다. 러시아의 일탈을 알아챈 나폴레옹이 본보기로 러시아에 포탄을 퍼붓기로 했다. 이때 그가 생각지 못한 게 있었으니, 러시아의 혹독한 기후였다.

1812년 9월 15일, 나폴레옹군은 러시아 모스크바 땅을 밟았다. 나폴레옹은 진작에 러시아 황제 알렉산드르 1세가 도망쳤다는 걸 알았다. 그렇기에 모스크바에 죽치고 앉아 투항을 기다릴 생각이었다. 그런데 그곳은 너무 추웠다. 심지어 러시아는 청야전술적이 이용하지 못하게 불태우는 전술을 펼쳐 모스크바 곳곳에서 화재가 발생했다. 사기가 떨어진 군사 일부는 폭도가 될 조짐도 보였다. 그 가운데 알렉산드르 1세는 협상에 응할 기미조차 없었다. 이것은 알렉산드르 1세의 노림수였다. 그는 알고 있었다. 나폴레옹군이 러시아의 시간 끌기 작전을 꺾을 수 없다는 걸.

버티던 나폴레옹은 모스크바에 오고 한 달 남짓 흐른 10월 19일, 철수를 명령했다. 위대한 장군의 위대한 군대는 이제 모든 일에 질리고 지친 오합지졸이었다. 추위와 지긋지긋한 러시아군의 기습 탓에 끝내 초토화되고 말았다. 독일 화가 아돌프 노던Adolph Northen이 당시 나폴레옹의 모습을 상상해 그렸다. 〈모스크바에서 퇴각하는 나폴레옹〉을 보면, 굴욕감에 찬 나폴레옹이 깡마른 백마에 올라타 힘겹게 나아가고 있다. 잔뜩 움츠린 병사들은 거리의 피란민처럼 보인다. 몇몇은 이미 눈발에 굴복해 쓰러졌다. 참담하고, 참혹하다.

'패배, 끔찍한 패배, 절대적 신이자 악마였던 자의 패배.'

이 소식은 그간 나폴레옹에게 굴욕당한 유럽 국가들을 뭉치게끔 했다. 나폴레옹 타도를 내건 대對프랑스 동맹이 다시 힘을 얻었다. 1813년 10월, 연합군과 나폴레옹군은 독일 라이프치히에서 최후 결전을 벌였다. 러시아 원정 실패로 후유증이 컸던 나폴레옹은, 과거 그가 멱살을 잡고 흔들던 이 국가들에 패배하고 만다. 이때 나이가 44살, 대관식을 하고 9년이 흐른 후였다. 연합군이 사실상 파리까지 손에 넣은 1814년, 나폴레옹은 퇴위를 선언했다. 그는 촌뜨기로 돌아가야 했다. 그의 유배지는 이탈리아 엘바섬이었다.

'늑대'가 탈출했다

나폴레옹 대신 왕좌를 꿰찬 루이 18세Louis XVIII는 약간 둔감한 성격의 중도 성향 인물이었다. 프랑스 국민은 화끈한 추진력의 나폴레옹을 잊지 못했다. 연합군은 나폴레옹의 몰락 후 쏟아진 과실을 놓고 알력 다툼을 하기에 바빴다. 여기서 한 편의 영화가 또 상영된다. 나폴레옹, 빈틈만 보이면 물어뜯는 늑대 같던 이 사내가 1815년 2월에 엘바섬에서 탈출한 것이다. 나폴레옹은 정복의 향수에 젖은 프랑스군을 손쉽게 자기 편으로 끌어들였다. "나는 자네들의 꼬마 하사관이다. 나를 쏘고자 하는 자가 있으면 여기 내 가슴을 쏘아라!" 그는 이러한 대담한 말과 행동으로 병사들을 감화시켰다고 한다. 3월 20일에 파리로 귀환한 그는 황제로 재즉위했다. "돌아온 폐하, 만세!" 프랑스 전역에 함성이 울려 퍼졌다.

하지만 나폴레옹의 부활은 백일천하로 끝나고 말았다. 연합군은 여전히 나폴레옹을 두려워했다. 나폴레옹은 유배 중에 병을 얻었고, 고된 행군으로 체력도 빠진 상태였다. 두 차례(러시아 원정·라이프치히 전투) 결정적 패배를 겪었기에 대군을 모으는 일 또한 당장은 어려웠다. 그래도 나폴레옹은 나폴레옹이었다. 무슨 일을 벌일지 알 수 없었다. 연합군은 나폴레옹에게 또 싸움을 걸었다. 나폴레옹은 황제에 오른 그해 6월 워털루 전투에서 간발의 차로 패배했다. 다시 모든 걸 잃은 꼬마 하사관은 아프리카 대륙에 속한 섬 세인트헬레나로 보내졌다. 6년간 유배 생활을 이어간 나폴레옹은 1821년 5월 5일 사망했다. 52살 나이였다. 그에 대한 부검 결과지에 사인은 위암으로 쓰였다. "…군대, 군대의… 선봉!" 나폴레옹은 정신을 잃기 전에 이런 말도 남겼다고 한다. 이토록 파란만장했던 삶을 축약하는, 이만큼 더 적절한 말이 있을까.

자크 루이 다비드(1748~1825)

프랑스의 신고전주의 화가. 왕정 당시 루이 16세, 프랑스 혁명 때는 로베스피에르, 이후 들어선 제정에는 나폴레옹을 위해 그림을 그렸다. 이에 기회주의자라는 비판도 받았지만, 다르게 보면 그만큼 어느 체제에도 대체 불가능한 예술가였다. 다비드의 장기는 영웅적인 초상화와 숭고한 역사화 제작이었다. 여러 번 정치적 입장을 바꾼 화가였지만, 나폴레옹이 몰락한 후에는 그 또한 벨기에로 망명을 택했다. 대표작은 〈호라티우스 형제의 맹세〉〈사비니의 여인들〉 등이다.

앙투안 장 그로(1771~1835)

다비드의 수제자인 그로는 나폴레옹 밑에서 종군 화가로 활약했다. 먼저 나폴레옹의 아내 조제핀과 친해졌고, 그녀의 주선 덕에 중용될 수 있었다는 설이 유명하다. 나폴레옹에 대한 여러 일화를 감동적으로 표현해 당시 실세들에게 사랑을 받았다. 벨기에로 떠나는 다비드가 사실상 후계자로 삼은 이 또한 그였다. 하지만 말년에는 자신감을 잃었으며, 결국 센강에 몸을 던져 스스로 생을 마감했다. 대표작은 〈자파의 페스트 병원을 찾은 나폴레옹〉〈파스퇴르 부인의 초상〉 등이다.

장 오귀스트 도미니크 앵그르(1780~1867)

프랑스 화가인 앵그르는 신고전주의의 대가이자, 신고전주의의 뒤를 이어 유행한 화풍인 낭만주의의 기수로도 통한다. 그 또한 다비드의 제자였다. 나폴레옹의 눈에 들 만큼 화가로 승승장구했던 그는 여체를 관능적으로 묘사하는 데도 탁월한 실력을 보였다. 동양 문화에도 관심이 많아 동서양 배경을 융합한 누드화를 그리기도 했다. 가장 존경하는 화가는 르네상스 거장 라파엘로 산치오였다. 대표작으로는 〈증기탕〉〈그랑드 오달리스크〉 등이 있다.

참고 자료 ○ 새로 쓴 프랑스 혁명사, 장 클레망 마르탱, 여문책

○ 나폴레옹, 앤드루 로버츠, 지식향연

○ 나폴레옹, 프랭크 매클린, 교양인

○ 전쟁의 기술, 로버트 그린, 웅진지식하우스

17.
번개를 정복한 최초의 인간

**벤저민 웨스트,
하늘에서 전기를 끌어오는 벤저민 프랭클린**

**1752년
벤저민 프랭클린이 피뢰침으로
번개의 정체를 밝혀내다**

'혹시⋯. 번개도 전기의 일종이지 않을까?'

폭풍우가 강하게 몰아친 어느 날, 벤저민 프랭클린Benjamin Franklin 은 사정없이 꽂히는 벼락을 보고 생각했다. 그도 알고는 있었다. 지금은 저명한 몇몇 과학자조차도 낙뢰를 '천벌' '신의 심판' 같은 말로 못 박는 시대였다. 하지만 아무리 생각해도 그건 정답이 아니었다. '⋯만약 내 가설이 옳다면, 그러니까 번개가 정말 전기인 게 맞다면.' 프랭클린은 손으로 턱을 괸 채 상념에 잠겼다. '세상 또한 천벌에서 벗어나 자유로워질 수 있을 텐데⋯.' 결론이 여기에 이르자 더는 가만히 있을 수 없었다. 그가 직접 벼락의 소굴에 몸을 던지기로 마음먹은 이유였다.

"아버지, 낌새가 이상하면 바로 철수해야 해요!"
"그래, 두고 보자꾸나."

1752년 6월, 미국이 여전히 영국의 영향권에 있던 시절. 46살의 프랭클린은 이제 막 20살을 넘긴 아들과 필라델피아 일대 초원에 섰다. 벼르던 순간이 드디어 왔다. 번개의 정체를 놓고 의문이 든 그날처럼 우중충한 날이었다. 언제 낙뢰가 일어도 이상하지 않았다. 지금, 바로 여기. 그가 직접 구상한 실험을 하기에 완벽한 타이밍이었다. 프랭클린은 품에서 연을 꺼내 들어 하늘에 띄웠다. 바람길에 오른 연은 이리저리 휘청이다 자리를 잡았다. 녀석은 그렇게 먹구름에 닿을 듯 위로, 더 위로 올라갔다.

그런데 프랭클린이 만든 연은 보통 연과는 다른 형태였다. 우선 하늘을 향한 연 꼭대기에는 30센티미터 정도의 철사가 붙어 있었다. 몸통은 물에 잘 젖지 않는 비단 손수건으로 엮었다. 연을 지탱하는 연줄은 굵은 명주실로 했고, 그 실에는 금속 열쇠도 대롱대롱 매달려 있었다. 철사와 금속 열쇠는 전기 전도체 역할을 위해 일부러 챙긴 도구들이었다. 번개가 정말 전기라면, 근처에 벼락이 생기는 순간 요동칠 전기 에너지가 연 위의 뾰족한 철사로 몰릴 것이다. 전기 에너지는 연줄을 타고 내려올 터였다. 그렇게 된다고 볼 때, 철사 끝에서부터 흘러 내려오는 찌릿한 힘은 곧장 금속 열쇠로 빨려 들어갈 수밖에 없었다. 그다음, 열쇠에 손을 가까이 대면… 번쩍! "아들아! 너도 방금 봤어? 열쇠에서 불꽃이 생기는 걸 분명 봤지?" 프랭클린은 신이라도 본 듯 흥분해 외쳤다.

진짜였다. 이는 번개가 전기로 이뤄져 있지 않다면 볼 수 없는 현상이었다. "내 생각이 맞았다!" 상기된 얼굴의 프랭클린이 다시 한번 소리쳤다. 그사이 바람은 더욱 강해졌다. "아버지, 어서 돌아가야 해요. 다음 벼락이 저희 머리 위로 떨어질 수 있어요!" 흥분한 그는 아들의 말에 현실로 돌아왔다. 다행히 이들은 천벌의 비밀을 파헤친 데 대한 심판을 받지 않았다. 과학사에서 가장 극적인 순간으로 꼽히는 '연날리기 실험'은 이렇게 이뤄졌다. 다만 부자父子가 비공개로 벌인 일인 만큼, 실제로 이처럼 긴박하게 진행됐는지를 놓고는 아직 의견이 분분하다.

검은 하늘은 폭풍우를 흩뿌린다. 쩍 갈라진 구름 틈에서는 번개가 번쩍이고 있다. 붉은색 망토를 걸치고 왼손에는 두루마리를 든 프랭클린이 위를 향해 팔을

❖ 벤저민 웨스트, 하늘에서 전기를 끌어오는 벤저민 프랭클린, 1816, 슬레이트에 유채, 34x25.6cm, 필라델피아 미술관

들어 올린다. 프랭클린 뒤에는 조력자가 가득하다. 원래는 친아들이 그 역할을 했지만, 그림에서는 꼬마 천사들이 도움을 준다. 이들은 미국 원주민의 전통 의상을 걸친 채 연과 연줄을 대신 잡아주는 모습으로 등장하고 있다. 화폭 속 프랭클린은 이 덕에 손가락을 열쇠에 가까이 둘 수 있다. 손가락과 열쇠 사이에선 찌릿하고 전기가 번뜩인다. 프랭클린과 친분 있는 벤저민 웨스트^{Benjamin West}가 이번 실험의 결정적 순간을 그렸다. 제목은 〈하늘에서 전기를 끌어오는 벤저민 프랭클린〉이다.

보통 회화에서는 인간을 신격화하고 싶을 때 바로 옆에 소년 천사를 곁들여 그리곤 한다. 즉, 이 작품을 만든 웨스트가 프랭클린을 사실상 신과 동급으로 표현한 것이다. 번개의 정체를 알아낸 게 이렇게까지 대단한 일이었을까. 아니면 또 다른 위대한 업적도 여럿 남긴 것일까. 정답은 둘 다 '그렇다'였다.

맨발에서 경제적 자유를 얻기까지

1706년 1월, 프랭클린은 당시 영국 식민지로 있던 미국 보스턴의 허름한 집에서 출생했다. 그는 궁핍한 양초 장수의 자식이었다. 또 그런 가업조차 물려받을 수 없을 만큼 서열이 낮은 막내아들이었다. 프랭클린은 고작 10살 때 학교도 그만둬야 했다. 이 또한 가난의 여파였다. 바로 위 형인 제임스가 운영하는 인쇄소에서 소일거리를 하다가 형제끼리 크게 다툰 뒤 그 일자리조차 잃고 말았다. 필라델피아로 간 프랭클린은 그곳에서 빵 한 조각 구하기 힘들 만큼 거지꼴로 지낼 때가 많았다. 어쩌다 영국으로 건너갈 수 있었지만, 뚜렷한 성과도 없이 돌아와야 했다. 당시 프랭클린은 겨우 20대 초반이었다. 하지만 그의 미래는 이미 다 정해진 듯 보였다. 그런 그가 성공한 사업가, 과학자면서 발명가, 정치가이자 외교관, 나아가 미국의 정신적 지주가 되리라고는 아무도 생각지 못했으리라.

프랭클린이 두각을 보인 건 다시 필라델피아 땅을 밟은 1728년부터였다. 배움은 짧았지만 학구열만큼은 남달랐던 프랭클린은 독학으로 문학과 철학, 수리

❖ 데이비드 마틴, 벤저민
프랭클린의 초상화, 1767,
캔버스에 유채, 127.2x101.4cm,
백악관

와 기하학까지 섭렵하고 있었다. 필라델피아에 새 인쇄소를 차린 그는 머릿속 잡
지식을 담은 책《가난한 리처드의 연감》을 매년 출간했다. 이게 잘 팔렸다. 시, 명
언, 퀴즈, 달력에 일기예보, 심지어 수학 문제까지 실은 이 책은 날개 돋친 듯 가
판대에서 사라졌다. 치밀한 술수로 경쟁업자까지 (다소 교묘하게) 없앤 후부터는
더 큰 호응을 얻었다. 프랭클린은 곧 필라델피아가 속한 펜실베이니아주 지폐 인
쇄권을 쥘 만큼 영향력을 키웠다.

　　프랭클린은 그 입지를 십분 활용해 다양한 영역에서 존재감을 다졌다. 그는
일명 '가죽 앞치마 클럽' 등 더 나은 정치와 정책을 추구하는 사회단체를 여럿 꾸
렸다. 1737년부터는 필라델피아 우체국장으로 관리자급 공직자 생활도 경험했다.

246

그사이 펜실베이니아 대학교의 초석을 닦는가 하면, 아예 미국 최초의 공공도서관과 소방서를 세우기도 했다.

그런 프랭클린은 42살인 1748년, 사실상 경제적 자유를 얻을 수 있었다. 그쯤부터 프랭클린은 전문 경영인을 뽑아 그의 인쇄 사업을 맡겼다. 제대로 배우지 못한 어린 시절이 아쉬웠는지, 이때부터는 공부와 연구에 투자하는 시간을 크게 늘렸다. 그의 관심사는 럭비공 같았다. 철학, 언론, 시와 문학 등 어디로 튈지 알 수 없었다. 전공이 없기에 독서의 폭은 외려 더 넓었다. 전문성이 없는 만큼 고루한 이론에 발목 잡힐 일도 없었다. 배움에 대한 프랭클린의 열정을 표현한 그림 중 가장 유명한 건 데이비드 마틴David Martin의 작업물일 것이다. 그림 속 프랭클린은 엄지손가락으로 턱을 누른 채 문서를 뚫어지게 보고 있다. 그대로 시간이 멈춘 듯 집중하고 있다. 책상 위 흉상은 프랭클린의 이 모습을 대견한 듯 쳐다본다. 그는 무한한 탐구욕을 자랑했던 과학자, 아이작 뉴턴Isaac Newton이다.

프랭클린은 마침내 인생을 바칠 만한 주제를 찾았다. 실용이었다. 그는 자신이 세운 대학, 도서관과 소방서처럼 실생활에 바로 도움을 줄 시설과 정책을 계속 찾고 싶었다. 공공이 좋아져야 본인도 더 잘 풀린다는 생각, 여태 부를 쌓은 데 대한 사회적 책임감 등이 작용했을 것이다. 일생 다방면의 사업가로 살아온 그는, 본인이 한 곳에만 천착하는 학자가 되기에는 이미 늦었다고 봤을지도 모른다.

인류의 결정적 진보

그렇다면 그가 번개의 정체를 전기라고 밝힌 일이 실용과 무슨 상관일까? 이를 당장의 공공이익 실현에 어떻게 써먹을 수 있을까? 우선은 그간 번개가 어떤 대우를 받았는지 알아야 한다. 옛날부터 인류는 번개를 가장 두려운 자연재해로 꼽았다. 무엇보다 언제, 어디서 떨어질지 정확히 알 수 없었다. 일단 노출되면 엄청난 피해를 봐야 했다. 번개가 칠 때 전압은 보통 1억 볼트에서 10억 볼트에 이른다. 온도는 순간적으로 섭씨 약 2만 7,000도까지 치솟는다. 이는 태양의 표면 온도(섭씨 5,500도)보다 5배가량 높은 값이다. 어쩌다 잘못 떨어지면 인간의 주거지는 물론, 광활한 숲 전체를 불바다로 만들 수 있었다. 그래서일까, 그리스 신화(로마 신화)에서는 번개의 신 제우스(주피터)를 일찌감치 가장 강력한 존재로 설정했다. 북유럽 신화의 주역 토르, 인도 신화에서 신들의 왕으로 불리는 인드라 또한 벼락을 무기로 삼는다. 모르텐 에스킬 윙게Mårten Eskil Winge가 그린 〈토르와 거인족과의 싸움〉이 그 힘을 직관적으로 보여준다. 뇌신 토르가 망치 묠니르를 들자 하늘은 천둥과 번개로 답한다. 거인과 악마 모두 맥을 추지 못하고 추락한다. 이는 고대로부터 이어진 낙뢰의 위엄을 확인할 수 있는 작품이다.

역사가 흐를수록 사람과 건물 모두 더 빽빽하게 모였다. 18세기 산업혁명 바람을 타고 빌딩도 하나둘 모습을 보였다. 하지만 인류는 번개를 정복하지 못했고, 위험성은 더 커졌다. 기껏 지은 고층 건물 위로 번개가 꽂히면 곧장 초대형 재난이 발생할 수 있었다. 이는 문명의 전진 또한 저해하는 일이었다.

그런데, 번개가 전기라면 이야기는 달라질 수 있었다. 이 말인즉, 녀석 또한 전기 에너지의 특성을 활용해 어디론가 흘려보낼 수 있다는 이야기였다. 그런 뒤 위력을 발휘하지 못하게끔 방전시키는 일도 가능한 사안이었다. 프랭클린의 목표는 여기에 있었다. 번개의 비밀을 파헤친 건 그 첫 단계일 뿐이었다. 제압하는 방법까지 찾는 게 최종 관문이었다. 프랭클린은 높은 건물 옥상에 올라 전기를 잘 모으는 소재의 뾰족한 막대기를 세웠다. 그 막대기를 구리선과 연결했다. 기다란 구리선은 땅속 깊이 묻었다. 프랭클린의 생각은 이랬다. 건물 꼭대기에 있는 막대기가 번개의 미끼 역할을 한다. 벼락이 그쪽으로 꽂히면 막대기는 발생하는 전기에너지를 즉시 품어서 구리선으로 흘려보낸다. 구리선을 타고 땅 밑까지 온 녀석은 맥없이 방전되고 만다. 그의 구상은 적중했다. 피뢰침避雷針 탄생의 순간이었다. 프랭클린, 그리고 인류는 드디어 하늘의 심판마저 정복한 것이었다.

프랭클린은 이 밖에도 전 세계를 위한 여러 발명품을 내놓았다. 이중초점 렌즈, 열효율과 안전성을 크게 높인 일명 '프랭클린 난로'가 대표적이다. 글라스 하

❖ 모르텐 에스킬 윙게, 토르와
거인족과의 싸움, 1872,
캔버스에 유채, 26x32.7cm,
스웨덴 국립 미술관

모니카, 유연한 카테터 또한 그의 작품이다. 프랭클린은 피뢰침과 난로 등에 관해
서는 특허권도 포기했다. 모두 공공의 이익을 위한 행보였다. 독일 철학자 이마누
엘 칸트Immanuel Kant는 그런 그를 향해 '계몽시대의 프로메테우스적 인물'이라
고 평가했다고 한다. 프랭클린은 이렇게 이미 한 사람 몫 이상의 발자국을 남겼
다. 하지만 여기서 걸음을 멈추지 않았다. 담대한 여정은 계속 이어졌다. 이번에
는 정치 영역이었다.

사업가, 과학자,
그리고 정치가까지

"저들을 반드시 우리 편으로 끌어와야 한다!

1776년 말, 70세의 노^老정치인은 주문처럼 이 말을 외웠다. 이 사내는 곧 프랑스를 상대로 미국의 전부를 건 협상을 진행할 터였다. 그가 프랭클린이었다.

사실 프랭클린은 진작부터 정계에 관심을 보였다. 젊었을 적에는 펜실베이니아주 의회 서기로 일했다. '연날리기 실험'을 마치고 몇 년 후인 1751년에는 45세 나이로 의원 자리에도 올랐다. 정치를 공공선 실현에 유용한 도구로 활용할 수 있으리라고 판단한 데 따른 행보였다. 프랭클린의 갖은 경험과 지식은 의회에서도 빛을 발했다. 이곳에서는 잡지식이 곧 임기응변이었다. 밤샘 토론과 협상을 이어가는 입장에서 없어서는 안 될 자질이었다. 프랭클린은 이 능력으로 영국, 그리고 당시 영국의 식민지였던 미국 사이 훌륭한 중재자 역할도 했다. 세금 문제로 양측 사이가 벌어지자 미국 편에서 자주 과세권을 따내고, 영국의 일방적인 인지세^{印紙稅} 조례를 철폐하는 데도 일조했다. 험악해진 양쪽이 기어코 미국 독립 전쟁으로 맞붙을 땐 독립 선언서 작성에도 참여했다. 그는 이처럼 과학과 발명에 이어, 정치와 외교 영역에서도 종횡무진했다. 조제프 시프레드 뒤플레시스_{Joseph-Siffred Duplessis}가 사업가에서 정치인의 노선을 탄 프랭

❖ 벤저민 웨스트, 영국과의 예비 평화 협정(미완성), 1783~1784, 캔버스에 유채, 72.3x92cm, 윈터투어 박물관

클린의 초상화를 작업한 적이 있다. 부드러운 인상, 푸근한 몸 등 잠깐 봐서는 인자해 보인다. 하지만 살짝 위로 치켜뜬 눈, 고집스럽게 다문 입술에서 내공이 만만치 않다는 걸 짐작할 수 있다. 실제로도 프랭클린은 토론과 협상 중 대체로는 농담을 줄줄 읊을 만큼 온화했지만, 자기가 선을 그은 지점에서는 한 치의 양보도 없었다고 한다.

그런 프랭클린이 막 프랑스 땅을 밟았다. 그가 원하는 건 명확했다. 프랑스가 미국 대륙군 편에 서주는 일이었다. 당시 루이 16세의 프랑스는 조지 3세 George III 의 영국을 경쟁국으로 경계했다. 그렇기에 내심 영국이 미국 독립 전쟁에서 패하기를 바랐다. 프랭클린은 이를 정확히 꿰뚫고 있었다. 프랑스 대표단을 만난 그는 이들의 바람을 끈질기게 파고들었다. 프랑스가 미국 대륙군과 힘을 합쳐 영국의 영향력을 줄일 수 있는 절호의 기회라고 설득했다. 이를 외면하면, 승리한 영국이 미국 식민지 자원을 발판 삼아 유럽 땅 정복의 야욕을 보일 것이라고 협박 어린 경고도 했다. "…좋소! 우리 군을 당신네 쪽으로 파견하리다!" 프랑스 대표단은 치밀한 계산 끝에 못 이기는 척 서약서에 서명했다. 당시 프랭클린은 번개의 실체를 처음 알았을 때만큼이나 쾌재를 불렀을 것이다. 그렇게 얻은 프랑스 지원군은 미국 대륙군이 독립을 쟁취하는 데 큰 역할을 했다. 결국 미국 대표단은 1783년 9월 3일, 파리에서 영국 대표단과 조약을 맺을 수 있었다. 전쟁 종식, 미국 대륙군의 독립 인정이 핵심이었다. 벤저민 웨스트가 당시 모습을 그렸는데, 화폭 속 모습이 매우 흥미롭다. 왼쪽에는 프랭클린이 검은색 정장을 입은 채 위엄 있게 앉아 있다. 그를 둘러싼 인물 또한 모두 미국 대표단이다. 그런데, 오른쪽은 통째로 그려지지 않았다. 이와 관련해서는 자존심을 구긴 영국 대표단이 포즈를 취하는 걸 거부했기 때문이라는 설이 있다.

　　말년의 프랭클린은 사상가이자 작가의 삶을 살았다. 그는 독립 후 미국 헌법의 초안을 쓰는 데 참여했다. 10살 때 정규 교육을 멈춘 양초장수 아들은 그렇게 번개를 무릎 꿇리고, 대륙의 해방을 촉진하고, 나아가 조국의 정신적 아버지가 될 수 있었다. 프랭클린은 노후의 시간 중 상당 부분을《자서전》쓰기에 할애했다. "인생은 시간으로 이뤄진다"는 식의 자기 아들을 향한 조언집 격으로 짜인 이 책은 지금도 미국 산문 문학의 정수로 꼽힌다. 프랭클린은 1790년 4월에 영영 눈을 감았다. 그의 나이 84세, 사인은 흉막염이었다. 미국은 여전히 그를 기리고 있다. 그의 초상화는 미국 100달러 지폐에서 찾아볼 수 있다. 미국에서 대통령 출신도 아니고 중앙 정부의 최고 요직을 맡은 적도 없는 이를 지폐에 박은 사례는 그가 유일하다.

벤저민 웨스트(1738~1820)

그는 당시 가장 영향력이 큰 예술가 중 한 명이었다. 출생지는 미국, 활동의 주무대는 영국 등 유럽이었다. 주로 신고전주의 화풍에 따라 그림을 그렸다. 주력 장르는 역사화, 종교화, 초상화 등으로 다방면에 능했다. 영국의 조지 3세 체제에서는 궁정의 역사화가로도 활약했다. 왕립예술원 회장 등 굵직한 직책도 맡은 바 있다. 대표작은 〈울프 장군의 죽음〉〈인디언과 교섭하는 펜〉 등이 있다.

조제프 시프레드 뒤플레시스(1725~1802)

뛰어난 초상화 제작 실력으로 루이 16세 등 프랑스 왕가의 사랑을 받은 화가. 프랑스 혁명 후에는 베르사유 궁전의 갤러리에서 큐레이터로 활동할 수 있었다. 초기에는 우아한 로코코 화풍으로 그림을 그렸으며, 혁명을 겪은 다음부터는 더 현실적인 묘사에 치중했다. 그의 그림 중 가장 의미 깊은 게 〈벤저민 프랭클린의 초상화〉다. 이 작품의 복제본이 훗날 미국 100달러 지폐를 장식하게 되는 데 따른 것이다. 이는 전 세계에 프랭클린의 인상과 분위기를 각인하는 데 지대한 영향을 미쳤다.

참고 자료　○ 프랭클린 자서전, 벤저민 프랭클린, 김영사
　　　　　　　○ 벤저민 프랭클리 자서전, 벤저민 프랭클린, 현대지성
　　　　　　　○ 가난한 리처드의 달력, 벤저민 프랭클린, 우리네꿈
　　　　　　　○ Ben & Me, Eric Weiner, Simon & Schuster

18.
수송 혁명을 일으킨 특이점의 등장

클로드 모네,
파리 생라자르 역-기차 도착

1825년,
최초 증기기관차
로코모션이 운행되다

"어, 어? 진짜 가려나 봐!"

1825년 9월 27일, 영국 중동부 스톡턴과 달링턴 구간. 선로 위에 오른 웬 기다랗고 똥똥한 기계가 흰 연기를 조금씩 피우기 시작했다. 여행이란 뜻의 '로코모션 Locomotion'으로 불린 이 기계는 곧 육중한 굉음과 함께 바퀴를 굴렸다. 그렇게 빠르지는 않았지만, 분명 앞으로 가고 있었다. "인부가 끌고 있어?" "마차라도 숨겼나?" 그 위에 올라탄 450여 명의 사람들은 제각각 추측을 쏟아냈다. 그러나 다들 마음속으로는 알고 있었다. 아무리 인부가 많고 말이 튼튼한들 석탄을 실은 화차 11량, 사람을 태운 화차 20량, 시험용 여객 객차 1량 등 32량을 단박에 밀어내는 일은 불가능하다는 걸. 기계는 달릴수록 증기를 더 짙게 내뿜었다. 그것은 수백 마리 말이 한 번에 뿜어내는 입김 같았다. 이 물체는 스톡턴 – 달링턴 사이 일부 구간을 평균 시속 13킬로미터 기록으로 주파하는 데 성공했다. 속도로만 치면 마차와 큰 차이가 없었다. 하지만 약 80톤의 무게를 노동 없이 이러한 빠르기로 움직였다는 것 자체로 경이로운 일이었다.

기계는 목표지점에서 멈췄다. 시범 기관사로 나선 중년의 남성, 조지 스티븐슨George Stephenson도 그제야 땅을 밟았다. 그는 이 미스터리한 사물 로코모션의 기획부터 설계, 조립까지 직접 해낸 주인공이었다. 그 또한 운행하는 내내 떨렸는지, 등줄기가 흠뻑 젖어 있었다. 스티븐슨이 고개 숙여 인사했다. "새로운 세상이 열렸다!" 그의 등 뒤에서 평생 하지 못한 경험을 한 이들, 이 진기한 풍경을 보기 위해 구름처럼 모인 군중이 환호했다. 이날 인류에게 수송 혁명의 시대가 왔다는 걸 알린 이 발명품의 정체는… 증기기관차였다.

그림 속 증기기관차는 위풍당당한 자태를 자랑하고 있다. 검은 빛깔, 매끈한 겉면, 탄탄해 보이는 몸줄기 덕에 더욱 육중해 보인다. 굴뚝을 통해 역사의 천장을 가득 채울 만큼 흰 연기를 토한다. 성인聖人의 머리 위 후광인 양 물체에 대해 위엄까지 덧씌우는 모습이다. 당장이라도 튀어 나갈 기세의 철마를 잠시 잡아두는 역 또한 크고 넓다. 그래서일까, 기관차는 그리스 로마 신화 속 거인 티탄족, 여러 전설과 민담 속 덩치 큰 괴물처럼 보이기도 한다. 화가 클로드 모네Claude Monet는 프랑스 파리 최초의 주요 역 중 한 곳인 생라자르 역에서 이 그림을 그렸다. 제목은 〈파리 생라자르 역, 기관차 도착〉이다. 모네는 기관차의 당시 위상과 함께 그 주위로 건물이 모이고, 사람이 따라붙고, 역동적인 기운이 몰려드는 풍경을 같이 담았다. 이를 통해 도시화와 산업화가 활발하게 이뤄진다는 점 또한 표현했다. 기관차의 위대함을 한 화폭에 녹여낸 것으로 볼 수 있다.

풀지 못했던 마지막 문제

스티븐슨은 어떻게 이런 위대한 발명을 일궈 '철도의 아버지'가 될 수 있었을까? 그리고, 지금은 실생활에 당연히 자리 잡은 기관차가 당시에는 구체적으로

❖ 클로드 모네, 파리 생라자르 역-기차 도착. 1877, 캔버스에 유채, 81.9x101cm, 포그 미술관

어떤 혁신을 갖고 왔을까? 기관차의 탄생사는 보기보다 더 흥미롭고, 기관차가 가져다준 변화 또한 생각보다 더 다채롭다.

먼저 증기기관의 역사를 알아야 증기기관차의 탄생 배경도 이해하기 쉽다. 시간을 거슬러 1712년, 영국의 기술자 토머스 뉴커먼Thomas Newcomen이 세계 처음으로 실용성을 갖춘 증기기관을 발명했다. 이는 말 그대로 증기에서 발생하는 압력과 팽창을 동력으로 삼는 기계였다. 뉴커먼은 이를 탄광에 고인 물을 퍼내는 데 활용했다. 그다음 반세기가 넘게 흐른 1769년, 같은 나라 출신의 기술자 제임스 와트James Watt가 이 장치를 개량했다. 와트는 특히나 증기기관 내 주 실린더가 열을 보존할 수 있는 방법을 찾는 데 몰두했다. 그 결과 실린더와 이어진 별도의 응축기만 따로 냉각하는 방식을 구상할 수 있었다. 즉, 실린더에 따로 공간을 연결한 후 이곳에서만 그 작업이 이뤄지도록 한 격이었다. 와트는 이로써 증기기관의 효율성을 몇 배나 더 끌어올릴 수 있었다. 그간 뉴커먼의 증기기관은 증기 응축을 위해서는 매번 운동할 때마다 실린더 내부까지 차갑게 식히고, 다시 뜨겁게 데우기를 반복해야 했다. 증기기관의 주원료인 석탄 소모량도 엄청날 수밖에 없는 구조였다. 와트는 이 과정을 획기적으로 단순화한 셈이었다.

그렇다면 활용도가 높아진 증기기관은 어떻게 쓰였을까? 가장 발 빠르게 관심을 보인 이들은 시대 흐름에 민감한 사업가였다. 이들은 이 영리한 기계의 원리를 품은 장치를 산업 최전선, 이를테면 공장 지대나 탄광 마을에 들였다. 방적기부터 직조기, 지하수를 빼는 펌프 등 증기기관의 힘을 빌리게 된 노동 현장에선 생산량이 비약적으로 증가했다. 18세기 영국발燉 제1차 산업혁명의 시작이었다. 인류는 이 시기에 그간 없던 풍요와 편리함을 누릴 수 있었다. 그러자 몇몇 기술자는 증기기관을 '만드는 기계' 외에 '타는 기계'에도 활용할 수 있지 않을까 하는 호기심을 품었다. 영국의 발명가 리처드 트레비식Richard Trevithick도 그중 한 명이었다. 트레비식은 수년의 연구 끝에 1801년, 증기를 동력 삼은 최초의 기관차를 만들었다. 1804년에는 세계 첫 증기기관차로 평가받는 일명 페니다렌 호를 만든 후 움직이게 해보기도 했다. 1809년에는 '캐치 미 후 캔Catch Me Who Can'이라는 증기기관차를 선보여 재차 공개 실험을 했다. 하지만 열정 넘치던 트레비식은 가장 큰 장애물을 넘지 못했다. 그것은 무게였다. 무거운 증기기관이 통째로 올라간 기관차는 당시 연약한 궤도를 으스러뜨리기 일쑤였다. 그 시절 마차용으로 쓰인, 그렇기에 나무나 강도가 약한 주철 따위로 만들어둔 선로가 이를 견딜 리 없었다. 이 탓에 그는 결국 빛을 보지 못했다.

발상의 전환으로 답을 찾았다

비슷한 시기, 사실상 독학으로 증기기관차를 연구하고 있던 또 다른 발명가 스티븐슨도 같은 지점에서 막힌 상태였다. 하지만 스티븐슨은 트레비식과 달리 돌파구를 뚫었다. 스티븐슨은 우선 증기기관 내 보일러 형태와 실린더 방향을 집중적으로 개량했다. 그렇게 해서 힘과 속도를 더 높이는 한편, 직접 품을 팔아가며 가벼운 부품 찾기에 열을 올렸다. 그러던 어느 날 스티븐슨의 뇌리에 이런 생각이 스쳤다. '증기기관차가 달리는 길 또한 더 튼튼해야 하지 않을까?' 맞는 말이었다. 그는 이때부터 선로에도 주목했다. 지금의 낡은 선로에 무조건 맞출 필요는 없는 것이었다. 증기기관차가 아무리 가벼워진다고 한들, 분명 한계가 있을 터였다.

깨달음을 얻은 스티븐슨은 1821년부터 스톡턴 탄광과 달링턴 항구 사이 21킬로미터 선로를 강화하기 시작했다. 그 당시 최신의 제철 공법을 적용해 최대한 단단하게, 가능한 한 평평하게 만들었다. 대망의 로코모션 호 시운전은 4년 뒤 그 선로 위에서 이뤄진 일이었다. "역시 증기기관차와 선로는 남편과 아내 같은 관계여야 했어!" 이날 이어지는 군중의 박수 속에서 스티븐슨은 동료에게 이렇게 말했다. 이는 그가 몇 년간 입버릇처럼 읊은 문장이었다. 스티븐슨의 손길이 들어간 스톡턴과 달링턴 사이 선로 폭은 훗날 세계 통용 표준궤(1,435밀리미터)가 된다.

이제 스티븐슨의 증기기관차는 앞으로 나아갈 일밖에 없는 것처럼 보였다.

❖ 윌리엄 터너, 비, 증기, 그리고 속도-대 서부 철도, 1844, 캔버스에 유채, 90.8x122cm, 내셔널 갤러리

영국 화가 윌리엄 터너의 〈비, 증기, 그리고 속도 – 대 서부 철도〉 속 비와 안개, 증기 따위를 모두 뚫고 전진할 길이 열린 듯했다. 그림 속 모습처럼 배, 그리고 다리 위를 달리고 있을 마차 따위 조연으로 만든 채 주연을 꿰찰 게 시간문제인 듯 보였다. 그런데….

세기의 '기차 경주'

"스티븐슨의 증기기관차는 불을 뿜으면서 느릿느릿 간다고 하지요. 녀석은 지나가는 모든 곳을 불바다로 만들 겁니다!"

"그놈이 내뿜는 흰색 독가스가 가축을 죽일 거예요. 스티븐슨도 이를 알고 있어요. 그저 괴발명품을 비싸게 팔 생각밖에 없는 겁니다!"

큰 성공을 거둔 스티븐슨은 뜻밖에도 얼마 안 돼 이런 낭설에 휩싸였다. 그에게 환호하던 사람들도 차츰 동요하는 모습을 보였다. 당시 스티븐슨은 리버풀과 맨체스터 사이 선로 작업에 힘을 보태고 있었다. 길이만 45킬로미터가 넘는, 완공만 한다면 세계 최초의 장거리 철도가 될 사업이었다. 이에 당장 마부와 운하업자들이 제 밥그릇을 빼앗길까 봐 두려워했다. 그래서 근거 없는 소문을 퍼트린 것이었다. 스티븐슨을 통해 가능성을 엿본 후발 경쟁업체들 또한 막무가내로 의혹 제기를 이어갔다. 그 사이 리버풀과 맨체스터를 잇는 선로는 1829년, 오랜 진통 끝에 드디어 완공을 바라보고 있었다. 하지만 그때까지도 스티븐슨의 증기기관차에 대한 유언비어는 쉽사리 꺾이지 않았다.

"모두가 참여할 수 있는 경주 시합을 엽시다. 내 증기기관차가 얼마나 빠르고, 안전하고, 효율적인지를 보여드리지요!" 스티븐슨은 참다못해 승부수를 던졌다. 그해 10월, 이른바 '레인힐의 경주Rainhill Trials'라고 불린 대대적인 경연이 열린 이유였다. 내용은 볼 것도 없었다. 스티븐슨과 그의 아들 로버트가 만든 증기기관차 로켓Rocket 호의 적수가 될 건 없었다. 로켓 호는 3.2킬로미터 경주 구간을 20회 왕복했다. 평균 시속은 22.5킬로미터, 최고 시속은 46.6킬로미터에 이르렀다. 경쟁업체들의 기계, 사실상 스티븐슨의 증기기관차를 흉내 낸 것에 불과한 조악한 기차들은 제대로 나아가기조차 못하기 일쑤였다. 스티븐슨의 로켓 호는 압도적 기록으로 1등에 올랐다. 당연히 불도, 독가스도 내뿜지 않았다. 그리고 1830년, 로켓 호는 리버풀과 맨체스터 사이 선로 또한 멋지게 달렸다. 드디어 스티븐슨發 철마의 시대가 열렸다. 효율성도, 안전성도 검증된 만큼 이제는 누구도 딴지를 걸지 못했다.

영국에서는 곧장 증기기관차 붐이 일었다. 증기기관차가 갈 수 있는 길 또한 실핏줄처럼 넓고 촘촘하게 퍼졌다. 1859년께 1만 1,000킬로미터까지 연장될 정도

였다. 1890년대에는 전체 길이가 3만 2,000킬로미터에 이르렀다고 한다. 폴 가브리엘Paul Gabriël의 〈기차가 있는 풍경〉처럼, 외진 시골길에서도 증기기관차의 흰 연기가 보이는 세상이 온 것이다. 화폭 왼편의 기차는 착실히 앞으로 간다. 오른편에 있는 수수한 차림의 사람들은 이 장면이 진작에 익숙해진 모습이다. 기관차의 열기는 섬 너머 프랑스와 독일, 대륙 건너 미국에도 닿았다. 이제 세계 각국은 경쟁적으로 철마 길들이기에 여념이 없었다.

인류의 진화를 부추긴 증기기관차

증기기관차의 무엇이 그렇게 좋았기에 이처럼 온 세상이 관심을 가졌을까? 무엇보다도 인류는 증기기관차 덕분에 활동 반경을 과거와는 견줄 수도 없을 만

262

❖ 윌리엄 파월 프리스, 기차역, 1862, 54.1x114cm, 런던 국립 해양 박물관

큼 넓힐 수 있었다. 화물 또한 더 많은 거래처를 확보할 수 있었다. 도시는 역과
기관차를 중심지로 둔 채 빠르게 팽창했다. 마차가 느긋하게 쏘다니고 말똥이 곳
곳에 흩뿌려진 장면 또한 바쁜 발걸음, 쉴 새 없이 굴러가는 바퀴의 풍경으로 바
뀌었다. 도시가 비로소 도시다운 모습을 갖추게 된 것이었다. 윌리엄 파월 프리
스William Powell Frith 의 〈기차역〉 같은 모습이 당시 역의 일반적 풍경이었다. 온갖
사람들이 다 모여들고, 화물과 짐 가방 또한 기관차 위로 잔뜩 쌓였다. 사업가와
상인, 학생과 관광객, 떠나는 아이와 마중 나온 어머니 등 모두가 각자 사연을 안
은 채 역을 서성였다. 공장도 역과 기관차를 믿고 기계를 더 많이, 더 빨리 돌렸
다. 상품이 배송될 수 있는 거리가 크게 늘어난 데 따른 전략적 행보였다. 기관차
만 있으면 땅덩어리 한가운데에서 만든 상품 또한 끄트머리의 항구까지 쉽게 보
낼 수 있었다. 당연히 그 반대도 가능했다. 그런가 하면, 땅에 선로를 까는 건 땅
을 끝도 없이 파헤쳐 물길을 내는 일보다 훨씬 쉬웠다. 증기기관차가 등장하기

❖ 오노레 도미에, 3등 열차, 1862, 캔버스에 유채, 67x93cm, 캐나다 국립 박물관

전, 인류는 한꺼번에 많은 짐을 나를 때면 주로 배를 썼다. 이를 위해 막대한 돈과 시간을 들여 운하를 파곤 했는데, 이제는 그 고통의 작업조차 덜 수 있었다.

와트의 증기기관 덕에 진작부터 불이 붙은 제1차 산업혁명에도 날개를 달았다. 생산과 소비, 수출과 수입 규모 모두 하루가 다르게 덩치를 불렸다. 기관차는 이렇게 국민 개개인은 물론, 국가 전체의 경제 성장에 지대한 영향을 줬다.

증기기관차의 등장은 인류의 문화도 바꿨다. 특히 시간관념을 확립시키는 데 지대한 공을 세웠다. 기관차가 시간을 정해놓고 운행했기 때문이었다. 인간은 이제 정확한 시와 분을 따지지 않으면 기관차에 타기는커녕 떠나는 뒷모습도 볼 수 없었다. 철도가 상용화되기 전에 인류는 대체로 시간을 두루뭉술하게 표현했다. 약속 시간 또한 '정오쯤' '해 질 무렵' 정도로 두기 일쑤였다. 이제 더는 그럴 수 없었다. 그 결과 소소한 사교 모임부터 거래처 사이 대규모 회의 등 필요한 소통

264

도 때에 맞춰 활성화될 수 있었다. 이 밖에도 도심 한가운데에서 신선한 생선을 요리하고, 편하게 휴대할 수 있는 가벼운 핸드북이 팔리고, 가슴 부위에 티켓 주머니가 달린 셔츠가 유행하는 등 증기기관차는 일상 곳곳에 변화를 불러왔다.

물론, 기관차에도 낭만만 있지는 않았다. 언제부터인가 기관차 내 객실은 1등 칸부터 3등칸까지 등급이 생겼다. 신분과 처지에 따라 탈 수 있는 곳 또한 달라졌다. 인간은 이 좁고 짧은 시공간에서조차 서로 구분되기를 바란 것이었다. 오노레 도미에가 그 모습을 적나라하게 표현했다. 제목은 〈3등 열차〉다. 초췌한 몰골의 사람들이 다닥다닥 붙어 있다. 이들의 애환과 함께 어떻게든 선을 그으려는 사회에 대한 안타까움이 묻어나는 작품이다.

기관차는 전쟁의 규모를 키우는 데도 한몫했다. 한 번에 많은 병력을 싣고, 단박에 대량의 보급품을 옮길 수 있게 된 여파였다. 기관차는 제1차 세계 대전과 제2차 세계 대전에도 지대한 역할을 했다. 인류의 뒤틀린 욕망은 기관차를 최악의 용도로 활용하기도 했다. 대량 학살이 이뤄진 아우슈비츠로 그 많은 희생자를 실어나른 일이 대표적 사례다. 다만 당연히도 기관차는 죄가 없다. 그 시절 인간에게 죄가 있을 뿐.

"의지만 있으면 무엇이든 할 수 있다"

한편 지금의 철도를 있게 한 스티븐슨이 자신의 파란만장한 삶으로도 많은 이에게 영감을 준 점 또한 흥미롭다.

스티븐슨은 맨발의 소년 일꾼 출신이었다. 돈도 없고 배움도 짧았다. 1781년 영국 와일럼에서 출생한 그는 부모와 함께 탄광촌을 전전했다. 스티븐슨은 어릴 적부터 학교 대신 일터로 나갔다. 처음에는 석탄 속 불순물을 걸러내는 일, 조금 더 커서는 석탄 마차를 운전하는 일로 집안에 힘을 보탰다. 그는 이 과정에서 당시로는 원시적 형태였던 증기기관에 관심을 가졌다. 글도 읽을 수 없던 그는 18살 무렵 뒤늦게 읽기와 쓰기를 배웠다. 야학夜學을 통해 수학, 설계와 제작 등 기술도 익혔다. 어느덧 여러 학문을 두루 섭렵하게 된 스티븐슨은 매일 밤 증기기관을 해부했다. 이 덕에 증기기관차라는 새로운 아이디어를 갖고, 제작에도 직접 나설 수 있었다. 그 사이 스티븐슨은 여러 불운을 맞기도 했다. 증기기관차를 제대로 선보이기도 전에 사랑하는 아내를 하늘로 보냈다. 결핵 탓이었다. 그녀는 문맹이었던 남편의 공부도, 새 교통수단을 만들고 싶다는 남편의 꿈도 힘껏 도운 조력자였다. 앞서서는 아들 로버트에 이어 태어난 딸도 잃었다. 이뿐인가, 증기기관차를 선보인 후에는 갖은 선동의 희생양이 되어 도마 위에 올랐다. 스티븐슨은 이 모든 가시밭길 위에서 발명과 개량, 시운전과 정식 운행까지 마치며 신화가 된 존재였다.

"저는 가장 미천한 신분에서 출발했어요. 그럼에도 (…) 의지만 있다면 무엇이든 할 수 있다는 사실을 젊은 친구들에게 전하고 싶습니다"

죽기 1년 전인 1847년, 그가 한 기술자협회가 마련한 연단에서 이렇게 말했다고 한다. 이제는 늘 곁에 있는 열차가 새삼스럽게 보일지도 모른다. 산업화에 기름을 부은 비장의 장비로. 아울러 한 인간이 품은 불굴의 의지가 만든 결정체로.

클로드 모네(1840~1926)

인상파 양식이 꽃을 피우는 데 지대한 영향을 준 프랑스 화가. 절친 오귀스트 르누아르, 프레데리크 바지유 등과 '빛이 곧 색채'라는 신념하에 아카데미 화풍에서 벗어난 도전적 작품 활동을 했다. 살롱전에서 인정받지 못한 그는 무명예술가협회를 결성했다. 이 단체의 전시에 걸린 〈인상, 해돋이〉라는 그의 그림에서 '인상주의'라는 말이 탄생했다. 삶의 원숙기에 접어들어서는 가족과 함께 지베르니에 정착해, 연못과 다리가 있는 정원을 꾸미며 살았다. 이곳에서 나온 〈수련〉 연작 등은 그의 생을 대표하는 걸작으로 꼽힌다. 말년에는 백내장을 앓았지만, 그럼에도 회화 작업을 멈추지 않았다.

윌리엄 파월 프리스(1819~1909)

영국 빅토리아 시대의 대표 화가. 처음에는 초상화가로 예술계에 발을 디뎠다. 윌리엄 셰익스피어, 찰스 디킨스 등 문학가의 작품에서도 영감을 얻었다. 이후 유명 풍속화가 데이비드 윌키의 그림에 감명받아 본격적으로 다인물 구도의 작품 생산에 몰두했다. 후기에는 영국의 선구적 풍자화가로 꼽히는 윌리엄 호가스 등의 연작 방식도 연구했다. 그 결과, '호가스 이후 최고의 영국 사회 화가'라는 호칭도 얻을 수 있었다. 대표작은 〈램스게이트 해변〉 〈웨일스 왕자의 결혼식〉 등이다.

참고 자료 ○ 달리는 기차에서 본 세계, 박흥수, 후마니타스

○ 철도 역사를 바꾸다, 빌 로스, 예경

○ 모던 타임스, 폴 존슨, 살림

○ 산업혁명 1760-1830, T.S. 애슈턴, 삼천리

19.
"인류는 미쳤다"…
그곳은 생지옥이었다

존 싱어 사전트,
가스전(독가스에 중독된 군인들)

1915년,
제1차 세계 대전이
세계 최초의 화학전으로 번지다

통통한 쇠파리가 눈 주위를 맴돈다. 살찐 쥐 또한 약 올리듯 가랑이 사이를 쏠고 다닌다. 병사들은 이를 알고도 가만히 있었다. 불개미가 피부를 뜯고 들어간들 미동 하나 없었다. 이들은 수 미터 깊이의 흙 통로에 있었다. 좁고 축축하고 썩은 내가 폴폴 나는 이곳에 빼곡히 붙어 있었다. "잘 수 없어요. 따뜻한 날은 가끔 있을 뿐이지요. 건조하게 지낸다는 건… 웃긴 일입니다." 그 시기, 그곳을 겪어본 병사는 훗날 당시를 이렇게 회고했다. 때는 제1차 세계 대전이 한창인 1915년 봄이었다. 장소는 전쟁 양 축인 협상국(영국·프랑스·러시아 등)과 동맹국(독일·오스트리아·오스만 제국 등)의 핵심군이 맞붙은 서부전선의 길고 긴 참호 안이었다.

포격 소리가 울렸다. 동맹국 소속의 독일 병사들은 그제야 몸을 떨기 시작했다. 아군의 포병은 협상국 측 영국·프랑스 병사들이 모인 맞은편 참호로 10만 발, 어쩌면 100만 발의 포탄을 쏟아부었다. 독일 병사들은 알고 있었다. 곧 진군 명령이 내려올 것임을.

268

"포군단이 적 참호를 깨부쉈을 것이다. 안심하고 돌격하라!"

당시로는 상부의 이 말만큼 무책임한 지시가 없었다. 참호란 게 무엇인가. 적군의 포 내지 기관총 난사를 막기 위해 만들어진 방어 시설이다. 대포알을 쏘아낸들, 그게 적군의 좁디좁은 진지에 정확히 박히는 것 자체가 기적이었다. 이런 가운데, 이번만큼은 그 기적이 일어났으리라 믿고 애꿎은 목숨을 또 거는 셈이었다. 병사들은 우짖으며 들판을 내달렸다. 역시나 적진에서 기관총 세례가 쏟아졌다. 작전은 또 실패였다. 짧은 시간 사이 수천, 많게는 수만 명이 죽었다. 협상국도, 동맹국도 계속 이런 작전만 펼쳤다. 갑갑하고, 답답한 순간들이었다.

양측이 소모전만 벌이는 사이, 서로가 가장 치열하게 대치하는 벨기에 이프르 주변에선 심상치 않은 일이 벌어지고 있었다. 동맹국 참호에서 슬쩍 나온 독일 병사들이 협상국 참호를 향해 다가갔다. 협상국의 기관총 사거리까지 거의 온 이들은, 그곳에 웬 길쭉한 원통을 다닥다닥 놓고선 허겁지겁 뛰어 돌아갔다. 얼마 후 원통이 녹황색 연기를 뿜기 시작했다. 연기는 바람을 타고 협상국 참호 쪽으로 흘러갔다. 기습전을 하겠다는 얄팍한 수법인가? 협상국 병사들이 쓴웃음을 짓는 순간, 이들의 눈과 코에서 피가 뿜어져 나왔다. 모두가 똑같이 비명을 질렀다. 그렇게 시간이 흐른 결과….

전장 한가운데 피어난 수상한 연기

그림 속의 석양빛 아래 병사들이 나란히 선 채 움직인다. 앞 사람의 어깨 또는 가방에 손을 얹고 힘겹게 한 걸음씩 나아간다. 이들 중 상당수는 흰 천으로 눈을 가리고 있다. 오른쪽에서도 병사 한 무리가 비슷한 모습으로 이끌려 간다. 길밖에선 부상병들이 찢어진 골판지 조각처럼 널브러져 있다. 영국 화가 존 싱어 사전트John Singer Sargent 의 그림 〈가스전(독가스에 중독된 군인들)〉이다. 이들은 모

❖ 존 싱어 사전트, 가스전(독가스에 중독된 군인들), 1919, 캔버스에 유채, 231x611.1cm, 런던 제국 전쟁 박물관

두 어쩌다 예외 없이 똑같은 상처를 입었을까. 그것은 당시 원통에 담겨 있던 독가스 탓이었다. 독일군은 협상국과 지난한 싸움을 타파하기 위해 비장의 패를 쥐었다. 그게 바로 화학전이었다. 이들은 1915년 4월, 이프르 일대에 170톤이 넘는 염소가스를 풀었다. 세계의 대규모 전투사상 독가스가 처음 전면 등장한 순간이었다. 이는 훗날 제2차 이프르 전투로 기록된다.

시큼한 향의 연기는 몸에 있는 수분과 닿는 순간 염산 성격을 띠었다. 그 결과 눈과 코, 폐를 녹였다. 병사들이 영문도 모른 채 피를 쏟은 이유였다. 협상국은 상상도 못 한 동맹국의 화학전에 속수무책이었다. 이러니 사전트의 그림 같은 상

황이 발생한 것이다. 그렇다면 이처럼 피로 피를 씻는 작전은 참호전의 악몽, 나아가 제1차 세계 대전이 빚은 지옥도에 어떤 영향을 줬을까?

유럽에 광풍을 불러온 총성 두 발

우선은 제1차 세계 대전은 왜 터졌는지, 어쩌다 참혹한 참호전 양상에 이를 수밖에 없었는지부터 살펴보자.

❖ 아킬레 벨트라미, 사라예보
   사건, 1914, 이탈리아 신문
   도미니카 델 코리에레 삽화

1914년 6월 28일, 발칸반도의 한 덩이를 차지한 국가 보스니아. 20살 청년 가브릴로 프린치프 Gavrilo Princip 는 이날 이곳을 방문한 오스트리아–헝가리 제국의 제위 계승자인 프란츠 페르디난트 Franz Ferdinand 대공 부부를 보고 있었다. 그는 군중 사이로 자연스럽게 섞였다. 대공 부부를 지켜보던 그가 소매에서 검은 무언가를 꺼냈다. 권총이었다. 얼마 후 두 발의 총성이 울렸다. 총탄은 대공 부부의 급소를 뚫었다. 두 사람 다 손 쓸 도리도 없이 숨졌다. 주변 인파에 제압당한 프린치프는, 사실 보스니아 옆 동네에 해당하는 세르비아의 민족주의 조직 '검은 손'의 단원이었다. 프린치프는 발칸반도 곳곳에 흩어진 동족의 통합을 바란 세르비아계 청년이었다. 그런 그에게 당시 오스트리아–헝가리 제국은 꿍꿍이를 갖고 이 일대를 기웃대는 외세外勢일 뿐이었다. 즉, 오스트리아-헝가리 제국을 심판하기 위해 테러를 벌인 격이었다. 아킬레 벨트라미Achille Beltrame가 당시 이탈리아의 신문에 실은 삽화에 이 사태를 묘사했다. 정장 차림의 프린치프가 갑자기 권총을 들어 보인다. 대공 부부는 속수무책으로 당할 수밖에 없는 모습이다. 프린치프는 먼저 페르디난트 대공의 경동맥을 끊은 다음 아내의 생명도 앗아갔다. 뜻밖의 대범한 테러 앞에서 호위병의 대응은 한발 늦을 수밖에 없었다.

"세르비아는 죽어야만 한다!"

오스트리아-헝가리 제국에서는 곧장 이런 구호가 울려 퍼졌다. 정부는 곧 세르비아에 선전포고를 했다. 이런 상황에서 러시아가 "우리와 같은 슬라브족 국가인 세르비아를 돕겠다"며 국가 총동원령을 발령했다. 슬라브족의 '맏형'으로서 세르비아 대신 맞불을 놓은 셈이었다. 전쟁은 이렇게 오스트리아 대 러시아가 되는가 했는데….

같은 해 8월, 독일이 러시아에 선전포고를 한다. 그리고 며칠 뒤에는 프랑스에 또 선전포고를 했다. 당시 군사 대국인 독일은 삼국동맹(독일·오스트리아-헝가리·이탈리아: 동맹국)의 수장이었다. 원칙상 오스트리아-헝가리의 행보를 지지할 의무가 있었다. 물론 참전에 따른 실익도 따졌다. 그 시절 러시아는 삼국동맹과 맞설 기량이 있는 삼국협상(영국·프랑스·러시아: 연합국) 결성체의 소속원이었다. 독일은 이 기회에 러시아를 견제하는 한편, 잠재적 적국인 영국과 프랑스도 크게 흔들어볼 요량이었다. 20살 청년이 쏜 총알 두 발은, 복잡한 외교 광풍 속을 돌고 돌아 연합 간 싸움으로 번졌다.

전쟁의 양상이 '강 대 강 매치'로 흘러가면서 주무대 역시 독일과 프랑스 사이 국경선으로 옮겨지는 건 자연스러운 흐름이었다. 독일이 먼저 움직였다. 독일은 생각이 있었다. 슐리펜 계획이 그것이었다. 전략가 알프레트 폰 슐리펜Alfred von Schlieffen이 구상한 이 작전은 단순했다. 우리네 막강한 독일 육군이 국경 왼쪽 프랑스부터 정복한다. 직후, 기차로 실어 나른 병력을 통해 영토 오른편 러시아도 무력화한다. 이게 끝이었다.

독일군이 프랑스를 얼마나 빨리 제압할 수 있느냐. 이 계획의 성패는 여기에 달려 있었다. 독일 지휘부가 점친 시간은 고작 6주였다. 독일군의 첫 목표는 파리 정벌이었다. 지름길로 가기 위해 독일과 프랑스 사이 끼어 있는 벨기에부터 뚫었다. 이후 하루에 40킬로미터씩 진격했다. 파리를 코앞에 두고 독일군은 예상외로 빨리 지치고 만다. 일단 벨기에의 저항이 생각보다 강했다. 파리 근처 마른강에서 최후 결전을 벌인 프랑스군 또한 필사적으로 몸부림쳤다. 밀려오는 독일군을 막기 위해 택시, 자전거, 심지어 우유 배달 수레까지, 동원할 수 있는 모든 것을 긁어오는 모습이었다. 대對독일 선전포고를 한 영국(런던과 벨기에는 거리상 아주 가깝다!)의 파견군 또한 독일 지휘부의 머리를 아프게 했다.

악재가 이어졌다. 아군 오스트리아-헝가리 제국은 세르비아를 상대로도 쩔쩔매고 있었다. 얕봤던 적군 러시아는 예상보다 빨리 전투태세를 갖췄다. 한쪽은 버티는 프랑스군, 반대편은 그 규모를 가늠조차 할 수 없는 러시아군…. 독일은 가장 우려했던 상황, 양면 포위에 처하고 말았다. 결국 독일군은 마른강을 장악하지 못했다. 슐리펜 계획이 휴지통에 처박히는 순간이었다. 양군은 벨기에와 프랑스 북동부를 사이에 놓고 대치했다. 이쯤에서 어느 측이 먼저랄 것 없이 참호를 파기 시작했다. 어느덧 700~750킬로미터 길이의 전선이 놓였다. 허구한 날 최악의 살육전이 펼쳐지던 곳, 서부전선이 깔린 배경이었다.

최악의 연기 괴물, 그 성과는…

독일은 초조했다. 오스만 제국이 뒤늦게 독일·오스트리아의 동맹군 편에 합류해 나름 역할을 했지만, 이 또한 제한적이었다. 국력으로 보든, 지리로 보든, 이번 대전은 언젠가 독일 대 영국·프랑스·러시아 등 1 대 3 구도가 될 것이었다. 그래서 독일이 꺼내든 카드가 독가스였다. 하지만 뭉게뭉게 피어난 괴물은 생각 외로 큰 위력을 발휘하지 못했다. 독일군 또한 독가스를 처음 쓰는 만큼 이를 잘 통제하지 못했다. 비가 언제 올지, 바람이 어떻게 바뀔지 등 따져야 할 조건이 많았다. 조악한 방독면을 쓴 채 뛰다가 자기들도 중독되기 일쑤였다. 독가스가 전투 전면에 처음으로 쓰인 제2차 이프르 전투에서 독일군이 전진한 땅은 3마일이었다. 그렇게 많은 피를 보고, 그렇게나 깊은 절규를 만들어내며 나아간 거리가 고작 4.8킬로미터였던 것이다.

크리스토퍼 네빈슨Christopher R. W. Nevinson이 이 무렵 양측이 벌인 무의

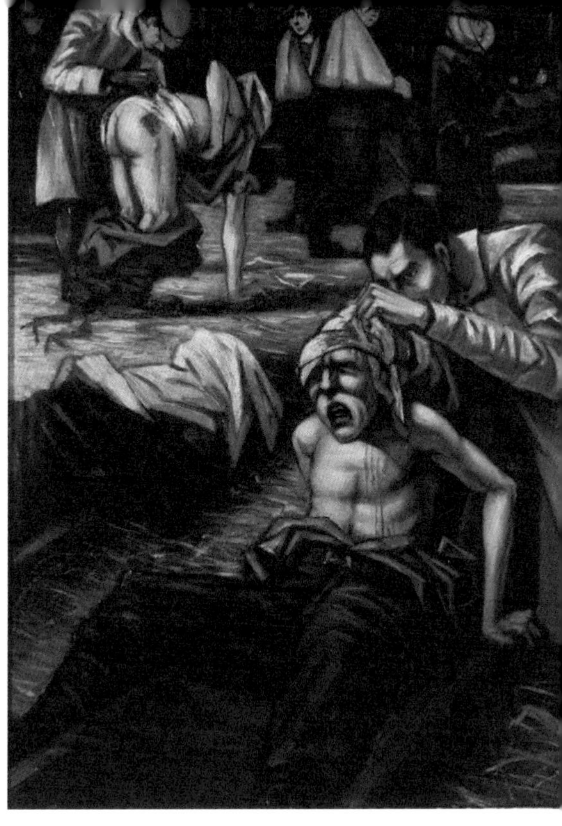

❖ 크리스토퍼 네빈슨, 의사, 1916, 캔버스에 유채, 57.1x41.2cm, 런던 제국 전쟁 박물관

미한 교전의 결과를 그린 그림이 있다. 제목은 〈의사〉다. 머리에 피가 맺힌 병사는 비명을 지른다. 그것은 육체의 통증 탓인지, 외상후스트레스장애(PTSD) 때문인지 알 수 없다. 그가 앞으로 평생 이 고통을 안고 살아야 한다는 점만은 확실하다. 그 옆에는 천을 덮어쓴 시신이 놓여 있다. 뒤에는 한 병사가 엉덩이를 드러낸 채 엎드린 자세로 치료를 받는다. 그 또한 껍데기만 있을 뿐, 영혼은 저 멀리로 진작에 떠난 듯하다. 이곳은 정식 병원도 아니다. 짚을 대충 깔고 만든 임시 진료소다. 이들 상태가 얼마나 심각하든, 치료는 이날로 끝일 것이다. 공격을 위한 공격 명령은 이러한 서글픈 죽음만 계속 낳을 터였다.

죽을 걸 알고도…계속 돌격했다

'인류는 미쳤다.'

1916년 5월 23일, 제1차 세계 대전에 참전했던 알프레드 주베르Alfred Joubaire 프랑스 육군 중위가 숨지기 하루 전에 쓴 일기의 구절이다. 말 그대로의 참사였다. 제1차 세계 대전이 3년 차로 접어든 1916년 2월. 독일군은 또 한 번 작전을 세웠다. 군사를 몰아서 프랑스가 절대 포기할 수 없는 요충지를 선점한다. 몰려오는 프랑스군은 기관총과 포탄으로 다 제거한다. 독일군의 전통(?)답게 이번 전략 또한 이처럼 간결하고 대담했다. 독일군은 베르됭을 짚었다. 그곳은 프랑스 역사가 켜켜이 스며든 천연 유산 같은 땅이었다. 독일군은 기회를 엿봤다. 프랑스군이 서부전선에 정신 팔린 틈을 비집고 재빨리 베르됭으로 뛰어들었다. 시작은 좋았다. 하지만 이번에도 변수를 맞았다. 독일군 입장에선 한 줌밖에 되지 않는 프랑스 수비군이 신들린 수비 태세를 보였다. 설상가상으로 폭우도 쏟아졌다. 그 사이 전열을 정비한 프랑스군, 이제는 악밖에 남지 않은 독일군 사이 남은 건 또 소모전뿐이었다. 결과는 프랑스군의 수비 성공이었다. 최종 인명 손실은 프랑스군 사상자 37만여 명, 독일군 사상자 33만~44만 명이었다. 이는 베르됭 전투로 불린다. 또 다른 이름은, 고기 분쇄기Meat grinder.

한편 프랑스 솜강에선 또 다른 참상이 빚어지고 있었다. 때마침 처음으로 대규모 공세의 주도권을 쥔 영국군은 이번에야말로 독일군 참호를 짓밟겠다는 야심을 품었다. 독일 주력군이 서부전선을 떠나 베르됭에 몰려 있다는 점 또한 이들 입장에선 호재였다. 영국·프랑스 연합군은 먼저 여드레간 독일군 전선을 향해 작정하고 포탄을 쏟아부었다. 그것은 대포알로 이뤄진 소나기 같았다. 이번에야말로, 정말 이번에야말로 독일군이 전멸했을 것으로 확신했다. "이제 모두 걸어가 깃발만 꽂고 오면 지긋지긋했던 전쟁도 끝이다." 지휘부는 이런 말로 사기를 끌어올렸다. 병사들은 이 말을 믿었다. 하지만 기다리는 건 승리의 여신 아닌, 낫을

❖ 크리스토퍼 네빈슨, 영광의 길, 1917, 캔버스에 유채, 45.7x60.9cm, 런던 제국 전쟁 박물관

든 사신이었다. 참호에 꼭꼭 숨은 독일군을 그저 포격량을 늘려 제압하겠다고 한 발상 자체가 순진했다. 독일군이 곳곳에서 고개를 쳐들었다. 늘 그랬듯 이번에도 기관총을 난사했다. 당황한 영국군은 총에 맞고, 지뢰를 밟고, 자기네가 쏜 불발 탄에 걸린 채 떼죽음을 당했다. 연합군은 4개월여간 피로 피를 닦는 혈투를 벌였다. 그 기간 연합국의 인명 손실은 62만여 명이었다. 이 목숨을 바쳐 나아간 게 고작 6마일, 즉 9.6킬로미터 정도였다. 독일군에서는 43만~53만 명의 사상자가 발생한 것으로 추정된다. 이는 현재 솜 전투로 칭해진다. 또 다른 호칭은, 인간 도살장Human slaughterhouse.

크리스토퍼 네빈슨의 그림 〈영광의 길〉은 제목 탓에 더 서글프다. 병사들은 영광을 외치며 뛰어들었지만, 이들의 절대다수는 작품 속 두 병사처럼 허무하게 죽었다. 하늘로 올라가야 할 영혼 또한 얽히고설킨 철조망에 걸려 피를 흘릴 듯하다. "전쟁을 시작할 때 있었던 정예병의 다수는 베르됭에서 쓰러졌다. 살아남은 나머지는 전부 솜에서 고꾸라졌다." 독일군 원수, 루프레히트 폰 바이에른Rupprecht von Bayern의 말이었다.

무리수가 부른 저승사자

악순환만 낳는 제1차 세계 대전을 끝내러 온 이는 미국이었다. 다급한 독일은 무리수를 남발했다. 그러다 불러낸 게 초강대국, 미국이라는 저승사자였다. 독일은 땅에서 참호전을 이어가는 동시에 바다에서 무제한 잠수함 작전, 통칭 '유보트 작전'을 펼치고 있었다. 해군력이 막강한 영국의 전매특허 전략, 해상 봉쇄령을 뚫기 위한 움직임이었다. 이번 작전 또한 간결하고 대담했다. 잠수함을 무제한 출격시킨다. 협상국 방향으로 움직이는 함선은 모두 파괴한다. 이게 다였다. 그런데 마구 날뛴 잠수함이 건드리면 안 될 배를 침몰시키고 만다. 루시타니아 호. 미국의 민간인 128명을 태운 여객선이었다. 독일은 유보트 작전 중단을 선언하면서까지 미국에 바짝 엎드려 화를 겨우 잠재웠다.

독일이 1917년, 유보트 작전을 부활시키면서 문제가 다시 불거졌다. 완전히 이성을 잃은 독일 잠수함은 모든 배에 포탄을 쏘아댔다. 이에 미국인들이 탄 배들 또한 재차 공포에 떨어야 했다. 독일은 이 와중에 희대의 얼빠진 짓도 저질렀다. 외무장관 아르투어 치머만Arthur Zimmermann은 멕시코 주재 독일대사에게 갈 비밀 전보문을 만들었다. 미국이 중립을 지키지 않으면 멕시코에 동맹을 제안하라, 뒷배가 되어줄 독일을 믿고 미국에 맞서도록 꼬드기라는 내용이 쓰여 있었다. 이 작전의 시도를 눈치챈 영국이 여러 경로를 거쳐 미국에 일러바쳤다. 미국은 더는 참을 수 없었다. 1917년 4월, 미국은 독일에 선전포고를 했다. 독일 입장에서 그나마 다행인 건, 연합국 소속 러시아가 혁명 여파로 전쟁에서 발을 뺀 점이었다. 하지만 그것 말고는 모든 게 최악이었다.

광풍은 또 다른 광풍을 예고하고…

미국군이 유럽 땅에 몰려들고 있었다. 1918년 3월, 독일은 모든 자원을 쥐어짜 서부전선에서 최후의 공격을 벌였다. 미국군이 오기 전 마지막 총공세, 루덴도르프 공세였다. 양측 모두 또 70만~80만 명가량의 사상자가 발생했다. 독일군은 이번에도 파리에 깃발을 꽂지 못했다. 마지막 승부수 또한 실패이자 패배로 끝나고 만 것이었다. 이 와중에 미국군은 본격적으로 상륙에 나서고 있었다. 그해 8월부터는 하루에 1만 명 이상 규모로 유럽 대륙을 밟았다. 날개를 단 연합국은 숫자의 압도적 우세로 이른바 백일 전투를 벌였다. 무지막지한 속도로 서부전선을 휩쓸었다. 미국발發 회오리의 한기는 서부전선 밖으로도 영향을 미쳤다. 흐름을 탄협상국은 각지에서 총력전을 펼쳤다. 10월, 먼저 오스만 제국이 이탈했다. 다음달에는 오스트리아-헝가리 제국이 항복했다.

독일은 더 버티고 싶었다. 그런 독일에 결정타를 날린 건 내부 반란이었다. 오스트리아가 휴전 협정을 맺은 그쯤, 독일의 킬 군항에서 수병들이 반란을 일으켰다. 곧 독일 전역으로 이 불씨가 번졌다. 결국, 당시 독일 황제 빌헬름 2세는 도망치듯 네덜란드로 망명했다. 독일은 그해 11월 11일, 프랑스 콩피에뉴에서 이뤄진 휴전 협정에 서명했다. 사실상 항복이었다. 갑작스럽게 터진 제1차 세계 대전은 이렇게 허무하게 끝을 맺고 말았다. 그사이 사상자가 3,800만 명 이상 발생한 것으로 추산되고 있다.

독일은 패전국 중 가장 가혹한 형벌에 처해졌다.

'전쟁 주범 독일은 20년 내 1,320억 마르크(금 기준·당시 약 300조 원)를 배상한다.'

1919년, 독일 대표단이 프랑스 베르사유 궁전에서 맺은 베르사유 조약의 핵심 문장이었다. 이 천문학적 규모의 배상금은 당시 독일 국민총생산의 2년 치에

해당하는 액수였다. 오스트리아-헝가리 제국과 오스만 제국 또한 나름의 대가를 치렀지만, 이 정도 수준은 아니었다. 윌리엄 오펜William Orpen이 베르사유 조약 당시 모습을 화폭에 옮겼다. 맨 앞줄, 숙인 고개와 축 늘어진 어깨만 보이는 이가 독일 측 서명 담당자였다. 맞은 편에 모여 있는 이들은 영국과 프랑스 등 승전국 대표단이었다. 여기에는 데이비드 로이드 조지David Lloyd George 영국 총리, 조르주 클레망소Georges Clemenceau 프랑스 총리, 우드로 윌슨Woodrow Wilson 미국 대통령 등 모습도 볼 수 있다.

독일은 이 조약을 감당하기 위해 24시간 내내 돈을 찍었다. 다만 배상금의 값은 금을 기준으로 둔 만큼, 이를 갚으려면 여전히 갈 길이 멀었다. 독일 시민은 지쳤다. 마른 체구의 한 남자가 이런 분위기를 예의 주시하고 있었다. 그의 이름은… 아돌프 히틀러Adolf Hitler였다.

존 싱어 사전트(1856~1925)

미국 국적의 초기 인상주의 화가. 젊을 적 프랑스 파리에서 활동한 그는 곧장 촉망받는 초상화가 반열에 올랐다. 다만 당시로는 파격적인 초상화를 선보이고 이른바 '마담X 스캔들'을 겪은 후 프랑스를 떠나 영국, 미국 등을 돌며 활동한다. 재차 실력을 인정받은 그는 미국 백악관의 초청을 받을 만큼 성공했다. 제1차 세계 대전 때 영국 정보부와 손을 잡고 군인과 전장 모습을 화폭에 옮겼다. 대표작은 〈마담 X〉〈카네이션, 백합, 백합, 장미〉 등이다.

크리스토퍼 네빈슨(1889~1946)

영국 런던 출신 화가로, 전쟁 특파원을 아버지로 둔 점이 특히나 눈길을 끄는 지점이다. 그 또한 아버지를 따라 제1차 세계 대전에서 응급구호대 자원봉사자로 나선 적이 있다. 〈의사〉 등은 당시 경험을 토대로 그린 그림이다. 이후에는 전쟁을 주제로 한 입체주의, 미래주의 경향의 작품을 남겼다. 파블로 피카소, 필리포 마리네티 등의 영향을 받았다. 요절한 천재 화가 아메데오 모딜리아니와 같은 작업실을 쓴 일도 있다고 한다.

참고 자료　○　곰브리치 세계사, 에른스트 H. 곰브리치, 비룡소
　　　　　　　○　제1차 세계 대전, 피터 심킨스, 제프리 주크스, 마이클 히키, 플래닛미디어
　　　　　　　○　왜 제1차 세계 대전은 끝나지 않았는가. 로버트 거워스, 김영사
　　　　　　　○　A. J. P. 테일러, 지도와 사진으로 보는 제1차 세계 대전, 페이퍼로드

20.
광기가 낳은 최악의 학살

펠릭스 누스바움,
죽음의 승리

1942년,
아우슈비츠 가스실
대학살이 시작되다

'노동이 그대를 자유롭게 하리라(Arbeit macht frei).'

한 유대인이 적힌 글을 따라 읽었다. 그것은 그가 끌려가는 시설 정문에 쓰인 문장이었다. "선생님, 저 표어 보셨어요?" 그는 바로 옆 다른 유대인에게 물었다. 그도, 상대도 눈이 잔뜩 부어 있었다. 그러고 보면 같이 잡혀가고 있는 이들 모두가 온몸에 푸르뎅뎅한 멍을 안고 있었다. 여기까지 오는 사이 군홧발에 수차례 밟히고 깔린 결과였다. "보기는 봤지." 옆 사람이 답했다. "저게 무슨 뜻일까요? 혹시…. 열심히 일하다 보면 우리를 풀어줄 수도 있다는 이야기일까요?" "순진하구먼. 저기서 말하는 자유란 죽음이 아닐까 싶네만…." "아…." 물어본 유대인은 이 말에 대꾸하지 못했다. 환상은 이처럼 쉽게 깨지고 말았다. 대화를 엿듣던 또 다른 유대인들 또한 재차 고개를 떨구었다. 이들이 향하는 곳은 나치 독일이 세운 수용소였다. 악취가 풍기는 그 시설의 이름은 아우슈비츠였다.

끝없이 이어진 참상

사실, 잡혀 온 유대인 중 상당수는 이 행렬에 끼지도 못했다. 각지에서 붙잡힌 이들은 강제로 기차에 실린 채 수용소 앞 역까지 왔다. 심상치 않은 흰 연기가 떠다니고, 기분 나쁜 기계음이 들리는 곳이었다. 곤봉 든 간수들은 유대인이 기차에서 내리는 즉시 다짜고짜 때리고 걷어찼다. 몇몇은 유대인 중 누구는 아직 어리고, 누구는 너무 늙었고, 또 누구는 약해 보이거나 그저 생긴 게 마음에 안 든다며 따로 모았다. 이 무리가 가는 곳은 정문 너머 좁은 방이 아닌, 굴뚝 달린 수상한 창고였다. 그리고, 그렇게 끌려간 이들은 다시는 볼 수 없었다. "아들, 넌 지금부터 14살이 아닌, 18살이야!" "영감님, 누가 나이를 물으면 무조건 40살이라고 하쇼!" 눈치 빠른 이들은 이처럼 다급히 입을 맞췄다. 하지만 당장 살아남았다고 한들, 그것은 잠시 시간을 번 일에 불과했다.

노동이니, 자유니 하는 그럴듯한 표어가 쓰인 정문 안쪽에서는 또 다른 참상이 매일 빚어졌다. 끌려온 유대인, 이제 수감자가 된 이들은 닭장 같은 수용 시설에 떠밀렸다. 이들은 매일 밤낮없이 혹독한 노동을 해야 했다. 쉴 새 없이 밭을 갈았다. 나무를 베고 군사 철도를 깔았다. 탄광에서 광물을 캐 올리고, 장비도 차지 않은 채 화학물을 만졌다. 보상은 톱밥과 밀가루를 뭉쳐 만든 빵에 채소 찌꺼기로 만든 수프였다. 빵은 가루가 입천장을 덮을 만큼 퍼석했다. 순무 따위에 물을 부어 끓인 수프는 구역질이 날 지경이었다. 간수 무리는 수감자를 화장실도 잘 보내지 않았다. 모두가 정해진 시간에만 갈 수 있었다. 그때가 되면 많게는 수만 명이 고작 변기 두 개에 몰렸다. 다수는 이러한 일상 속 탈진과 영양실조, 질식과 화학약물 중독 등에 시달렸다.

"유령을 봤어요. 그건 분명 해골 유령이었어요!"

수감자들은 매일 밤 악몽을 호소했다. 고래고래 소리를 지르며 벌떡 일어나

❖ 펠릭스 누스바움, 죽음의 승리, 1944, 캔버스에 유채, 100x150cm, 펠릭스 누스바움 박물관

는 이가 자꾸만 늘었다. 이들은 약속이라도 한 듯 비슷한 걸 봤다고 증언했다. 가령 총알과 미사일, 해골과 사신, 초토화된 마을과 쌓여 있는 시체 등이었다. 그것은 유대인 화가, 본인 또한 끝내 아우슈비츠로 잡혀간 펠릭스 누스바움Felix Nuss-baum이 그린 〈죽음의 승리〉 같은 풍경이었으리라. 문제의 창고처럼 보이는 곳에서 해골이 모습을 나오고 있다. 북과 피리, 트럼펫과 클라리넷 따위를 든 해골은 난장판이 된 땅 위에서 흥겹게 들썩인다. 더 부숴라, 더 죽여라, 우리와 같은 처지의 유령이 더 많이 생겨라…. 이런 식의 노래를 흥얼대고 있을지도 모른다. 하늘에선 험악한 표정의 연이 감시자 역할을 한다. 유일한 탈출 수단인 자동차 또한 진작에 망가졌다. 이 세계에서 자유를 얻기 위해선, 이승을 포기하는 일 말고는 방법이 없는 듯하다.

실제로 그랬다. 당시 유럽 땅 대부분의 유대인은 오직 죽음으로만 비로소 족쇄를 풀 수 있었다. 누스바움의 그림 제목대로 죽음만이 승리하는 시대였다. 유대인이 왜 이런 참담한 처지에 놓일 수밖에 없었을까.

인류의 가장 큰 오점

아우슈비츠의 비극으로부터 10년가량 전인 1934년, 독일에서 터질 게 터지고 말았다. 강경파 정치가인 아돌프 히틀러가 기어코 독일 총통직에 오른 것이다. 연설에 능한 히틀러는 수년 전부터 전국의 광장과 공장 일대를 돌며 선동을 하고 다녔다. 그는 휘청이는 우리 독일이 다시 최강국이 될 수 있다고 주장했다. 자기를 뽑고, 자기가 속한 국가사회주의 독일 노동자당(나치Nazi)을 뽑으면 지금의 비루함을 딛고 과거 위상을 되찾겠다고 호소했다. 그의 말처럼 당시 독일은 초라했다. 제1차 세계 대전에서 패한 후 천문학적 배상금 폭탄을 맞아 휘청이고 있었다. 이를 돌려막기 위해 밤낮없이 지폐 윤전기를 돌린 결과, 온 도시가 역사상 유례없는 인플레이션에 파묻혔다. 가령 1923년께 빵 한 덩이의 가격이 무려 2,000억 마르크였다. 우표 한 장에 1,000억 마르크, 감자 한 포대를 사려면 아예 수레에 지폐 다발을 산처럼 쌓아 와야 했다. 이 와중에 1929년, 미국발發 세계 대공황까지 발발했다. 밑바닥이었던 독일 재정은 지하실까지 뚫고 들어가 버렸다.

독일 시민은 과거를 사무치게 그리워했다. 더는 가질 게 없고, 잃을 것 또한 없었다. 히틀러와 나치가 선거를 거듭할수록 덩치를 불릴 수 있던 이유였다. 그 결과 히틀러는 총리를 거쳐, 대통령과 총리 권한을 합친 총통, 나아가 독재자가 될 수 있었다.

그렇게 국가를 손에 쥔 히틀러는 위험한 야욕을 펼치기 시작했다. 히틀러는 그가 약속한 독일의 옛 영광을 오직 한 방법으로 이룰 수 있다고 주장했다. 그것은 대규모 전쟁, 그리고 압도적인 승리였다. 히틀러는 제1차 세계 대전 직후 승전국들과 한 약속을 깨고 재무장에 돌입했다. 족쇄를 부순 나치 독일은 그때부터 미친 듯이 성장했다. 밤낮없이 길을 내고 진지를 쌓았다. 종일 군수공장을 돌렸다. '제국의 치욕'이라며 막대한 전쟁 배상금 지급을 중단했다.

1939년, 오직 전쟁 준비에만 '올인'했던 나치 독일이 기어코 폴란드를 침공했다. 제2차 세계 대전의 시작이었다. 제1차 세계 대전 승전국인 영국과 프랑스는 독일에 선전포고를 했다. 하지만 단지 그뿐이었다. 사실, 이들 또한 악바리 독일과 다시 맞붙기는 부담스러웠다. 과거의 참호전은 회상만 해도 고통스러운 일이었다. 그런 만큼, 앞에서는 적당히 위협하는 척하며 뒤로는 살살 타이르는 게 낫겠다는 생각이었다. 물론 이는 실수였다. 폴란드를 집어삼킨 독일은 1년 뒤 프랑스로 진격했다. 과거 실패를 교훈 삼아 이번에는 옆도, 뒤도 보지 않고 내달렸다. 이들은 6주 만에 프랑스도 함락시킬 수 있었다.

나치 독일의 총구가 다음으로 향한 곳은 영국이었다. 독일은 영국에도 큰 피해를 입혔다. 다만 첨단 장비의 영국 또한 반격이 만만치 않았다. 이에 깃발을 꽂는 일만큼은 후일을 기약했다. 독일은 어차피 시간이 섬이 아닌 대륙 편이라고 믿고 있었다. 히틀러는 다시 지도를 펼쳤다. 또 다른 침략지를 물색했다. 제2차 세계 대전 3년 차인 1941년, 히틀러는 고심 끝에 의외의 땅을 짚었다. 그곳은 소련

❖ 폴 내시, 독일 전투, 1944, 캔버스에 유채, 143.8x205cm, 런던 제국 전쟁 박물관

이었다. 제1차 세계 대전 당시 러시아 혁명이 터진, 그 결과 광활한 시베리아 들판에 새롭게 선 국가였다. 당시 독일과 소련은 서로 불가침 조약을 맺고 있었다. 이약속을 깨고 뒤통수를 치자는 전략이었다. 그렇게 드넓은 땅을 얻고, 거기서 인구와 자원을 보충하자는 판단이었다.

히틀러가 이처럼 야심 찬 구상으로 독소 전쟁을 벌였지만, 고대하는 소련 점령 소식은 좀처럼 들리지 않았다. 본인의 연이은 오판, 이에 따라 꼬여버린 명령 탓이었다. 한때 수세에 몰렸던 소련은 그 덕에 모스크바를 계속 사수할 수 있었다. 이 무렵 제2차 세계 대전 전장은 연합국(미국·소련·영국 등)과 추축국(독일·이탈리아·일본 등)으로 짜였다. 판을 꾸리고 보니 이번에도 독일에 당한 적 있는 국가가 연합국의 중심이었다. 반면, 지금의 나치 독일처럼 전쟁으로 한탕 해보겠다는

288

나라가 추축국의 일원이었다. 연합국의 최대 경계국은 당연히 나치 독일이었다. 영국 화가 폴 내시Paul Nash가 그린 〈독일 전투〉라는 그림이 있다. 그가 직접 보고 들은 제2차 세계 대전의 전투 장면을 버무려 창작한 작품이다. 폭격기가 도심을 덮친 모습이 담긴 이 화폭에는 적색 구름과 흰색 낙하산, 불타는 건물 등을 볼 수 있다. 특이한 건 화가가 이토록 참혹한 풍경에 별다른 감정을 쏟지 않은 것처럼 보인다는 점이다. 그저 담담하게 선을 긋고, 차분하게 색을 칠한 느낌도 들게끔 한다. 이는 즉, 그 시절 양측 사이에서 폭격과 파괴가 얼마나 비일비재하게 일어났는지를 방증한다고도 볼 수 있을 것이다.

병자를 일으킨 선동과 날조

그런데 독일은 분명 제1차 세계 대전 직후 병자가 돼 드러누운 상태였다. 아무리 독기를 품었다고 한들, 어찌 그토록 빨리 일어설 수 있었을까? 이런 대규모 전쟁을 어떻게 계속 이어갈 수 있었을까? 그 비결은 선동과 날조였다.

나치 독일은 제1차 세계 대전 후유증에 지친 국민의 분노를 자극해 비정상적 성장을 이끌었다. 히틀러는 온 국민이 이 감정에 더욱 타오를 수 있도록 땔감을 잔뜩 밀어 넣었다. 이때 연료로 쓰인 게 유대인이었다. 가령 나치 독일은 게르만족이야말로 순혈 아리아인의 피를 이어받아 세상에서 가장 우월하다고 주장했다. 돈밖에 모르는 유대인이 게르만족을 견제하기 위해 갖은 수작을 벌였으며, 나라가 이 모양 이 꼴이 된 데는 사악한 그들 탓이 크다고 비난하는 식이었다. 나치 독일은 연설, 영화, 음악, 라디오 방송 등 국민의 눈과 귀를 홀릴 수 있는 모든 수단을 동원했다. 히틀러를 구원자로, 게르만족을 하나뿐인 위대한 민족으로, 유대인은 씹어먹어도 모자랄 악당으로 묘사하는 출판물도 산처럼 쌓였다. "우리는 그들을 무찌르고 대大 게르만 제국을 건설해야 한다!" 그 결과, 나치 독일은 이러한 과격한 구호 아래서 전쟁에 몰입할 수 있었다. 전투에서도 더 단합할 수 있었다.

　　나치 독일이 품은 유대인을 향한 증오가 나날이 커지는 건 당연한 수순이었
다. 당장 자국과 점령지 내 유대인을 때리고 고문하고 죽이기도 서슴지 않는 지
경에 이르렀다. 제2차 세계 대전 중반부에 접어든 1942년 1월, 히틀러 일당은 자
기들끼리 일명 '유대인 문제의 최종 해결책'으로 부르던 안을 더 구체화했다. 이
미 전선과 점령지에서 이뤄지고 있던 유대인 집단 학살을 국가 차원에서 체계화
하는 게 핵심 내용이었다. 이는 기괴하고도 뒤틀린, 인류사상 최악의 작전이었다.

눈덩이처럼 커진 뒤틀린 증오

　　나치 독일은 점령지 폴란드에 세운 수용소, 아우슈비츠를 적극 활용하기로
결정했다. 그리고 이 일대에 가스실, 소각로, 화장장 등 수상쩍은 시설을 잔뜩 들
이기 시작했다. 독일은 그 시기, 아우슈비츠 제1호에 이어 2호와 3호까지 만들고
개조하기까지 했다. 그리고 점령지 안에 보이는 유대인을 잡아 그곳에 몰아넣었
다. 수감자 무리에는 슬라브족, 정치범, 집시와 노숙자 등도 일부 섞여 있었다.

　　프란시스코 고야Francisco Goya는 제2차 세계 대전이 발발하기 한 세기 전
〈1808년 5월 3일〉을 그렸다. 당시 그가 그린 군인과 희생자들의 구도는 나치 독일
과 유대인의 관계와 빗대도 다를 게 없는 모습이다. 제2차 세계 대전 절정기에 유
대인은 저런 처지였다. 억울한 눈망울, 먼저 희생당한 동료 앞에서 할 수 있는 건
절망 뿐…. 살아도 산 게 아닌 상황이었다. 옛 프랑스와 스페인 사이 벌어진 일을
다룬 그림이지만, 제2차 세계 대전을 다룰 때 이 작품이 자주 언급되는 까닭이다.

　　톱밥 섞인 빵, 잔반으로 끓인 수프 따위를 먹으며 공포 속에 연명하던 수감
자들의 최후는 거의 똑같았다. 언젠가는 한 뭉텅이씩 모여 창고로 가야 했다. 그
곳은 '공동 샤워실'이라고 불렸다. 물론 이름만 그럴 뿐, 실제로는 죽음의 가스실
이었다. 규모가 가장 큰 아우슈비츠 제2호에는 전쟁 기간 동안 대략 130만 명이
수용된 것으로 알려졌다. 이 중 85퍼센트가량인 110만여 명이 고통스럽게 목숨을

❖ 프란시스코 고야, 1808년 5월 3일, 1814, 캔버스에 유채, 268x347cm, 프라도 미술관

잃었다고 한다. 심지어 몇몇 간수는 일부 유대인에게 회유와 협박 등으로 앞잡이 일을 맡기기도 했다. 즉, 유대인에게 유대인의 학살을 맡긴 격이었다. 자기 손에 그들의 피 따위를 묻히기 싫다는 이유였다. 악마조차 박수를 치지 않을까 싶을 만큼 창의적인 악행이었다. 유대인 중 수용소 내 일종의 군기반장으로 나선 이는 카포Kapo, 간수의 보조 역할을 맡은 이는 존더코만도Sonderkommando라고 불렸다. 다만 이들 또한 종국에는 학살의 망을 빠져나가지 못했다. 그런가 하면 수감자를 대상으로 한 인체 실험도 공공연히 이뤄졌다. 죽을 때까지 굶기고, 피를 뽑고, 독극물을 넣는 등 과정이 눈 뜨고 볼 수 없을 만큼 끔찍했다고 한다. "나를 실험실 쥐처럼 대했다!" 이를 겪은 한 생존자는 훗날 이렇게 증언한다.

누스바움은 〈수용소에서의 자화상〉으로 당시의 참담한 모습을 묘사했다. 이는 예비 수용소로 끌려갔던 그가 기적적인 탈출을 해낸 후(곧 다시 잡혀가게 됐지

❖ 펠릭스 누스바움, 수용소에서의 자화상, 1940,
패널에 유채, 52.5X41.5cm, 노이에 갤러리

만) 남긴 작품이다. 당장 그의 땟국물
이 묻은 피부, 낡고 해진 옷이 안타까
움을 자아내게 한다. 그의 뒤에 펼쳐진
광경은 마음이 더 아프다. 한 남성은
하도 굶어 앙상한 몸에 속옷만 겨우 걸
치고 있다. 누군가는 화장실이 없어 아
무 데서나 대변을 해결하고, 또 누군가
는 얼굴을 감싼 채 흐느끼고 있다. 먹
구름과 철조망, 뼈처럼 보이기도 하는
흰색 조각들은 스산한 분위기까지 더
한다. 본거지인 아우슈비츠는 이곳보
다도 훨씬 더 암담했으리라.

그들은 끝까지 잔혹했다

히틀러는 1942년 8월, 예상보다 길어지는 독소 전쟁에서 회심의 한 방을 준
비했다. 모스크바가 아닌, 소련의 또 다른 요충지인 스탈린그라드와 그 일대를 치
는 게 핵심이었다.

이번에도 시작은 좋았다. 나치 독일군은 스탈린그라드를 뚫고 시가전을 펼
칠 수 있었다. 그러나 소련 또한 "총을 들 수 있는 국민이라면 모두 스탈린그라드
로 가야 한다"는 명령을 내릴 만큼 필사적으로 저항했다. 그 결과, 소련군은 숫자
로 순식간에 독일군의 기세를 꺾을 수 있었다. 소련군은 독일군을 도심에 포위한
채 외곽에서부터 서서히 숨통을 조여갔다. 졸지에 보급로가 막힌 독일군은 죽을
맛이었다. 마지막 희망인 비행 보급 작전마저 실패했다는 소식을 듣고는 전의를
완전히 잃었다. 근처의 다른 병력도, 멀리서 온 지원군도 힘을 발휘하지 못했다.

이 와중에 죽여도, 죽여도 다시 채워지는 소련군의 압도적 숫자는 공포 그 자체였다. '항복은 있을 수 없다. 병사들은 마지막까지 싸우길 바란다!' 히틀러가 전문을 보냈지만, 이는 말도 안 되는 아집이었다. 1943년 2월, 독일군 대부분이 항복했다. 전투 기간 소련군의 동원 병력은 무려 170만여 명이었다. 독일군은 동맹군 포함해 싹 다 긁어모아 110만여 명이었다는 분석이 있다. 사상자는 소련군 약 110만 명, 독일군과 지원군 등이 약 85만 명이었다. 스탈린그라드 전투는 사상자 수와 물자 손실로만 보면, 지금도 세계 최악의 전투 중 하나로 꼽힌다.

　핵심 병력을 잃은 나치 독일은 이를 기점으로 서서히 몰락했다. 설상가상으로 추축국의 일원인 이탈리아도, 일본도 짐만 되고 있었다. 이탈리아는 진작부터 주요 전투에서 계속 패했다. 호기롭게 그리스도, 이집트도 쳤지만 어디도 제압하지 못한 채 밑천만 보였다. 일본은 진주만을 공습하는 희대의 오판을 저지른 후 미국에 멱살을 잡힌 채 흔들리고 있었다. 이런 가운데, 연합국은 1944년 노르망디 상륙 작전으로 나치 독일에 결정타를 먹였다. 연합국은 프랑스 북서부 해안 지역인 이 땅에 수만의 정예 병력을 연달아 올렸다. 이 또한 역사상 최대 규모의 상륙 계획이었다. 수개월 전부터 기만 작전을 섞은, 그렇기에 독일 입장에선 더더욱 허가 찔린 기습이었다. 연합국은 이를 계기로 나치 독일에 함락당한 프랑스를 해방시킬 수 있었다. 또 동부전선의 소련군과 함께 독일을 재차 양면 포위로 내몰 수 있었다. 전세는 순식간에 기울었다. 추축국의 침몰은 시간문제였다.

　나치 독일도 패배를 직감했다. 당시 이들이 가장 은폐하고 싶었던 곳이 아우슈비츠였다. 자기들 또한 잘 알고 있었던 것이었다. 여지껏 선동으로, 근거 없는 날조와 헛소문을 통해 용서받지 못할 죄악을 벌이고 있었다는 점을. 나치 독일은 1945년 1월께, 아우슈비츠 내 모든 인원의 철수를 결정했다. 수감자 수만 명을 보조 시설로 이주시켰다. 그 거리는 수십 킬로미터였다. 이미 죽어가는 사람들이었다. 많은 이가 제대로 걷지도 못한 채 쓰러졌다. 마지막까지 죽음의 행진이자, 통곡의 행군이었다. 다만 나치 독일의 예상보다 연합국 측 진격 속도가 훨씬 빨랐다. 독일은 어떻게든 아우슈비츠 시설 자체를 없애고 싶었지만, 결국 실패했다.

❖ 케테 콜비츠, 씨앗들이 짓이겨져서는 안 된다, 1941, 석판화, 36.8x39.4cm, 케테 콜비츠 미술관

그곳에 남아 있던 참혹한 학살의 흔적 또한 불태우지 못했다.

연합국의 군대는 파죽지세로 독일 베를린까지 포위했다. 그해 4월 30일, 제 2차 세계 대전을 일으킨 전쟁 범죄자 히틀러는 스스로 생을 마감했다. 56살 나이 였다. 6년간 이어진 전쟁은 이탈리아, 독일, 일본 순으로 항복하며 끝을 맺었다. 적게는 5,000만, 많게는 8,000만 이상으로 추산되는 사망자를 남긴 채.

제1차 세계 대전에서 아들, 제2차 세계 대전에서 손자를 잃은 화가 케테 콜비츠Kathe Kollwitz는 그림 〈씨앗들이 짓이겨져서는 안 된다〉를 남겼다. 이제부터라도 인류는 무한한 가능성의 '씨앗'을 품고, 지키고, 보듬어야 한다는 경고가 담긴 작품이었다. 한편 아우슈비츠 또한 현재는 이 광기의 순간을 응축한 박물관이 돼 인류를 향해 경고하고 있다. 다시는 이런 끔찍한 전쟁이, 이런 참혹한 학살이 벌어져선 안 된다고.

펠릭스 누스바움(1904~1944)

유대계 독일인이었던 누스바움은 제2차 세계 대전 당시 도망자가 될 수밖에 없었다. 원래는 베를린 예술 아카데미의 지원으로 로마 유학을 할 만큼 수재였지만, 나치의 입김이 세지면서 살기 위해 망명 생활을 했다. 여러 급박한 일을 맞는 와중에도 당시 상황을 비춘 창작 활동을 놓지 않은 점이 인상적이다. 누스바움은 1940년에 한 번, 1944년에 또 한 번 붙잡혔다. 처음 체포됐을 때는 탈출에 성공했지만, 두 번째로 그 일이 벌어졌을 때는 그러지 못했다. 그는 아우슈비츠에서 생을 마쳤다. 이는 연합군이 그의 은신 지역을 해방하기 불과 한 달 전에 빚어진 비극이었다.

케테 콜비츠(1867~1945)

독일의 화가 겸 판화가, 조각가. 노동자의 삶과 관련 역사가 바탕인 그림을 주로 선보였다. 특히 가난과 전쟁에 따른 피해자, 이들에게 놓인 처연한 사연을 작품으로 표현하는 데 관심이 많았다. 그녀의 회화관에는 게르하르트 하우프트먼^{Gerhart Hauptmann}의 연극 〈직조공들〉이 결정적 영향을 미친 것으로 알려져 있다. 제1차 세계 대전 당시 아들을 군대로 보내야 했고, 곧 그의 전사 소식을 들어야 했다. 이후 제2차 세계 대전 중에는 손자의 사망 소식과 마주해야 했다. 그녀는 예술을 통해 전쟁의 참상을 알리는 데도 적극적으로 임했고, 이에 나치 비밀경찰인 게슈타포의 조사를 받은 적도 있다. 결국 그녀 또한 피난을 갈 수밖에 없었다. 살던 집은 폭격을 맞아 파괴됐다.

참고 자료
- 제2차 세계 대전, 폴 콜리어 등, 플래닛미디어
- 제2차 세계 대전, 윈스턴 처칠, 까치
- 항복의 길, 에번 토머스, 까치
- 히틀러를 선택한 나라, 벤저민 카터 헷, 눌와
- 나의 투쟁, 아돌프 히틀러, 동서문화사
- 괴벨스 대중 선동의 심리학, 랄프 게오르크 로이트, 교양인

위험한 그림들

초판 1쇄 발행 2026년 2월 20일
초판 2쇄 발행 2026년 3월 20일

지은이 이원율
펴낸이 허정도
편집장 임세미
책임편집 김혜영   **디자인** 용석재
마케팅 신대섭 김수연 배태욱 김하은 이영조   **제작** 조화연

펴낸곳 주식회사 교보문고
출판신고 제2008-000090호(2008년 12월 5일)
주소 경기도 파주시 문발로 249(10881)
전화 대표전화 1544-1900   **주문** 02)3156-3665   **팩스** 0502)987-5725

ISBN 979-11-7061-361-9 (03900)
책값은 표지에 있습니다.